Carmen Rohrbach

Namibia

Mehr über unsere Autoren und Bücher:
www.malik.de

Aktualisierte Taschenbuchausgabe
ISBN 978-3-492-40294-1
1. Auflage Februar 2007
7. Auflage April 2018
© Piper Verlag GmbH, München 2005
Umschlaggestaltung: Dorkenwald Grafik-Design, München
Umschlagfotos: Dave Hamman (vorne), Carmen Rohrbach (hinten)
Autoren- und Innenteilfotos: Carmen Rohrbach
Redaktion: Susanne Härtel, München
Kartografie: Eckehard Radehose, Schliersee
Satz: Büro Sieveking, München
Druck und Bindung: CPI books GmbH, Leck
Printed in Germany

Carmen Rohrbach

Namibia

Abenteuerliche Begegnungen
mit Menschen, Landschaften
und Tieren

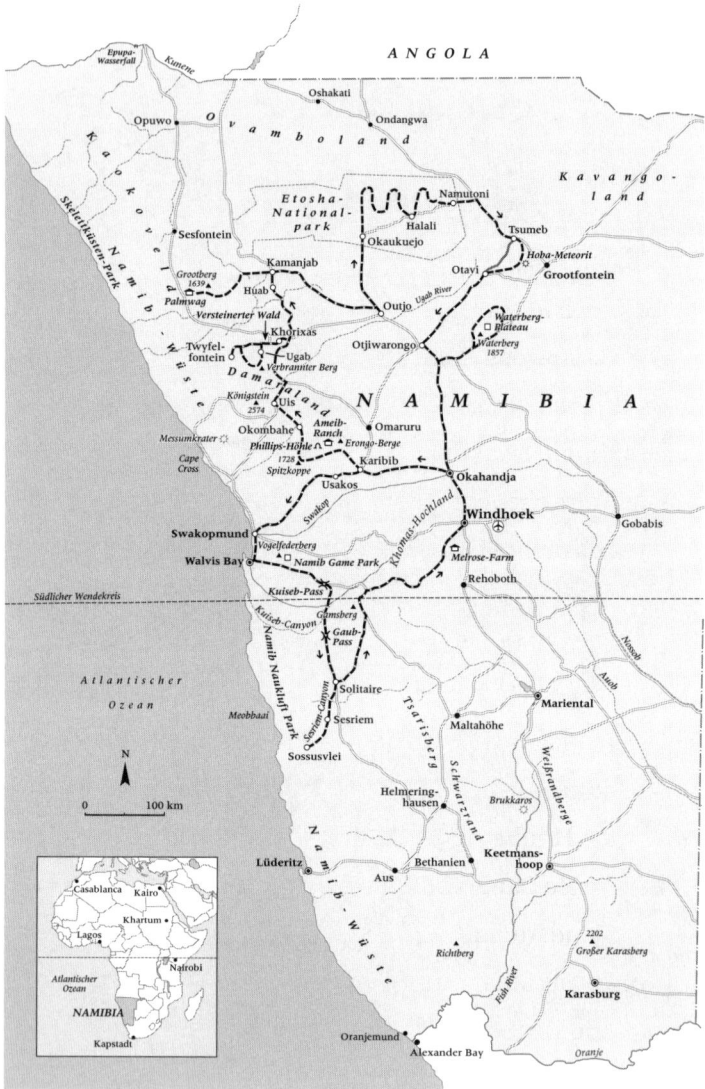

Inhalt

Am Atlantischen Ozean 7

Ankunft 8

Aufbruch in eine neue Welt 13

Das Dampfross »Martin Luther« 20

Ombepera i koza – Kälte tötet 23

Bahnhof in Swakopmund 26

Die Walfischbucht 29

Große Stille – Namib 35

Wenn es Krieg gibt, gehen wir in die Wüste 46

Die Wüste lebt 54

Die weißen Siedler 64

Weiße Elefanten 75

Spitzkoppe 81

Bei den Himba 93

Die Weiße Dame vom Brandberg 98

Die Wunderblume 108

Bäume aus Stein 112

Der Abu Huab kommt ab 120

Rettet die Rhinos 130

Der rote Elefant 139

Etosha-Nationalpark 143

Der Gast aus dem All 161

Ein tragischer Unfall 166

Schwarz und Weiß am Waterberg 174

Raubkatzen 191

Heimkehr in ein fremdes Land 203

Wildes Namibia 217

Anhang

Geologie und Geschichte 231

Das Land 241

Bevölkerung 241

Klima und Reisezeit 244

Ohne *permit* kein Eintritt 244

Übernachtung 244

Gesundheit 245

Fahrtipps auf Schotterstraßen 246

Wichtige Adressen 248

Literatur 250

Am Atlantischen Ozean

Durch dichten Nebel dringt das Tosen der Brandung. Es ist kalt. Fröstelnd ziehe ich die Schultern hoch und schlinge die Arme fest um meinen Körper. Das soll Afrika sein? Dabei ist doch jetzt im Februar Sommer auf der südlichen Halbkugel.

Wind kommt auf. Der Nebel beginnt zu treiben. Aus der stumpfgrauen Masse erhebt sich eine Riesenwelle und schlägt donnernd an den Strand. Nach einem Atemzug der Stille schwingt das Wasser zurück ins Meer, wo sich schon die nächsten Wellen sammeln.

Unvermittelt klart es auf. Die Luft ist rein wie Kristall. Weit dehnt sich der Atlantische Ozean unter kobaltblauem Himmel. Möwen segeln im Wind, ihre Rufe klingen nach Freiheit und Ferne.

Bei diesen Eindrücken fällt es mir schwer, Namibia als Teil des afrikanischen Kontinents zu begreifen. Zu sehr geistern auch in meinem Kopf klischeehafte Bilder von Afrika, die meine Vorstellungen und Erwartungen geprägt haben. Aber Namibia ist anders, das ist mir nach wenigen Tagen schon bewusst. Gleichzeitig vertraut und doch fremd erscheint es mir, sehr nah und dann wieder fern. Dieser Widerspruch erweckt meine Neugier, und es reizt mich herauszufinden, was die Faszination dieses Landes ausmacht. Ich werde fragen und zuhören, und mir von Menschen ihre Geschichte erzählen lassen. Mit dem Blick der Biologin will ich die atemberaubende Tier- und Pflanzenwelt erkunden und die Wildnis hautnah spüren. Vielleicht gelingt es mir sogar, einige Geheimnisse dieses Landes zu lüften, das mit seiner weitgehend unberührten Natur wie eine Arche Noah zwischen Atlantik und Kalahari ruht.

Ankunft

Die Nachtmaschine aus Deutschland landet pünktlich am frühen Morgen auf dem Airport von Windhoek – 40 Kilometer außerhalb der Stadt. Von der Gangway aus sehe ich handtellergroße Schmetterlinge, die zu hunderten den Landeplatz bedecken. Sie haben fein schattierte Flügel, dicke Köpfe und pelzige Leiber. Es sind Schwärmer, die nur nachts fliegen. Vom gleißenden Licht der Scheinwerfer angelockt, haben sie sich zu Tode geflattert, sind von landenden Flugzeugen und Gepäckwagen zerquetscht und von eilenden Passagieren zertreten worden. Ich beuge mich nieder, betrachte bedauernd die prachtvollen Geschöpfe und mag mir nicht vorstellen, wie viele Falter Nacht für Nacht als Gefangene des Lichts sinnlos ihr Leben verlieren. Nur eine Schar Spatzen ist begeistert und vertilgt laut tschilpend die fette Beute.

Dieses Mal werde ich auf andere Weise unterwegs sein, als bei meinen früheren Reisen, wo jede Ankunft ein Fall ins Ungewisse war und ich als Erstes möglichst schnell vom Flugplatz zum Ausgangspunkt meiner Expedition gelangen musste. Erst dann begann die eigentliche Reise, die ich meist zu Fuß unternahm. In Namibia aber ist das Land aufgeteilt in Farmen und Nationalparks, die von hohen, auch für Wildtiere unüberwindbaren Drahtzäunen umgeben sind. Öffentliche Verkehrsmittel sind rar. Das Eisenbahnnetz ist schlecht ausgebaut und dient vor allem dem Warentransport. Busse fahren nur auf wenigen Strecken, und wer auf die Idee käme, in Namibia zu trampen, hätte schlechte Karten – die Entfernungen sind einfach zu groß und das Verkehrsaufkommen ist zu gering. Deshalb kam für meine Namibia-Reise nur ein Leihwagen als Fortbewegungsmittel in Frage – möglichst ein geländegängiger. Außerdem musste ich vorab meine Unterkünfte organisieren. Ich durfte nicht davon ausgehen, dass ich überall dort, wo ich es wollte, einfach mein Zelt aufstellen könnte. In den Nationalparks gibt es nur wenige Stellen, die als Zeltplätze ausgewiesen sind, und die begrenzte Kapazität macht eine Vorbuchung notwendig, wobei man angeben muss, wann, wo und wie lange man gedenkt, einen Platz zu belegen.

Zum Glück gibt es heute viele Farmer, die Gäste bei sich aufnehmen. Meist handelt es sich dabei um luxuriöse Unterkünfte, oft mit Familienanschluss. Bei meinen Vorbereitungen habe ich mich auf Farmen konzentriert, wo ich zelten und ohne Begleiter das Land durchstreifen durfte. So konnte ich sicher sein, unverfälschte Wildnis zu erleben. Denn die Farmen in Namibia bestehen nicht aus Ackerland und Viehweiden, sondern vor allem aus unberührter Dornbusch-Savanne, nur die unmittelbare Umgebung der Farmhäuser ist kultiviert und bewirtschaftet. Um ihren Besuchern ein authentisches Afrika-Feeling bieten zu können, haben viele Farmer begonnen, wieder vermehrt Wildtiere auf ihren Gebieten anzusiedeln, deshalb sind dort Begegnungen mit Antilopen, Giraffen, Zebras und bei einigem Glück sogar mit Nashörnern und Raubkatzen gar nicht so selten.

Bevor ich nach Abenteuern in der Natur suche, will ich nach Swakopmund an die Atlantikküste. Für diese Fahrt kann ich mir einen Mietwagen noch sparen, denn von Windhoek nach Swakopmund gibt es eine der wenigen Eisenbahnverbindungen. Aber der »Desert Express Luxury Train«, ein prunkvoller Hotelzug, ist ausschließlich Touristen vorbehalten und braucht für die 380 Kilometer lange Strecke einen Tag und eine Nacht. Das dauert deshalb so lang, weil die Reise mehrfach unterbrochen wird, um den Fahrgästen Sehenswürdigkeiten zu zeigen. Da ich an derart organisiertem »Luxus« wenig interessiert bin, entscheide ich mich für den billigen Bus, der mich zudem noch schneller als der Zug nach Swakopmund bringt.

Wir fahren der Sonne entgegen, die auf der südlichen Halbkugel mittags im Norden steht. Über eine sehr gut ausgebaute Straße geht es fast schnurgerade zu der Stadt am Meer. Die Landschaft wirkt auf mich überraschend ursprünglich, die Weite beglückt mich, und die allgegenwärtigen Zäune sind optisch nicht so störend, wie ich befürchtet hatte. Zu beiden Seiten der Straße ziehen sich breite Grünstreifen dahin, die früher einmal dem Viehtrieb dienten. Erst dann begrenzt dicht geflochtener Maschendraht die Farmen mit ihrem wilden Buschland. Während der Fahrt sehe ich Springböcke, Paviane und Warzenschweine, sogar Giraffen und Vögel mit bunt schillerndem Gefieder. Die Tiere signalisieren mir, dass ich tatsächlich in Afrika bin – nur die Mitreisenden irritieren mich, die zwar wie Einheimische aussehen, sich aber deutsch unterhalten. Doch wer die Geschichte Namibias kennt, wird sich weniger wundern. Vieles erinnert noch immer an die Zeit, als das Land »Deutsch-Südwestafrika« hieß und die Fahnen Kaiser Wilhelms den Besitzstand für ewig festlegen wollten.

Zunächst hatte sich keine der europäischen Kolonialmächte für das knochentrockene Land interessiert, auch von Bodenschätzen und Diamanten hatte niemand eine Ahnung. Die sonst so landhungrigen Engländer hatten nur ein kleines Gebiet an der Küste wegen eines Hafens annektiert. Die Bucht diente ursprünglich Walfischern aus Nordamerika als Stützpunkt und heißt noch heute Walvis Bay, eben Walfisch-Bucht. Als die Engländer 1878 dort ihre Taue festmachten, hätte auch das aufstrebende deutsche Kaiserreich gerne noch etwas vom kolonialen Kuchen abbekommen. Aber man hielt sich zurück. Besonders Bismarck versuchte, jeden Konflikt mit den konkurrierenden Großmächten Europas zu vermeiden. Deshalb war man in Berlin froh, als private Investoren begannen, sich für das Land zu interessieren. Allen voran der Bremer Kaufmann Adolf Lüderitz, der im Jahre 1882 dem Nama-Häuptling Joseph Fredrichs ein riesiges Stück Land abhandelte – für gerade mal 500 Goldpfund und einige Gewehre.

Während der Berliner Konferenz 1884 erklärte sich das Kaiserreich zur Kolonialmacht in Südwestafrika. Zunächst waren es nur drei Be-amte, die deutsche Interessen vor Ort zu vertreten hatten, aber Stück für Stück »fraßen« sich die Kolonisatoren in das Land hinein und besetzten ein Territorium von der doppelten Größe Deutschlands.

Als heute früh um 7 Uhr unser Bus Windhoek verließ, hatte mir der Fahrer versichert, mich fahrplanmäßig um 12 Uhr mittags in Swakopmund abzusetzen. Welch ein Unterschied zu früheren Zeiten, als es drei bis vier Wochen dauerte, um mit dem Ochsenwagen von der Küste ins Landesinnere nach Windhoek zu gelangen. Ich jedoch mache es mir im gepolsterten Sessel bequem und genieße den freien Blick auf die vorbeiziehende Landschaft. Aus dem flachen Buschland ragen imposante Bergformationen heraus, zuerst die Ausläufer des Khomas-Hochlands, dann die grünlich schimmernden Otjihavera-Berge. Später, als wir schon nach Westen abgebogen sind, bewundere ich die rostroten Erongo-Berge mit ihren rund geschliffenen Formen, als hätte ein Künstler moderne Skulpturen geschaffen. Und dann thront die Spitzkoppe, das afrikanische Matterhorn, wie ein Monolith über dem hügeligen Gelände.

Entlang der 400 Kilometer langen Strecke zähle ich nur drei oder vier Ortschaften. Sie tragen fremd klingende Namen: Okahandja, Karibib, Usakos. Es waren Siedlungen der Eingeborenen, deren Ortsnamen bis heute erhalten geblieben sind. Okahandja zum Beispiel bedeutet in der Sprache der Herero »große sandige Ebene«.

Dann senkt sich die Straße hinab zur Namib-Wüste. Selbst im Bus wird es jetzt kälter. Ursache ist der Benguela-Strom, eine eisige Meeresströmung aus der Antarktis. Die Küstenwüste, die auf beiden Seiten der Straße unsere Fahrt begleitet, ist an Trostlosigkeit nicht zu überbieten. Aber ich bin mir sicher, ihre Schönheit wird sich mir später erschließen, wenn ich zu Fuß unterwegs bin.

Aufbruch in eine neue Welt

Swakopmund, die zweitgrößte Stadt Namibias, hat nur 20 000 Einwohner. Klein und überschaubar lässt sie sich gut zu Fuß erkunden. Die Straßen laufen schachbrettartig von Ost nach West Richtung Meer und von Süd nach Nord an der Küste entlang. Der vom Wind herbeigewehte Wüstensand liegt auf Gehwegen und Straßen, manchmal knöcheltief. Hin und wieder erinnern mich Palmen daran, dass ich in Afrika bin. Weniger gelingt mir das mit den Menschen, da mir vor allem deutschstämmige Namibier begegnen. Auch die Bedienung im Café Anton fragt mich ganz selbstverständlich auf Deutsch: »Was hätten Sie denn gern?« Im Restaurant »Europa Hof« stellt mir der Kellner ein Bier auf den Tisch und wünscht lächelnd: »Wohl bekomm's!« Es ist kurios, dass 8000 Kilometer von Deutschland entfernt Namibier diese vertrauten Redewendungen verwenden.

Swakopmund ist noch immer die am stärksten deutsch geprägte Stadt in Namibia. Deshalb war ich voreingenommen, erwartete spießiges Deutschtum, das die wilhelminische Ära konserviert. Aber Swakopmund wirkt keineswegs unangenehm auf mich. Gewiss, etwas befremdlich ist es schon, wenn man in Afrika Straßennamen zu Ehren deutscher Politiker und Staatenlenker aus den vorigen Jahrhunderten liest: Moltke, Bismarck und sogar Kaiser Wilhelm. Die »Kaiserstraße« zumindest ist inzwischen umbenannt in »Independence Avenue«, doch niemand hat die alten Straßenschilder entfernt. Und wie ist es zu verstehen, dass die jetzige afrikanische Regierung nicht daran denkt, das protzig-kitschige Denkmal zu Ehren der deutschen Schutztruppen zu beseitigen? Ist es großzügige Toleranz oder einfach nur Gleichgültigkeit?

Zu den Straßennamen passt die Architektur: Fachwerk, Jugendstil, Gründerzeit. Dennoch, Swakopmund ist keine Museumsstadt, keine Vorzeige-Idylle deutscher Sauberkeit und Ordnung, sondern das lebendige Abbild seiner wechselvollen Geschichte.

Ungewöhnlich breit sind die Straßen, die von ein- und zweistöckigen Häusern aus Holz oder Stein gesäumt sind. Die Überbreite wird erst verständlich, wenn man weiß, dass die Ochsenwagengespanne mit bis zu 18 Zugtieren so viel Platz zum Wenden brauchten. Nur Ochsen konnten die schwer beladenen Holzkarren durch das wegelose Land ziehen. Sie allein besorgten den Warentransport in der deutschen Kolonie, bevor die Eisenbahn gebaut wurde. Im Jahr 1896 waren es bereits 880 Ochsenwagenfuhren, lese ich in alten Papieren in der Sam-Cohen-Bibliothek.

Dort entdecke ich auch das Buch von Margarethe von Eckenbrecher »Was Afrika mir gab und nahm«. Es wurde für mich zur Inspiration und Anregung bei meiner Reise durch Namibia, ein Land, das zu Margarethes Zeit im Mittelpunkt deutscher Kolonialbegeisterung stand. Margarethe war eine gute Beobachterin und verstand es meisterhaft, ihre Gefühle, Gedanken und Erlebnisse in eine bildhafte Sprache zu übertragen. Schon der Beginn ihrer Reise lässt mich frösteln, als sie im nasskalten Winter 1902 an Bord der »Eduard« geht, um ihre alte Heimat mit ungewisser Zukunft für immer zu verlassen:

»Dichter, feuchter Nebel lag über der alten Hansestadt Hamburg ausgebreitet. Ein feiner Sprühregen rieselte unaufhörlich vom grauen Himmel. Über der Elbe braute der Nebel. Wenige Menschen hatten sich eingefunden, um den Scheidenden Lebewohl zu sagen. Die Hoffnung auf Zukunft schien die Gesichter zu verschönen und den bitteren Abschiedsschmerz zurückzudrängen. Ein letzter Händedruck, ein Kuß und viele

Tränen. Weiße Tücher flatterten, eisiger Wind, Regen, Nebel lagerte sich zwischen die Zurückbleibenden und die Scheidenden.«

Hätte ich damals gelebt, wäre ich vielleicht auch eine der Pionierfrauen gewesen, die dem Aufruf folgten, mit ihren Männern in Afrika eine Farm aufzubauen und zu bewirtschaften. Soweit ich mich zurückerinnere, war es diese unwiderstehliche Neugier auf das Unbekannte, die mich bis heute immer wieder in die Ferne treibt.

Aber wäre ich wirklich eine von ihnen gewesen? Hätte ich tatsächlich ein solches Leben mit all seinen Widersprüchen führen können? Diese Frage beschäftigt mich. Neben den faszinierenden Erlebnissen in der Natur wird sie meine Reiseroute durch Namibia bestimmen und mich in engen Kontakt mit Menschen schwarzer und weißer Hautfarbe bringen. Hinhören. Nachspüren. Eintauchen. Gespannt werde ich den Geschichten der Farmerfrauen lauschen, werde mich in die Tagebücher und Aufzeichnungen ihrer Groß- und Urgroßmütter vertiefen, werde versuchen, mir vorzustellen, wie sie lebten, was sie dachten und fühlten.

Aber ich weiß, ich bin anders als diese Einwanderer, geformt von Erfahrungen, Denkmustern, Moralvorstellungen, die es so vor 100 Jahren nicht gab. Viele dieser Siedler hatten keine Skrupel, sich Land anzueignen, das ihnen gar nicht gehörte. Dieses Unrecht, basierend auf Rassismus und elitärem Gehabe, ist wie ein schwarzer Schatten, der mir eine Annäherung erschwert. Trotzdem beeindruckt mich der Mut, mit dem sich die Einwanderer in einer fremden Umwelt behaupteten. Tatkräftig leisteten sie Pionierarbeit, gruben Brunnen und machten das dornige Ödland fruchtbar.

Wer sich die Situation Deutschlands um die Wende vom 19. zum 20. Jahrhundert vor Augen führt, wird bald verstehen, warum damals viele bereit waren, ihre alte Heimat aufzugeben. In der Überlieferung wird diese Zeit gern als »Goldene Zeit« bezeichnet, in Wirklichkeit aber lebten die meisten Menschen in ärmlichen Verhältnissen oder als Tagelöhner von der Hand in den Mund. Die Zukunft erschien ihnen grau, ohne Chance, ihrem Leben einen Sinn, ein Ziel zu geben. Da versprach die Idee, auszuwandern, einen verheißungsvollen Neubeginn. Sie konnten ihr Schicksal endlich in die eigenen Hände nehmen und alles gewinnen. Dass sie auch alles verlieren konnten, erhöhte den Reiz, zumal jeder darauf vertraute, er werde zu denjenigen gehören, die es gewiss schafften. Auch Abenteuerlust, die Sehnsucht nach Freiheit, Wildnis und Exotik spielten bei vielen Auswanderern eine große Rolle, denn seit Urzeiten ist uns Menschen der Trieb angeboren, vertrautes Territorium zu verlassen, um neue Gebiete zu erforschen und zu erobern. So haben wir die Erde in allen Himmelsrichtungen besiedelt und kaum einen Flecken verschont, nicht einmal die eisigen Polarregionen.

Besonders als Biologin kann ich diese Entwicklung gut nachvollziehen und muss sie als naturgegeben akzeptieren. Und trotzdem fühle ich ein Unbehagen, mich unvoreingenommen mit einer Zeit auseinander zu setzen, in der man glaubte, das Recht zu haben, über andere Menschen und Länder nach Gutdünken zu verfügen. Durfte eine Regierung ihre Bürger ermutigen und auffordern, fremdes Land einfach zu besetzen? Aus Sicht der Einwanderer war Südwestafrika ein riesiges unbesiedeltes Land, das niemandem gehörte. Wirklich nicht? Es lebten doch Menschen dort. Aber keine Regierung vertrat deren Rechte, und keine Armee verteidigte sie gegen die Eindringlinge. Die Bevölkerungsgruppen und ihre Oberhäupter wurden von den Weißen nicht als ebenbürtig angesehen. Mit List und Betrug, mit Alkohol und Geschenken wurde ihnen das Land »abgekauft«. Sie begriffen zunächst gar nicht, auf was sie sich eingelassen hatten. Ihnen fehlte vor allem die Vorstellung, dass man Land überhaupt besitzen oder sogar verkaufen konnte.

Für die deutschen Einwanderer war es abgemachte Sache, und kein Zweifel focht sie an, dass Südwestafrika zum Deutschen Reich gehörten sollte. Geprägt von dieser Vorstellung schildert Margarethe von Eckenbrecher ihre Ankunft in Afrika voller Verzückung. Noch auf dem Schiff mit Blick auf die Küste schrieb sie:

»Swakopmund im Sonnenschein sah freundlich und verheißungsvoll aus. Zur Bewillkommnung unseres Dampfers wehten Flaggen auf vielen Häusern. Hell hoben sie sich von den dunklen Dünen ab. Freudigen Herzens warteten wir darauf, an Land zu kommen. Wir standen an der Reling und sahen hinüber nach unserem Land der Verheißung, und heiß wallte es in uns auf: Dort drüben winkt dir die neue Heimat. Wirst du glücklich sein? Was steht dir bevor?«

Margarethe war bei ihrer Ankunft 27 Jahre alt. Mit ihrem Mann wollte sie in der deutschen Kolonie »Südwest« eine Farm aufbauen, obwohl beide vom Farmerleben wenig Ahnung hatten. Ihr Mann Themis fühlte sich zum Maler berufen. Sie selbst war Lehrerin, eine sehr beliebte sogar, wie zahlreiche ihrer Schüler bezeugten.

Vor mir liegt ein Foto, das sie als über 70-Jährige zeigt, mit weißem Haar und wachem Blick. Auf einem Sessel sitzend, beugt sie sich vor, um dem Gegenüber direkt in die Augen zu sehen, abwartend und voller Neugier. Sie wirkt warmherzig und zierlich, doch lässt das Foto ahnen: Diese Frau wusste, was sie wollte, und verstand dies auch durchzusetzen.

Schaudernd stehe ich am Strand von Swakopmund. Wellen donnern in gewaltiger Brandung gegen die Küste. Kaum vorstellbar, dass Boote hier anlanden konnten. Drastisch beschreibt Margarethe von Eckenbrecher ihre Ankunft:

»Weit draußen ankerte unser Dampfer. Mit Booten sollen Passagiere und Ladung an Land gebracht werden ... Um von Bord in das Kanu zu gelangen, müssen die Passagiere einer nach dem anderen in einen Korb aus Weidengeflecht steigen. Ich muss gestehen, ich habe schon angenehmere Augenblicke in meinem Dasein erlebt als den, in diesem knackenden Korb zwischen Himmel und Wasser zu schweben und schließlich mit einem Ruck in dem auf und nieder gehenden Boote aufzuschlagen und von einem der Kruboys herausgerissen zu werden ... Nach längerer Fahrt auf mäßig bewegtem Wasser kamen wir den gewaltigen Brechern näher und näher. Ich bewunderte die Geschicklichkeit der Kru, die mit größter Sicherheit und Kaltblütigkeit ihre Ruder in die Wellen tauchten und schnell vorwärts kamen. Als ich aber die kolossalen Brecher aus allernächster Nähe sah, die sich entweder haushoch auftürmten oder einen tiefen Abgrund schufen, konnte ich mich einer Gänsehaut nicht erwehren. Pfeilschnell schossen wir mit den Brechern dahin, und mit gewaltigem Ruck fuhr das Vorderteil des Bootes auf den Sand, während es sich hinten in die Höhe hob.«

Als würde ich es im Augenblick selbst erleben, bildet sich jetzt eine Gänsehaut auf meinen Armen, aber vielleicht liegt es auch nur an den kalten Spritzern der Brandung.

Mit der Anlage eines Hafens hatten es sich die Deutschen nicht leicht gemacht. Sie suchten die ganze Küste ab nach einer geeigneten Bucht – ohne Erfolg. Auf den einzig brauchbaren Naturhafen, Walvis Bay, konnten die Deutschen nicht zurückgreifen – er war längst im Besitz der Engländer. Die waren nicht *amused*, das kaiserliche Deutschland bei seinen späten Kolonialbestrebungen zu unterstützen. Schließlich entschieden sich die Deutschen für eine

Stelle an der Mündung des Swakopflusses. Eine Bucht war zwar nicht vorhanden, immerhin verhinderte jedoch der Fluss, dass die Wanderdünen den Ort unter Sand begruben. Als Hafen aber war Swakopmund eine Katastrophe. Versuche, ein Hafenbecken auszubaggern, scheiterten kläglich, denn durch die starke Meeresströmung war das Becken in wenigen Tagen wieder voller Sand. Und so mussten die Schiffe notgedrungen wie zuvor weit draußen im Meer vor Anker gehen.

Wie aber sollte man schwere Waren an Land bringen? Viele Einwanderer hatten ihre eigenen Möbel dabei, und als die Eisenbahnlinie gebaut wurde, benötigte man Schienen, Lokomotiven und Waggons, außerdem Maschinen für die Bergwerksgruben. 1903, ein Jahr nach Margarethes Ankunft, versuchte man es mit dem Bau einer Mole, die jedoch in Rekordzeit versandete. 2,5 Millionen Mark waren buchstäblich in den Sand gesetzt. Der Mole folgte eine 275 Meter lange Holzbrücke, die schon nach zwei Jahren von Bohrmuscheln zersiebt war. Jetzt musste Stahl her. Berliner Kolonialbeamte planten eine 640 Meter lange Konstruktion mitten ins Meer hinaus.

Als 262 Meter fertig gestellt waren, kam das Aus. Deutschland hatte den Ersten Weltkrieg verloren und musste seine Kolonien an die Siegermächte abtreten. Schließlich beauftragte der Völkerbund in Genf die Südafrikanische Union, das Mandat über Südwestafrika zu übernehmen. Die Brücke jedoch blieb auch unter den neuen Herren unvollendet, denn die Engländer wollten für ihren Hafen Walvis Bay keine Konkurrenz. Bis zum heutigen Tag trotzt die halbfertige Brücke mit ihren rostigen Pfeilern und zerborstenen Planken der Sandflut und dem Wellenschlag. Massig und dunkel liegt sie im Meer wie ein vergessenes Reptil aus der Urzeit. Aber ihre Jahre sind gezählt; dann wird auch dieses Symbol kolonialer Großmachtträume vom Meer endgültig verschlungen sein.

Das Dampfross »Martin Luther«

Mein Quartier habe ich in der »Prinzessin Rupprecht-Residenz« bezogen. Von 1901 bis 1914 diente das Gebäude als Lazarett. Heute ist es Altersheim und Gästeherberge zugleich. Ein Garten mit Blumen, blühenden Sträuchern und Palmen lädt zum Verweilen und Träumen ein. Mein Zimmer im Kolonialstil ist hell und hoch, die Umgebung regt meine Phantasie an und erleichtert meine Spurensuche in die Vergangenheit. Für Margarethe und ihren Mann gab es 1902 noch keine so komfortable Unterkunft:

»Nach mühseligem Durchwaten von tiefem Dünensand gelangten wir zu einer schwärzlichen Holzbaracke – es war das Hotel »Fürst Bismarck«, glich aber keineswegs dem späteren Prachtbau. Über den Hof, wo verschiedene nützliche Haustiere quiekend und grunzend umherliefen, wand man sich an einer Mistgrube vorbei, kroch unter Leinen voll triefender Wäsche hindurch und kam zu den Fremdenzimmern, winzigen Käfterchen, wenig schön, aber zweckentsprechend: Zwei Feldbettstellen, eine umgedrehte Kiste mit einer abgestoßenen Emailleschüssel oben drauf, sie diente als Waschbecken. Der Fußboden war reiner unverfälschter Dünensand, grundlos; Bettdecke, Kiste, Schüssel, alles bedeckt mit einer Schicht Sand. Kostenpunkt für die Nacht – zwanzig Mark.
Das Donnern und Toben der Brandung schlug an mein Ohr. Durch die Fugen des dünnen Holzwerks drang die Kälte. Ruhelos wälzte ich mich auf dem feuchten Kissen. Und dann wurden sie wach, die sechsbeinigen Peiniger. Blutgierig stürz-

ten sie sich auf mich. Als ich mich am nächsten Morgen beim flackernden Kerzenlicht anzog, sah ich aus, als hätte ich über Nacht die Masern bekommen. Ohne Frühstück, mit steifen Gliedern und vor Kälte klappernden Zähnen stapften wir um halb sechs quersandein zum Bahnhof.«

Margarethe und Themis hatten es eilig, von Swakopmund fortzukommen. Voller Ungeduld wollten sie ihr neues Leben so bald wie möglich beginnen. Mich drängt die Zeit nicht, so lasse ich den Ort in Ruhe auf mich wirken.

Eine Woche bleibe ich in Swakopmund. Die meiste Zeit davon verbringe ich im Museum und in der Sam-Cohen-Bibliothek, wo ich mich in die alten Ausgaben der »Allgemeinen Zeitung« hineinlese, bis die Stimmen aus der Vergangenheit für mich hörbar werden. Ich stöbere in Chroniken, Berichten, Tagebüchern, beschäftige mich mit Anzeigen, Nachrufen, Leserzuschriften. So wird eine längst vergangene Epoche für mich lebendig und greifbar.

Amüsiert lese ich die Geschichte vom Dampflokomobil, einer Art Dampfkraftwagen. Ich hatte es an der Straße nach Swakopmund in natura besichtigt, doch da wusste ich noch nicht, wie und warum es dort hinkam. Außer mir bestaunte eine afrikanische Familie das altertümliche Gefährt. Die Eltern und zwei reizende Töchter, geschmückt mit vielen Zöpfen, in die bunte Schleifchen gebunden waren, stellten sich vor dem urigen Vehikel in Positur. Der Vater reichte mir seinen Fotoapparat und bat mich, ein Erinnerungsfoto zu knipsen. Ich tat ihm gern den Gefallen.

Im Jahr 1896 war das Lokomobil im Hafen von Walvis Bay entladen worden, denn es sollte den Güterverkehr in der Kolonie Südwest revolutionieren. Die Idee hatte Edmund Troost gehabt, Oberstleutnant der kaiserlichen Schutztruppe. Auf eigene Kosten hatte er das 280 Zentner schwere Dampfmobil in Halberstadt bauen und nach Namibia verschiffen lassen. Aber schon der erste Versuch endete in einem Fiasko. Das Monstrum soff Unmengen Wasser, unpraktisch in einem wüstentrockenen Land, und brauchte so viel Feuerholz, dass neben dem Brennstoff kaum noch Platz für Ladung blieb. Schlimmer noch, es versank mit seinen schweren Stahlrädern alle paar Meter im Sand. Unter glühender Sonne mussten es der Lokführer und seine Helfer immer wieder freischaufeln. Was mögen die Männer geflucht haben! Für den Weg vom englischen Hafen Walvis Bay ins 35 Kilometer entfernte Swakopmund brauchte das Ungetüm sage und schreibe drei Monate!

Endlich angekommen, war es nur für kurze Strecken einsetzbar. Für eine einzige Fahrt mussten tagelang Holz und Wasser herbeigeschafft werden. Ein Jahr nach seiner Ankunft war das Dampfmonster schrottreif. Zwei Kilometer außerhalb Swakopmunds versank es ein letztes Mal im Sand und bewegte sich nicht mehr von der Stelle. Dort steht es noch immer und heißt im Volksmund »Martin Luther«. Der Name bezieht sich auf den angeblichen Ausspruch des Reformators vor dem Reichstag in Worms: »Hier stehe ich und kann nicht anders!«. Aber diese tapferen Worte formulierten seine Anhänger erst nach Luthers Tod, wie man heute weiß. In Wahrheit hatte er, erschrocken über seine eigene Standhaftigkeit, geflüstert: »Gott helfe mir. Amen.«

Auf einen Sockel gesetzt, schwarz lackiert und blank geputzt, ist »Martin Luther« das weltweit einzige Denkmal für im Sand stecken gebliebene Reformen.

Ombepera i koza – Kälte tötet

Für alles gibt es Denkmäler, nur nicht für die in den Lagern der Deutschen umgekommenen Herero und Nama. Von jenem Aufstand gegen die deutsche Kolonialmacht werde ich später berichten, aber hier in Swakopmund war einer der Orte, wo die Überlebenden in Lagern zusammengepfercht wurden.

Reichskanzler von Bülow benutzte den Begriff »Konzentrationslager« erstmals in einem Telegramm vom 11. September 1904 an Generalleutnant Lothar von Trotha, den Befehlshaber der deutschen Schutztruppen, mit der Aufforderung, die Gefangenen in Konzentrationslagern unterzubringen. Von Bülow wusste offenbar von den *Concentration Camps* der Briten, die nach dem Sieg über die Buren, ihre Gefangenen samt Frauen und Kindern hinter Stacheldraht sperrten und die Mehrzahl von ihnen dort verhungern ließen. Die Buren waren niederländische Bauern, die seit 1652 in Südafrika eingewandert waren und sich von 1899 bis 1902 vergeblich der britischen Okkupation widersetzt hatten.

Verbrechen können nicht entschuldigt und kleingeredet werden, indem man auf andere Völker verweist, und sie dürfen auch nicht verschwiegen werden. Nur wer seine eigene Vergangenheit kennt, kann die Zukunft besser gestalten. In Swakopmund aber erinnert rein gar nichts an diese dunkle Zeit. Und niemand kann oder will mir Auskunft geben. Auf meine Frage, wo sich das Konzentrationslager befand, antwortet man empört: »Nie und nimmer gab es bei uns ein Lager! Undenkbar, ganz und gar unmöglich! Was glauben Sie denn, wie unser kleiner Ort tausende Gefangene beherbergen und mit Wasser und Nahrung hätte versorgen können?«

Doch Tatsache ist, dass 20 000 Herero den Aufstand überlebten. Ihre Führer aber waren tot oder geflüchtet, ihr Volk hatte aufgehört zu existieren. Die siegreichen Deutschen wollten die entkräfteten und traumatisierten »Wilden« nicht sich selbst überlassen. Die Gefahr war zu groß, glaubte man, dass sie sich zu Banden zusammenschließen, die aus Hunger und Rache rauben und morden würden. Die Konzentrationslager – es gab sie entlang der Eisenbahnlinie und in der Nähe größerer Siedlungen – sollten zwar keine Vernichtungslager sein, aber trotzdem kosteten sie zahlreichen Gefangenen das Leben. Die Verantwortlichen waren überfordert und vielleicht auch nicht willens, aus dem Nichts für tausende Menschen Kleidung, Nahrung und sauberes Wasser zu beschaffen. Nur Arbeit gab es im Überfluss. Die Eisenbahngesellschaft erbat sich von der Lagerleitung immer wieder frische Arbeitskräfte. Nicht nur Männer, auch Frauen und Kinder mussten beim Entladen der Frachtschiffe, dem Bau der Mole, im Straßen-, Gleis- und Bergbau schuften. Am schlimmsten erging es denen, die in das feuchte und kalte Klima der Küstenregion bei Swakopmund und auf die Haifischinsel bei Lüderitz verfrachtet wurden.

Es waren Missionare der Rheinischen Missionsgesellschaft, die das Leiden der Verzweifelten zu lindern versuchten. Ihre Berichte konnte ich in den Archiven der Evangelisch-Lutherischen Kirche nachlesen:

»Anfang 1905 kamen große Transporte, die Menschen wurden hinter doppeltem Stacheldraht in jämmerlichen Behausungen, nur aus Sackleinen und Latten, untergebracht, und zwar so, dass in einem Raum 30 bis 50 Personen ohne Unterschied des Alters und Geschlechts gezwungen waren zu bleiben. Von früh bis zum späten Abend, auch an Sonn- und Feiertagen mussten alle, auch die Kinder, unter den Knütteln roher Aufseher arbeiten, bis sie zusammenbrachen.«

»*Ombepera i koza* – Kälte tötet!«, riefen die Unglücklichen dem Missionar Heinrich Vedder zu, wenn er zum Gottesdienst ins Lager kam. Die kirchliche Anteilnahme war zu jener Zeit nichts Ungewöhnliches, denn die Herero und Nama waren schon seit Jahrzehnten vom christlichen Glauben überzeugt, und viele hatten bei den Missionaren sogar Lesen und Schreiben gelernt.

Die Menschen, die an die trockene Hitze im Landesinneren gewöhnt waren, litten schrecklich unter dem neblig-kalten Klima und den rauen Winden. Notdürftig schützten sie ihre nackten Körper mit aufgetrennten Säcken. Als Missionar Vedder auf seine dringliche Anfrage nach ausreichender Bekleidung keine Antwort von der Kolonialverwaltung aus Windhoek erhielt, bat er die Missionsgemeinde im Deutschen Reich um Kleiderspenden. Dankbar vermerkt Vedder:

> »Die Missionsfreunde in der Heimat kargten nicht. Sehr bald kamen Kisten über Kisten voller zum Teil noch sehr guter Kleider. Sie wurden verteilt. Die abgemagerten Gestalten hatten wenigstens wieder etwas Warmes anzuziehen.«

Bahnhof in Swakopmund

Zum Abschied gehe ich ein letztes Mal durch die breiten, sandbedeckten Straßen Swakopmunds, in denen erstaunlich wenige Autos fahren. Ich wandere am Bahnhof vorbei, der den unbändigen Pioniergeist der Einwanderer repräsentiert und noch immer ein beeindruckend dekorativer Bau ist. Heute dient er als Kasino und beherbergt zugleich das teuerste Hotel am Ort.

Schon 1902 ging die Eisenbahnlinie zwischen der Hauptstadt Windhoek und Swakopmund in Betrieb, aber nur einmal die Woche fuhr ein Personenzug. Wer nicht so lange warten wollte, musste den Güterzug benutzen. Das war nicht nur unbequemer, sondern auch noch wesentlich teurer, denn aus unerfindlichen Gründen waren die Fahrgäste gezwungen, eine Fahrkarte 1. Klasse zu lösen. Außerdem musste jeder Reisende unterschreiben, dass er die Eisenbahn von jeglicher Haftpflicht entbinde. Trotzdem gab es immer wieder Beschwerden, wie ein wütender Leserbrief in der »Allgemeinen Zeitung« beweist. Der Unglückliche empörte sich, weil er bei einem Achsenbruch übel zugerichtet wurde, teure Arztkosten begleichen musste und vergeblich auf Schmerzensgeld hoffte.

Ein anderer, mehr humorbegabter Fahrgast schilderte, dass der Zug plötzlich auf freier Strecke hielt, weil mitgeführte Hühner ihrem Käfig entkamen und durch die offenen Zugfenster das Weite suchten. Der Besitzer rannte fluchend seinem gackernden Federvieh hinterher, und bald beteiligten sich sämtliche Reisende lachend an der heißen Verfolgungsjagd.

Die Dampfmaschine der Lok wurde damals noch mit Holz geheizt. Ging der Brennstoff während der Fahrt zur Neige, mussten die Passagiere ihre Abteile verlassen und entlang des Bahndamms Holz schlagen. Die Arbeit machte hungrig, und einige nutzten den unfreiwilligen Halt, um sich im »Supermarkt« der Natur zu bedienen. Ihre Jagdbeute wurde an Ort und Stelle zerlegt, gegrillt und verzehrt. Sie konnten sich Zeit lassen, denn einen Gegenzug musste niemand fürchten – es gab ja nur den einen.

Auch in Margarethes Erinnerung hat sich die erste Eisenbahnfahrt tief eingeprägt:

»Das Abfahrtsignal ertönte und der Zug fuhr in den grauen Morgen hinein. Wir standen auf dem Vorderperron des Wagens. Allmählich lichtete sich der Nebel. Was man nun sah, war allerdings nicht viel. Sand und Dünen und Dünen und Sand. Hin und wieder vom Sand glatt geschliffener Felsen und vom Sand fast verwehte Büsche.

Dann schnaufte das Bähnlein, es hat nur 60 Zentimeter Spurweite, mühsam eine dunkle, steile Gebirgsmasse, das Haoasgebirge, hinauf. Unter viel Gestöhn wand sich die Maschine höher und gerade, als wir oben angekommen waren, stieg strahlend der Sonnenball empor. Mit einem Schlag war es hell und warm.

Um die Mittagszeit passierten wir das Khangebirge, ganz kahl, aber malerisch durch die grotesken Formen der Felsen. Das Reisen hatte allmählich aufgehört, ein Genuss zu sein. Glühend heiß, staubig, dass die Augen brannten, durstig, ohne Erquickung erlangen zu können, die Maschine sehr geräuschvoll klappernd, dabei hin und her geschüttelt, so ging es stundenlang vorwärts, dann plötzlich, mit purpurnem Schimmer, senkte sich die afrikanische Nacht hernieder. Im lichten Glanze schimmerten die Sterne und schienen viel näher und größer zu sein als in der Heimat.«

Als der Zug nach 200 Kilometer und 15 Stunden Fahrt den Ort Karibib erreichte, war für Margarethe und ihren Mann Themis zunächst Endstation. Karibib war damals ein bedeutender Handelsplatz auf halber Strecke zwischen Swakopmund und Windhoek. Noch drei Jahre zuvor im Jahr 1899 war hier reine Wildnis, einzig ein unscheinbares Farmhaus versteckte sich unter Kameldornbäumen.

Als aber die Eisenbahnstrecke Swakopmund-Windhoek ausgebaut wurde, entstanden hier ein Bahnhof, Hotels, Gasthäuser, Kaufläden, sogar eine Brauerei. Neben der Missionskirche gab es bald ein Bezirksamt, die Polizeistation und ein Hospital. Wo sich vor kurzem noch wilde Tiere die Beute streitig machten, konkurrierten jetzt Händler und Handwerker um ihre Kundschaft.

In Karibib deckten Margarethe und Themis sich mit allem ein, was sie für ihr neues Farmerleben benötigten. Sie kauften Geräte für Haus-, Küchen- und Feldarbeit und beim Wagenbauer eine Karre, dazu 14 Ochsen samt der dazugehörenden Treckausrüstung. Dann brachen die zukünftigen Farmer mit dem Ochsenkarren nach Norden auf, zu ihrem Endziel Okombahe.

Die Walfischbucht

Ein mächtiges Dünenmeer stemmt sich den Wassermassen des Südatlantiks entgegen. Kälte trifft auf Hitze. Nebel kondensiert und berieselt den weiten Küstensaum. Erst dieser Nebeltau macht Leben in der Namib möglich. Weltweit gibt es nur noch zwei andere dieser Nebelwüsten, die Atacama in Chile und die Baja California in Mexiko.

Ebenso schnell wie der Küstennebel verschwunden ist, kann er die Sicht wieder verhüllen, wenn die von der See kommenden feuchtwarmen Winde über den kalten Benguela-Strom streichen. Dann kühlt die Luft augenblicklich ab. In diesem Zustand kann sie weniger Feuchtig-keit speichern und kondensiert zu feinen Tröpfchen – dem Nebel.

Der junge Staat Namibia leitete seinen Namen von der Namib-Wüste ab. Dabei frage ich mich, ob den Namensgebern die ursprüngliche Bedeutung für Namib, also »Nichts«, bewusst war?

Das »Nichts« beginnt in der Kap-Provinz von Südafrika und erstreckt sich über 2000 Kilometer nordwärts bis Angola. Im Gegensatz zu ihrer Länge ist die Wüste erstaunlich schlank. Vom Atlantik reicht sie weniger als 120 Kilometer landeinwärts.

Vor allem als Biologin reizt es mich, diesen extremen Lebensraum kennen zu lernen – eine Wüste, die den Pflanzen und Tieren spezielle Überlebenskünste abverlangt. Mit 50 000 Quadratkilometern ist die Namib das viertgrößte Naturschutzgebiet der Erde. Nur mit einer Genehmigung, die man sich vorher in Windhoek oder Swakopmund besorgt, können einige ausgewiesene Gebiete besucht werden, dabei dürfen die vorhandenen Pisten nicht verlassen werden, und man muss an festgelegten Plätzen übernachten. Außerdem wird erwartet, dass sich die Besucher ausreichend mit Wasser, Nahrungsmitteln und Brennstoff versorgen.

Ohne weiteres bekomme ich mein *permit*, das mir eine junge Schwarze mit Zöpfchenfrisur lächelnd über die Theke schiebt. In einem Gemisch aus Englisch und Deutsch ruft sie mir warnend hinterher: »*Leave nothing but footprints* – manchmal sind auch Fußspuren schon zu viel.«

Die Vorschriften sind vernünftig, damit das empfindliche Ökosystem nicht zerstört wird. Ein einziges Auto abseits der Piste vernichtet unzählige Lebensformen: bodenbrütende Vögel, Insekten, Echsen und andere Tiere, die sich hauptsächlich auf ihre Tarnung verlassen und nicht flüchten. 300 Quadratmeter Flechten werden pro Kilometer von den Rädern eines Autos zerstört, haben Wissenschaftler herausgefunden. Was von verantwortungslosen Fahrern in wenigen Minuten vernichtet wird, braucht 200 Jahre und mehr, um wieder zu gedeihen.

Der Autoverleiher besteht auf einer einstündigen Lektion in Sachen Fahrpraxis und Sicherheit auf Namibias Schotterstraßen, den sogenannten Pads, bevor er mir den Wagen übergibt. Seine gut gemeinten Ratschläge halte ich für etwas übertrieben, aber eine spätere Begebenheit sollte mir auf tragische Weise zeigen, wie Recht er mit seiner Warnung hatte.

Vollgepackt mit Nahrungsmitteln und Wasser für zwei bis drei Wochen, breche ich am frühen Morgen von Swakopmund auf. Zuerst geht es auf einer asphaltierten Straße südwärts nach Walvis Bay. Rechts der Straße brandet der Atlantik an die Küste, links reichen die Dünen bis an den Straßenrand und manchmal über ihn hinweg. Es sind die Ausläufer des großen Sandmeers, das sich weiter im Süden befindet.

Ich denke, mir geht es wie den meisten Reisenden, die aus Swakopmund kommen und erwartungsvoll nach Walvis Bay hineinfahren. Die enttäuschende Ansammlung gesichtsloser Gebäude und das fehlende Zentrum lassen einen die Stadt auf kürzestem Weg und ohne Bedauern wieder verlassen.

Der portugiesische Seefahrer Bartolomeo Diaz war der erste, der in der »Walfisch-Bucht« vor Anker ging, bevor er 1488 das Kap der Guten Hoffnung umsegelte. Seine Entdeckung reizte niemanden zur Besiedlung der nebligen Küste mit ihren unüberwindbaren roten Sanddünen. Erst 300 Jahre später rückte das Land wieder ins Bewusstsein – diesmal in das der Holländer, die sich inzwischen in Südafrika angesiedelt hatten. Es störte sie gewaltig, dass amerikanische Walfänger sozusagen vor ihrer Haustüre wilderten. Sie schickten ein Kriegsschiff, die »Meermin«, und nahmen die Bucht in Besitz. 1793 wehte erstmals die Flagge Hollands in der Bucht, die sie »Walfish Baye« nannten. Wenig später allerdings wurde Holland von Frankreich besetzt, und die Bucht wurde französisches Territorium. Das wiederum gefiel den Engländern nicht. Sie fürchteten eine Störung ihres Seewegs nach Indien durch ihren Erzfeind Frankreich. Als die englische Krone im Jahr 1795 die Macht am Kap übernahm, fiel auch dieser Küstenabschnitt in ihren Einflussbereich. Als sich fast 100 Jahre später die Kräfteverhältnisse zu verschieben drohten, bekräftigten die Engländer im Jahr 1878 nicht nur ihren Gebietsanspruch auf »Walvis Bay«, wie die Bucht inzwischen genannt wurde, sondern annektierten auch alle Inseln vor der namibischen Küste. Die deutschen Kolonialisten respektierten später die Gegebenheiten und errichteten ihre eigene Kolonie um die englische Bucht herum. Die Engländer behielten ihre Enklave 200 Jahre lang, und erst 1994, mit Übergabe des 1124 Quadratkilometer großen Gebietes an den jungen Staat Namibia, war das Ende der Kolonialzeit im südlichen Afrika endgültig besiegelt.

Beim Betrachten meiner Karte sehe ich, dass die namibische Küste meist geradlinig verläuft, ohne tiefe Buchten und Einschnitte. Zwei Ursachen sind dafür verantwortlich: der Benguela-Strom und der starke Südwestwind. Beide treiben den Sand im Wasser und an Land nordwärts und gleichen jede Zergliederung sofort aus. Nur im Wind- und Strömungsschatten des einstigen Fluss-Deltas des Kuiseb konnte die Bucht der Walfischer entstehen. Seit der Fluss nicht mehr ins Meer mündet, hat sich ein Strandhaken gebildet. Die Sandmassen schieben sich immer weiter nach Norden, bis sie die Walfischbucht vom Atlantik trennen werden. Die Bucht wird dann zur Lagune, die eines Tages völlig verlanden wird.

Walvis Bay ist als Ort für mich uninteressant, aber vom Vogelreichtum in der Bucht bin ich begeistert. Nie zuvor habe ich so viele Flamingos gesehen. Wie rosarote Wolken schweben sie über dem Wasser, drehen sie ihre Flügel gegen den Wind und landen sanft mit ausgestreckten Beinen. Wiegend schreiten sie durch die Bucht, als wollten sie einen Reigen tanzen.

Näher am Ufer lässt sich eine Flotte weißer Pelikane von den Wellen schaukeln. Die Vögel mit den großen Schnabelsäcken scheinen satt zu sein. Das Nahrungsangebot ist in kalten Strömungen reichhaltiger als im Warmwasser, da im kalten Meer Stickstoff und Mineralien in großer Menge gelöst sind. So kann sich Plankton – winzige pflanzliche und tierische Organismen – bestens entwickeln. Plankton wiederum spielt die entscheidende Rolle in der Nahrungskette des Fressens und Gefressenwerdens, an deren Ende Pelikane, Flamingos, Kormorane und auch Robben stehen, die sich vor allem nördlich von Swakopmund an der Skelettküste in riesigen Kolonien angesiedelt haben.

Auf der Weiterfahrt landeinwärts entdecke ich Lagunen, die einst ebenfalls Meeresbuchten waren. Hier herrschen geradezu paradiesische Zustände – zumindest für Regenpfeifer, Säbelschnäbler,

Stelzenläufer. Auch meine Lieblinge, die Austernfischer, die mich schon an vielen Küsten der Erde erfreut haben, fehlen nicht. Ein Dutzend dieser schwarzweißen Gesellen stochert mit orangerotem Schnabel im Schlick nach Würmern. Eben ist einer der Austernfischer auf Beute gestoßen. Er hat den Pfuhlwurm am Vorderteil gepackt, zur Hälfte steckt der aber noch in seiner Röhre und verklemmt sich dort. Der Vogel zieht und zieht, der Wurm dehnt sich, wird länger und dünner, der Austernfischer biegt seinen Kopf zurück, zieht weiter, macht einen Hüpfer rückwärts, noch einen. Endlich flutscht der Wurm heraus! Statt ihn gleich zu verschlingen, schwenkt der Jäger das schlammverschmierte Tier im klaren Wasser, spült es sauber und verschluckt es schließlich mit sichtbarem Genuss. Ich lache leise in mich hinein – ist er nicht ein Gourmet, mein Austernfischer?

Fortwährend sind sie in Bewegung, mal trippelnd und trappelnd, dann wieder ruckartig und ungemein schnell, sausen sie wie aufgezogenes Spielzeug am Strand entlang. Mit schrillem »Kwiliep, Kwihrrr!« starten sie gemeinsam, jagen in kühnem Bogen davon, kehren zurück, schweben auf und nieder. Exakt koordiniert sich der Schwarm, alle zeigen gleichzeitig den schwarzen Rücken oder den weißen Bauch, als würden schwarz-weiße Flaggen geschwenkt. So plötzlich wie sie aufgeflogen sind, landen sie wieder an gleicher Stelle. Einen Augenblick verweilen sie jetzt, alle auf einem Bein stehend, mustern aber aufmerksam ihre Umgebung. Nichts entgeht ihrem scharfen Blick. Jeder kleine Strandvogel wird beobachtet, jeder Kormoran, Sichler und Pelikan pfeifend begrüßt. In ihrer Gesellschaft befinden sich auch die völlig schwarzen afrikanischen Austernfischer, die *African Black Oystercatcher*, die etwas größer und kräftiger sind als ihre weißschwarz gefiederten Verwandten.

Amüsiert beobachte ich, wie sich ein Austernfischer an einen anderen von hinten anschleicht und ihm frech in den Bürzel pickt. Der

Gefoppte dreht sich blitzschnell um, eine federfliegende Rauferei beginnt. Wie Hähne gehen sie aufeinander los, schlagen mit den Flügeln, hacken mit dem Schnabel. Die Übrigen schauen gespannt dem Spektakel zu, nur die Nächststehenden hüpfen etwas zur Seite. Der Kampf dauert nicht lange. Der eine weicht zurück, sein Gegner ruckt noch ein paar Mal zornig mit dem Kopf, dann trippelt er zum Wasser und hackt wie wild in den Schlick.

Mit langen Beinen staksen Flamingos gemächlich durch das Flachwasser der Lagune. Den Schnabel ziehen sie sacht durchs Wasser und seihen ihre Nahrung heraus – Krebstierchen, die dem Gefieder die rote Farbe verleihen. Flamingos vor dem Hintergrund der Dünen und darüber der klare Himmel: Rot-Gelb-Blau, ein Kontrast, wie er farbenfroher nicht vorstellbar ist.

Der Geruch von Meer, Fisch und Brackwasser durchdringt die Luft. In die von der Lagune abgegrenzten Becken der Saline wird Meerwasser eingeleitet. Die starke Sonneneinstrahlung bewirkt eine schnelle Verdunstung und hinterlässt eine hochkonzentrierte Sole, die in Kristallisationsbecken fließt. Das Salz fällt aus und lagert sich am Grund ab. Aufgehäufelt zu weißen Bergen bietet es einen exotischen Anblick. Das Meersalz beinhaltet neben Kochsalz mehr als 30 andere Mineralien. Die gesamte Salzproduktion bei Walvis Bay soll pro Jahr 480 000 Tonnen betragen. Auf dem Seeweg wird das Salz nach Südafrika transportiert, wo es vor allem in der chemischen Industrie verwendet wird.

Große Stille – Namib

Von Walvis Bay führt eine Pad, so nennt man in Namibia die Schotterstraßen, schnurgerade nach Osten in die Wüste hinein. Nach jedem Kilometer wird es heißer. Kein frischer Seewind ist mehr zu spüren. Der Fahrtwind weht mir jetzt wie aus einem Backofen entgegen. Geröllfelder breiten sich bis zum Horizont aus, flach und leblos. Flimmernde Luft behindert die Sicht und lässt die Augen schmerzen. Ich halte an, steige aus und schaue mich um. Das Leben scheint erloschen. Weder Pflanzen noch Insekten oder Vögel, nur Steine, Geröll, sandiger Kies. In der Stille knirschen meine Schritte auf dem felsigen Grund. Ich hebe einen Stein vom Boden auf, den ein grauer Belag umhüllt. Die Kruste ist spröde und hat blattähnliche Strukturen. Es ist tatsächlich ein Lebewesen, nicht nur eines, sondern zwei in einem, miteinander in Symbiose verschmolzen. Diese unscheinbare graue Kruste ist eine Flechte, eine der erstaunlichsten Lebensformen, die unseren Planeten bevölkern.

Flechten überstehen minus 80 Grad in der Antarktis und plus 80 Grad auf sonnendurchglühten Steinen in der Wüste, sintflutartigen Regen ebenso wie monatelange Trockenheit. Die Überlebenskünstler besitzen die Fähigkeit zur Photosynthese wie eine Pflanze, denn zur Hälfte ist die Flechte eine Alge. Sie gewinnt Energie aus dem Sonnenlicht. Zur anderen Hälfte ist die Flechte ein Pilz, der sich eher wie ein Tier verhält und sich die nötige Energie durch Verdauung oder Zersetzung anderer Organismen einverleibt. Die Flechte ist demnach doppelt abgesichert, kann sich je nach Bedarf wie eine Pflanze oder ein Tier ernähren. Wo Pilz oder Alge allein nicht existieren können, gelingt das beiden gemeinsam.

Für das Ökosystem der Namib sind die Flechten äußerst wichtig, denn sie schützen die Landschaft vor Erosion, bilden aber gleichzeitig durch chemische Felszersetzung neuen Boden und reichern ihn mit Stoffen an. Noch wichtiger – sie bilden die Basis in der Nahrungskette für alle anderen Wüstentiere.

In der flimmernden Luft wirkt er wie eine geheimnisvolle Insel inmitten eines weiten Geröllfelds – der Vogelfederberg, mein Ziel für die kommende Nacht. Auf meiner Karte ist er als einer der wenigen offziellen Übernachtungsplätze ausgezeichnet.

Vogelfederberg – der Name gefällt mir, er fordert geradezu auf, sich eine Geschichte zu seinem Namen auszudenken. Mit der rund geschliffenen Form erinnert er entfernt an den Ayers Rock, den magischen Berg der Aborigines in Australien, auch wenn er nicht dessen Größe und rötliche Farbe hat.

Als ich mich dem Inselberg nähere, warnt mich ein Urinstinkt. Ich fühle mich unsicher, als würde ich blind in eine Falle tappen. Jeder, der sich in den Felsnischen versteckte, könnte mich beobachten, während ich nicht einmal weiß, wer oder was mich bedroht und wie ich einer Gefahr begegnen sollte.

Von meinen Reisen in Tansania kenne ich diese Art Erhebungen. Dort in der Serengeti heißen sie »Koppje«. Sie sind begehrte Aufenthaltsorte der Raubtiere, die von oben nach Beute Ausschau halten, sich die Sonne auf den Pelz brennen lassen und in den Höhlen ihre Jungen verstecken. Diese Überlegungen jagen mir aber keine Angst ein, denn in der Namib können mir Tiere kaum gefährlich werden. Löwen gibt es in diesem Teil der Wüste nicht, und Leoparden weichen dem Menschen aus; sie greifen nur an, wenn sie verletzt sind oder keine Möglichkeit zur Flucht haben.

Und die Schlangen? In Namibia gibt es eine Vielzahl Schlangen, deren Gift tödlich ist: Kobra und Speikobra, Korallenschlange, schwarze und grüne Mamba, dennoch wird die Schlangengefahr meist überschätzt. Das Unglück geschieht fast immer wegen eigener Unachtsamkeit. Schlangen beißen nur, um sich zu verteidigen – aus Angst, und nicht, weil sie uns töten wollen. Meist bemerken sie uns frühzeitig durch die Bodenerschütterungen unserer Schritte und flüchten, ohne dass wir sie gesehen haben.

Leider gibt es Ausnahmen, zum Beispiel die Puffotter. Sie vertraut auf ihre perfekte Tarnung und bleibt unbeweglich liegen. Auch mit dem Beißen lässt sie sich zunächst Zeit, wartet meist ab, bis man auf ihren Körper tritt, aber dann stößt sie ohne Warnung blitzschnell zu, und ihr Gift tötet fast immer. Dann gibt es noch die Hornviper. Sie gräbt sich gerne ein und lässt nur Nasenspitze und Augen aus dem Sand lugen, mit dem einzigen Ziel, ihre Leibspeise, die Wüstenmaus, zu erbeuten und zu verschlingen.

Für mich aber geht Gefahr eher von Menschen aus, gerade wenn ich allein unterwegs bin. Die resolute Beamtin der Parkverwaltung hatte mich jedoch beruhigt: »Keine Angst, mein Herzchen, in Deutschland, wo du herkommst, passieren doch jede Menge Verbrechen. Wie ich gelesen habe, wird man bei euch sogar am helllichten Tag überfallen und ausgeraubt. Unsere Wüste dagegen ist menschenleer, da bist du selbst in der Nacht sicher, das garantiere ich dir.«

Das Auto parke ich sichtgeschützt unter einem Überhang. Dann klettere ich den Felsen hinauf. Ängstlich mustere ich die schalenförmigen Vertiefungen und dunklen Nischen. Nichts bewegt sich. Beklemmende Stille.

Unter einem Felsdach hat sich eine Terrasse gebildet. Feiner Sand bedeckt den Boden, und die Fläche ist breit genug, um mein Zelt aufzustellen. Vorher aber unterziehe ich den Berg einer genauen Untersuchung. Frisch in den Sand geprägt, verläuft über die ganze Länge der Terrasse eine hundeartige Spur. Ein Schakal war letzte Nacht hier, womöglich war er hinter Stachelschweinen her, wie ein lose am Boden liegender 40 Zentimeter langer Stachel vermuten lässt. Braun und beige geringelt, dünn und biegsam, erinnert er mich an einen Mikadostab. Kühl und glatt fühlt er sich an und endet mit einer harten Spitze – eine Waffe, mit der sich Stachelschweine wirksam zu verteidigen wissen. Wird der fast ein Meter lange Nager, der mit den Meerschweinchen verwandt ist, angegriffen, richtet er sein Stachelkleid auf, klirrt und rasselt drohend mit den hohlen Schwanzborsten. Wirkt das noch nicht abschreckend genug, schleudert er Stacheln wie Geschosse dem Feind entgegen, mit solcher Kraft, dass sie sogar in Holzbretter eindringen können.

Die Trittsiegel des Schakals und die Borste des Stachelschweins sind die einzigen Spuren, die auf die zeitweilige Anwesenheit von Tieren hindeuten. Menschen scheinen schon lange nicht mehr hier gewesen zu sein.

Glutrot versinkt die Sonne, taucht mit ihren letzten Strahlen die weite Ebene in leuchtendes Purpur. Ich liege bäuchlings auf einer Felskuppe hoch über der Landschaft. Die sonnengespeicherte Wärme im Gestein strahlt durch die Kleidung bis auf meine Haut. Trockener Wind streift über mich hinweg. Bis zum Horizont dehnt sich die Wüste. Nichts ist da, was den Blick ablenkt, kein Hügel, kein Berg, nicht einmal ein Baum. Eine makellose Fläche. Großartig, weit und grenzenlos ist dieses »Nichts«. Die Welt scheint in einer Schale des Schweigens zu ruhen. Eine sonderbare Stille breitet sich aus, die Töne gebiert. Die klingende Stille bedient sich meines Körpers als Instrument. In meinem Inneren vernehme ich eine Melodie: das Lied der Wüste.

Der purpurne Schimmer wird immer dunkler, bald sind alle Farben erloschen. Auf dem noch immer warmen Granitgestein drehe ich mich auf den Rücken und blicke hinauf in den nächtlichen Himmel. Zuerst verwirrt mich der Sternenglanz. Allmählich erkenne ich einige markante Sternbilder, die mir auch vom nördlichen Himmel bekannt sind. Matt schimmernd wie Perlmutt beugt sich die Milchstraße über das Himmelsrund nach Norden. Gut sichtbar auch die beiden zarten Schleier nahe beim südlichen Himmelspol: die Magellanschen Wolken, benannt nach dem portugiesischen Weltumsegler Magalhães. Es sind fremde Galaxien, spiralförmige Sternsysteme wie unsere Milchstraße, unvorstellbare 200 000 Lichtjahre von uns entfernt.

Klein und unbedeutend scheinen wir Menschen mit unseren Problemen und Sorgen angesichts der unermesslichen Dimensionen des Universums. Und doch können wir nicht anders leben, als uns selbst immer wieder zum Maßstab zu nehmen.

Alles, was wir sind, tun und denken, müssen wir an uns selbst messen und beurteilen. Nur mit unseren Sinnen, so beschränkt sie auch sind, können wir die Welt erleben. Sie sind die einzige Orientierung, die wir haben auf unserem unsicheren und rätselhaften Lebensweg.

Mir wird kalt. Ich sehne mich nach Wärme und kann mich doch kaum vom Sternenhimmel trennen. Dort oben liegt der Halbmond auf dem Rucken und ähnelt einem zerbrechlichen Kahn, der durch ein schwarzes Meer segelt.

Um den Anblick länger genießen zu können, kuschle ich mich unter freiem Himmel in meinen Schlafsack. Im Licht der Petromaxlampe schreibe ich die Ereignisse des Tages in mein Notizheft. Plötzlich bemerke ich in der Ferne das Aufleuchten von Scheinwerfern. Alle meine Sinne sind sofort hellwach. Wer fährt da nachts durch die Wüste?

Im Fernglas mache ich einen Lastwagen aus, der sich schnell nähert. Erschrocken lösche ich die Lampe. Dennoch habe ich Angst, ich könnte schon entdeckt worden sein. Und tatsächlich, der Wagen biegt von der Pad ab und fährt auf mein Wüstencamp zu.

In Gedanken erwäge ich alle möglichen Varianten der Begegnung und male mir gleich den schlimmsten aller Fälle aus. Trotz der Nachtkälte beginne ich zu schwitzen. Ich springe auf. In der Dunkelheit packe ich Schlafsack, Matte, Kochutensilien und Schreibzeug zusammen. Mit den Händen grabe ich eine Mulde, deponiere Geld, Paß und Autoschlüssel, schiebe Sand darüber und rolle einen Stein über das Versteck. Nachdem ich meine Spuren sorgfältig verwischt habe, lege ich mich hinter einem Felsvorsprung auf die Lauer. Ich spüre das Pochen meines Herzens.

Der Laster hält am Bergfuß. Meinen Wagen unter dem Überhang können sie aus ihrer Position nicht sehen. Stimmen schallen herauf, und ich sehe im Fernglas mindestens zehn Männer. Sie hocken auf der Ladefläche, einige tragen Overalls, andere Latzhosen, wie ich im schwachen Mondlicht gerade noch erkennen kann. Ich hoffe nur, dass sie mich nicht entdecken. Nach kurzer Debatte steigt der Fahrer wieder ein und fährt den Lastwagen ohne Zögern um den Felsen herum. Wie es scheint, kennt er das Gelände und weiß, dass die nördliche Seite besser vor dem scharfen Nachtwind geschützt ist.

Vorsichtig steige ich zum Grat hinauf und beobachte von oben die Männer. Sie machen Feuer, essen und trinken etwas und legen sich dann zum Schlafen nieder. Beruhigt klettere ich zurück in mein Camp, breite den Schlafsack wieder aus und schlafe trotz allem schnell ein. Ich träume von einem Leoparden, der sich heranschleicht, sich dann aber niederlegt und gähnend mit mir den Schlafplatz teilt.

Beim ersten Morgenlicht bin ich wach und schaue erneut über die Felskante. In ihre Decken gehüllt, schlafen die Männer noch. Ich nutze die Zeit und mache mich ohne Frühstück eilig davon.

Bevor ich von der Piste in die breite Schotterstraße einbiege, halte ich noch einmal kurz an, blicke zurück und nehme Abschied vom Vogelfederberg, der mich trotz seines Namens weder mit dem

Anblick von Vögeln noch mit Federn beschenkt hat. Ich erinnere mich, gelesen zu haben, dass der Berg ein 500 Millionen Jahre altes Relikt des einstigen Damara-Hochgebirges sei. Über Jahrmillionen habe die Erosion das hohe Gebirge zerspalten und zerbröckelt. Letzte Überreste des zu Granit erstarrten Magmas ragen noch heute aus dem Geröllschutt heraus – wie eben der Vogelfederberg.

Sobald die Sonne über den Horizont steigt, wird es angenehm warm, doch schnell verwandelt sich die Wüste wieder in einen Backofen. Im flimmernden Licht zeichnen sich acht dunkle Flecken ab. Sie scheinen über dem Boden zu schweben, grotesk verzerrt von der flirrenden Luft. Als ich näher komme, erkenne ich Strauße: einen Hahn, kohlschwarz mit blütenweißen Flügeln und prächtigen Schwanzfedern, umgeben von seinen sieben erdbraunen Hennen. Die Vögel sind auf Distanz bedacht. Kaum haben sie mich wahrgenommen, rennen sie auch schon auf und davon. Und wie sie rennen! Sie sind schneller als jedes Rennpferd; 70 Stundenkilometer halten sie über lange Zeit durch. Der Anblick ist erstaunlich – trotz ihrer plumpen, schweren Körper, scheinen sie mit ihren Füßen kaum den Boden zu berühren. Die geschuppten Beine greifen weit aus, mindestens drei Meter. Die unbefiederten, fleischfarbenen Schenkel mit den dicken Muskeln rotieren wie Kolbenstangen, deshalb kommt mir auch der Vergleich mit einer Lokomotive in den Sinn. Ohne ihr Tempo zu zügeln, laufen die Vögel über die Kieswüste, den Schnabel wegen der Gluthitze weit geöffnet, bis sie in der flimmernden Ferne verschwinden. Wie mit den Straußen ergeht es mir mit Springböcken und Oryxantilopen – auch sie zögern nicht lange und entziehen sich schnell durch Flucht.

Die Wüste gibt ihre Geheimnisse nicht im Vorbeifahren preis, man muss sich ihr schon geduldig zuwenden, sich ihrem Rhythmus fügen und ihre Gesetze beachten. Die meisten Reisenden durchqueren die Namib in nur wenigen Stunden, aber was haben sie dann gesehen, außer panisch flüchtenden Tieren?

Die Sonne steht noch im Zenit, als ich meinen nächsten Rastplatz erreiche, wieder ein Koppje mit dem geheimnisvoll klingenden Namen Mirabib. Dieser Granitklotz ist unzugänglicher und höher als der Vogelfederberg. Beim ersten Erkundungsgang finde ich keine Stelle, wo ich gefahrlos hinaufklettern könnte. Im Schatten der Wand, windgeschützt in einer Felsbucht, baue ich mein Lager auf.

Gleich bei meiner Ankunft fallen mir Bergschmätzer auf, die von ihren flüggen Jungen bettelnd bedrängt werden. Das Männchen ist rabenschwarz, aber die äußeren Schwanzfedern und der Flügelbug sind blendend weiß. Den Kopf schmückt eine hellgraue Federkappe, die von der Schnabelwurzel bis in den Nacken reicht. Das Weibchen ist unscheinbar braun gefärbt, nur wenn es auffliegt, leuchten die hellen Schwanzfedern.

Die Jungen lassen ihren Eltern keine Ruhe. Flatternd folgen sie ihnen und sperren fordernd die Schnäbel auf. Aber die Eltern haben entschieden, nicht mehr zu füttern, und wenden sich von ihnen ab. Noch begreifen die Jungen nicht, wie ihnen geschieht. Von bohrendem Hunger gequält, stürzt sich ein Jungvogel fordernd auf seinen Vater. Der weicht geschickt dem Angriff aus, fliegt auf einen Felsvorsprung, wippt und knickst, fächert die Schwanzfedern, lässt die weißen Federn blitzen und flötet eine Melodie. Er lockt sein Weibchen und will sie schon wieder zu einem neuen Gelege stimulieren.

Noch einmal umrunde ich das Koppje, in dessen Nähe sich für ein Wüstengebiet auffallend viele Pflanzen angesiedelt haben, sogar Bäume, die aber knorrig und kleinwüchsig eher Bonsai-Züchtungen ähneln: Kameldornakazie, Südwester Lorbeer, Moringabaum, Balsambusch, Weißstamm, Stinkbusch und Talerstrauch. Besonders freue ich mich über eine Raublättrige Aloe. Die seltene Pflanze wächst nur in der Namib. Ihre dicken, wasserspeichernden Blätter mit den dornig gezähnten Rändern ordnen sich zu Rosetten und drücken sich ohne Stamm dicht an den Boden. Mehrere Pflanzen zusammen bilden einen Kreis, so wie manchmal Pilze in so genannten Hexenkreisen wachsen.

Das Mikroklima am Koppje muss günstig sein und genügend Feuchtigkeit spenden, sogar Gras gedeiht hier. Es reicht mir fast bis zu den Knien. Im hellen Sonnenlicht und vom Wind sanft bewegt, schimmern seine Rispen wie feines Silberhaar.

Ein halbes Dutzend Rothalsfalken kreisen um den Felsen. Sie erfreuen mich mit ihren Flugkünsten und hellen Rufen. Mirabib ist wie ein Kleinod des Lebens mitten in der lebensfeindlichen Wüste.

Ein erstaunliches Tier entdecke ich erst spät und eher zufällig. Bewegungslos hockt es auf einem Stein und ist von dämonischer Gestalt. Es steckt in einem Schuppenpanzer. Der Rücken ist mit einem gezähnten Dornenkamm bewehrt, der Schwanz zu einer Spirale gerollt und die Füße gleichen Greifzangen. Der Rumpf ist flach gedrückt, als sei der Körper wie bei einem billigen Stofftier aus zwei Hälften zusammengenäht und ausgestopft. Am befremdlichsten aber sind die Augen. Erhöht sitzen sie außerhalb am Kopf, von einer Kapsel fest umschlossen, so dass nur die Pupillen frei sind. Diese Augenkapseln rotieren nach allen Seiten und bewegen sich völlig unabhängig voneinander. Ohne den Kopf wenden zu müssen, blickt eine Pupille nach hinten, die andere indessen nach vorn, unten oder seitwärts.

Vorsichtig nähere ich mich dem bizarren Wesen. Sofort starrt mich ein Auge an, während das andere die Umgebung abtastet. Als ich weiter heranrobbe, richtet es beide Augen ruckartig auf mich. Seltsam, so fixiert zu werden.

Ich wage mich noch näher heran. Plötzlich reißt das dämonische Tier seinen knallgelben Rachen weit auf und erschreckt mich mit Furcht einflößendem Fauchen. Der Mut der kleinen Bestie ist imponierend, aber ich kann mich eines Lächelns nicht erwehren – ist sie doch nur ein harmloses Wüstenchamäleon, kaum größer als meine Hand.

Eigentlich leben Chamäleons auf Büschen und Bäumen im Urwald oder in Savannen, deshalb die Greifklammern an den Füßen. Nur die Chamäleons der Namib kriechen notgedrungen am Boden. Ich freue mich, dass ich eines der seltenen Tiere entdeckt habe. Die Begegnung empfinde ich als kostbares Geschenk und verbringe den Tag mit meinem »Fundstück«. Es gewöhnt sich an mich und hockt bewegungslos neben mir. Nur die Augen rotieren und sondieren unablässig die Umgebung.

Eine Stunde oder mehr sind vergangen, da surrt eine Fliege heran und landet unverhofft auf dem Stein. Statt sich an die Beute anzupirschen, verharrt das Chamäleon unbeweglich wie zuvor, fixiert aber mit beiden Pupillen das Insekt. Auf einmal schnellt eine riesig lange Zunge aus dem Maul hervor, halb so lang wie der ganze Körper. Punktgenau trifft die kolbenförmig verdickte Zungenspitze. Die Fliege klebt fest und verschwindet alsbald im Schlund des Reptils. Blitzschnell wie eine Harpune hatte sich die Zunge auf ihr Ziel zubewegt, ein überraschender Kontrast zur sonstigen Trägheit des Tieres.

Als die Sonne am Horizont versunken ist, wird es schlagartig kühl. Das Chamäleon verfärbt sich jetzt dunkel, wird fast schwarz und verschwindet in seiner Höhle unter einem Stein. Trotz eisiger Nachtkälte schlafe ich wieder ohne Zelt direkt unter dem Sternenhimmel.

In der Nacht erschreckt mich ein unheimlicher Laut. Ich kenne kein Tier, das zu einem derartigen Schrei fähig wäre. Lange lausche ich in die Dunkelheit, aber der geisterartige Ruf wiederholt sich nicht, und ich schlafe wieder ein.

Die Sterne sind verblasst. Weißer Dunst füllt den Himmel. Schlaftrunken richte ich mich von meinem Lager auf. Die Bergschmätzer sind schon munter, und die Jungen betteln immer noch um Futter. Ich mache mir Sorgen. Wenn sie nicht bald lernen, selbst Insekten zu jagen, werden sie nicht überleben. Die Vogeleltern haben ihren Auftrag erfüllt. So unermüdlich sie zuvor ihre Brut umsorgten, so wenig kümmert sie jetzt, was aus ihr wird. Ihre Anstrengung gilt dem neu zu erwartenden Nachwuchs. Wer immer die Natur als Lebensratgeber zitiert, sollte bedenken, dass sie ausschließlich das Nützliche und das Funktionieren im Überlebenskampf im Sinne hat.

Fröstelnd stehe ich auf, rolle Schlafsack und Matte zusammen. Das Chamäleon ist nicht zu sehen, noch ist es für Reptilien entschieden zu kalt. Ein roter Schein kündet die Sonne an. Kurz nach sechs Uhr schießt sie das erste Strahlenbündel über den Horizont und taucht die graue Ebene für Minuten in goldenes Licht. Der junge Morgen schenkt mir Lebensfreude. Die Falken scheinen ähnlich wie ich zu empfinden. Sie tanzen im Flug um den Felsen, steigen und fallen, drehen und schweben, und weithin schallen ihre hellen, keckernden Rufe.

Als wollte es mich verabschieden, erscheint tatsächlich mein Chamäleon und fixiert mich zum letzten Mal mit seinen schwarz glänzenden Pupillen. An wen nur erinnern mich diese seltsamen Augen? Ja, natürlich – an ET, das einsame Alien-Kind aus dem Weltraum im Film von Steven Spielberg. Nun weiß ich, was ihn inspiriert haben könnte.

Etwas wehmütig nehme ich Abschied. Baumschmätzer, Falken, Chamäleon, Büsche und Bäume, Silberhaargräser und Raublättrige Aloe, sie alle überleben am Felsen Mirabib mitten in der Wüste. Einen Moment meines Lebens habe ich mit ihnen geteilt, durfte Gast sein in ihrer Welt. Ich hätte länger bleiben können, aber neue Abenteuer erwarten mich im Kuiseb-Canyon.

Wenn es Krieg gibt, gehen wir in die Wüste

Die Wirren des Zweiten Weltkriegs blieben auch für Südwestafrika nicht ohne Folgen. Den Deutschen drohte die Zwangsinternierung. Da hatten die beiden deutschen Geologen, Henno Martin und Hermann Korn, eine Idee: Sie wollten sich in der Wüste verstecken, dort das Kriegsende abwarten und in der Einsamkeit ihre ganz persönliche Neutralität wahren.

Ebenso verhielt sich auch der Bergsteiger und Forscher Heinrich Harrer. Als Mitglied einer Himalaya-Expedition wurde er von den Engländern in Indien interniert. Ihm gelang die Flucht, er schlug sich nach Tibet durch, befreundete sich mit dem Dalai Lama und blieb sieben Jahre, bis der Krieg zu Ende war. Harrer und die beiden Geologen sind für mich Seelenverwandte; ich bin sicher, dass ich mich ähnlich entschieden hätte.

Ich stehe am oberen Rand des Kuiseb-Canyon und blicke hinein in das wilde Schluchtenlabyrinth, in dem sich die beiden Geologen vor dem Krieg versteckten.

Der Kuiseb entspringt im Khomas-Hochland bei Windhoek und legt auf seinem Weg quer durch das Gebirge und die Namib eine Strecke von 400 Kilometern zurück. Nur zur Regenzeit führt er Wasser und auch das nur alle paar Jahre einmal, dann aber urgewaltig, mit tosender Wildheit. Doch bevor er den Atlantik erreicht, versickert er in einem Meer aus Dünen.

Trotz seiner fast permanenten Trockenheit ist es dem Kuiseb bis heute gelungen, die Wanderdünen auf ihrem Weg nach Norden zu stoppen. An seinem nördlichen Ufer dehnt sich die Kieswüste, während sich auf der südlichen Seite der Sand häuft. Mögen die Kuiseb-

Fluten noch so selten fließen – was jahrelang angeweht wird, spült der Fluss in wenigen Tage wieder fort.

Der Blick in den Canyon lässt mir den Atem stocken. Welch gigantische Landschaft! Jäh abstürzende Felswände, tiefe Einschnitte, dunkle Schründe und Klüfte. Ein phantastischer Irrgarten aus Haupt- und Nebenschluchten, wie ein verdorrtes Aderngeflecht. Für die Geologen muss der Canyon wie ein offenes Lehrbuch gewesen sein: Von einem Ur-Fluss waren in Millionen und Abermillionen von wasserreichen Jahren riesige Schutthalden angeschwemmt worden und hatten sich zu Sandstein, Schiefer und Konglomeraten verfestigt. Vor zwei Millionen Jahren dann begann der Kuiseb, sich in diese 800 Meter dicken Schichten einzugraben. Da der Meeresspiegel wegen der Eiszeit tief abgesunken war, bekam der Fluss sein steiles Gefälle und entwickelte eine urgewaltige Kraft.

Doch Henno und Hermann mag der Sinn weniger nach geologischen Phänomenen gestanden haben – ihnen ging es ums Überleben. Beklommen werden sie in die Tiefe hinabgeblickt haben, in eine Unterwelt, die ihnen trostlos erschienen sein mag. Der Gedanke, dass diese Schlucht für lange Zeit ihre Heimat werden würde, hatte sie sicherlich mit Schrecken und zugleich mit Genugtuung erfüllt, denn hier würde sie so leicht keiner entdecken. Sie sollten Recht behalten, aber der Preis, den sie zahlten, war hoch.

Weit beuge ich mich über die Kante, so weit, dass ich gerade noch das Gleichgewicht halten kann. Ich sehe nur senkrechte Felsen und überhängende Simse. Mir ist klar, hier kommt kein Mensch lebend hinunter. Die Flüchtlinge müssen es weiter östlich versucht haben.

Ich beschließe, flussaufwärts mein Glück zu versuchen. Wo heutzutage die Pad auf einer Brücke den Kuiseb überquert und die Felswände flacher sind, werde ich in den Canyon hinabsteigen, Wasser und Nahrungsmittel für einige Tage mitnehmen und mich auf die Spuren der beiden Geologen begeben.

An meinem ersten Tag im Canyon komme ich nicht weit, weil das Gehen im lockeren Sand einfach zu mühsam ist. Anabäume, eine Akazienart mit breiter Krone, Tamarisken und Kameldornbäume stehen am Rand der Schlucht. Kleine Büsche und Sträucher im Flussbett beweisen mir, dass hier schon lange kein Wasser mehr geflossen ist.

Je weiter ich dem Canyon folge, umso steiler und höher werden die Wände. Es ist still. Nur das Knirschen meiner Schritte im Sand ist zu hören. Ich habe das Empfinden, als wäre ich in einer anderen Zeit, weit entfernt von der Gegenwart. Das Abendlicht hebt die Rillen, Rippen und Schichtungen der Felsen plastisch hervor. In der Tiefe des Canyons sammeln sich die Schatten der Nacht, während oben der schmale Himmelsstreifen noch im Tageslicht leuchtet. Mit den Händen schaufle ich eine Schlafmulde in den Sand. Der Himmelsstreifen verdunkelt sich, es wird Nacht. Kein Laut ist zu hören, als tropfe die Stille des Weltraums von den Sternen herab.

Am nächsten Tag finde ich die Grotte hoch oben in der Felswand. Wie in einem Adlerhorst hatten sich die Flüchtlinge wohnlich eingerichtet. Nach über 60 Jahren sind ihre Lebensspuren erstaunlich gut erhalten. Die sorgfältig aufgeschichtete Steinmauer reicht in Brusthöhe und schützt noch immer vor den Nachtwinden, die hier oben am Rand der Schlucht heftig wehen. Eine Steinplatte diente als Tisch, und auch die Feuerstelle mit rußgeschwärzten Steinen ist noch vorhanden.

Die Wissenschaftler hatten bei ihrer geologischen Feldarbeit die Wüste und ihre harten, erbarmungslosen Gesetze kennen gelernt – sie hatten also gewusst, worauf sie sich einließen. Wie aber, frage ich mich, konnten sie zweieinhalb Jahre lang in dieser lebensfeindlichen Umwelt überleben, die sengende Sonne am Tage und die Eiseskälte in der Nacht ertragen? Und wovon ernährten sie sich?

Wenn ich an das Koppje Mirabib denke – was hätte ich dort zu essen gefunden? Ob ich es fertig gebracht hätte, mein Chamäleon, dieses rührende ET-Wesen, zu töten? Doch dieser Frevel hätte mich nicht vor dem Hungertod gerettet. Wurzeln ausgraben? Bergschmätzer mit Steinschlag erlegen? Was für ein grausames Raubtierdasein! Und dennoch – das wäre noch immer nicht genug Nahrung, um einen Menschen am Leben zu erhalten.

Die Flüchtlinge wussten, das Leben in der Wüste würde ein harter Kampf werden. Bisher war ihr Leben von der Zivilisation geschützt gewesen, jetzt mussten sie töten, um zu überleben. Schrotflinte und Pistole hatten sie bei ihrer Flucht mitnehmen können. Der Munitionsvorrat war spärlich: 44 Schuss für die Flinte und 300 für die Pistole. Wild bekamen sie nur selten zu sehen. Um auf Schussnähe heranzukommen, mussten sie sich allerhand einfallen lassen – und dann schossen ihre Waffen auch noch ungenau.

Wer heute eine Outdoor-Reise mit vollen Proviantsäcken plant und glaubt, er erlebe eine Extremsituation, ahnt nicht, wie schwierig es für Menschen ist, sich aus der Natur zu ernähren. Wenn ich zu Fuß und mit Rucksack in abgeschiedenen Gegenden wanderte, konnte ich des Gewichts wegen nicht immer genug Nahrungsmittel mitnehmen. So war ich gezwungen, unterwegs Essbares aufzustöbern. Als bei einer Andendurchquerung mein Proviant schon aufgebraucht war, fand ich ein totes Kaninchen. Eine Raubkatze war vor mir geflüchtet und hatte ihre Beute zurückgelassen. Hocherfreut grillte ich das Fleisch über meinem Lagerfeuer. Nur säuberlich abgenagte Knochen blieben übrig, und während die Feuerstelle zu einem Häufchen Asche verglühte, durchströmte mich tiefe Zufriedenheit. Ein Raubvogel holte sich die weggeworfenen Eingeweide, und ich erlebte ein beglückendes Einssein mit der Natur, als würden uralte Instinkte in mir wach, die in ferner Vergangenheit ihren Anfang hatten. So möchte ich leben, nicht immer, aber doch so lange wie möglich, unbeschützt und unabhängig von der Zivilisation. Deswegen sind der Kuiseb-Canyon und die Erinnerung an die beiden Geologen für mich so faszinierend. Ich werde versuchen, ihr Lebensgefühl in Gedanken nachzuempfinden und die Welt ihrer Einsamkeit zu teilen.

Wie groß muss die Freude und Überraschung der Flüchtlinge gewesen sein, als sie in den Gumpen des Flussbetts dicke Karpfen entdeckten. Fische in der Wüste! Was für ein Reichtum. Dankbar tauften sie ihre Felsbastion »Karpfenkliff«. Aber wie kamen die Tiere in den Canyon? Vermutlich hatte eine große Flut die Zuchtteiche der Farmer weiter oben im Hochland aufgerissen und die Karpfen hierher geschwemmt.

Der Anfang war also vielversprechend für Henno und Hermann. Da gab es nicht nur gebratenen und geräucherten Karpfen, sie erlegten auch einen verwilderten Stier. Zum ersten Mal in ihrem Leben mussten sie eine so große Jagdbeute häuten, zerlegen und konservieren: das Fleisch trocknen, räuchern, pökeln, Markfett ausbraten, Bouillon kochen.

Vom Schlupfwinkel oben im Fels kann ich den Canyon gut überblicken. Sandig hell schimmert er, umgeben von verwirrend verschlungenen Seitenschluchten, genannt *gramadulla*. Ob diese Bezeichnung einer Eingeborenensprache entlehnt ist, lässt sich nicht mehr feststellen. Der Name klingt geheimnisvoll und scheint mir passend für die labyrinthische Wirrnis. Fasziniert schaue ich in Spalten und Schluchten, auf die nackte Trostlosigkeit düster getürmter Felsmauern und sehe tiefe Risse, die einen Einblick in das Innere der Erde versprechen.

Auf einem ausgetretenen Wildwechsel steige ich von der Felsgrotte 200 Meter hinunter in den Canyon und folge gespannt dem verzweigten Gewirr der *gramadulla*. Erregung packt mich, kann doch hinter jeder Biegung, hinter jeder Felsbarriere etwas Überraschendes verborgen sein. Es ist verlockend, das Unbekannte zu suchen. Eng und finster sind diese Spalten, deren Wände glatt geschliffen sind. Wie mag das Wasser hier tosen und brodeln, wenn die Gewitter des Hochlands ihre Regenfluten entladen!

Die Geologen erforschten, erkundeten, vermaßen und kartografierten die wilde Schluchtenlandschaft, aber trotz ihrer interessanten Forschungsarbeit wurden sie von schweren Krisen heimgesucht. Gerade dann, wenn es ihnen äußerlich gut ging, sie ausreichend Vorräte hatten und keinen Mangel litten, begannen sie zu grübeln, erwachten die Zweifel am Sinn des Daseins. Bei diesem Leben, hart an der Grenze zu primitiver Rohheit, waren sie völlig auf sich selbst zurückgeworfen. Wollten sie nicht dem Wahnsinn verfallen, mussten sie eine Balance finden zwischen dem harten Überlebenskampf und dem Denken und Fühlen zivilisierter Menschen. Sie bemühten sich, den Abenteuern des Jägerlebens die Abenteuer des Geistes entgegenzusetzen. Ihre Gespräche kreisten um den sinnlosen Krieg, den die zivilisierten Völker gegeneinander führten, sie erörterten Fragen der Evolution und sprachen über die Grausamkeiten, die zum Überleben in der Natur nötig waren. Wo lag der tiefere Sinn in diesem unerbittlichen Spiel?

Doch die Wüste schenkte ihnen auch Tage mit wunderbaren Erlebnissen. Sie spürten die innige Verbundenheit mit dem weiten Land, sahen die siegreiche Kraft, die dem Leben innewohnt, und dass selbst der Ödnis Schönheit abzugewinnen ist. Nach einer ungewöhnlich langen Trockenperiode fiel endlich Regen, und die Namib begann zu blühen. Springböcke in Herden von 4000 Tieren zogen über die Ebene. Henno beschreibt die Begegnung mit einem Leoparden. Vielleicht gehört die frische Spur, die ich im feuchten Sand ausmache, seinem Vorfahr.

»Eine nachthäßliche Hyäne trank am Kolk, dann trollte sie sich auf einem Wechsel die Felswand hinauf. Von dort kam in diesem Moment ein Leopard. Die Tiere gingen aufeinander zu. Keines ließ im Geringsten merken, dass es das andere wahrnahm. Die Bewegungen des Leoparden waren fließend und gleitend, die Hyäne überragte ihn mit ihren hohen Schultern und dem dicken Kopf, der die gewaltigen Kiefer barg. Die Tiere waren sich schon ganz nah und noch immer machten sie keine Anstalten, einander auszuweichen. Da – auf fünf Meter Abstand, blieben beide stehen und sahen sich an. Für Sekunden standen sie vollkommen still. Der Leopard ließ ein leises Knurren hören. Die Hyäne schob sich vom Wechsel hinunter und setzte sich auf die Keulen wie ein Hund. Der Leopard strich mit eleganten Bewegungen vorbei, wie eine große Dame nach siegreichem Wortgefecht mit einer Rivalin. Die Hyäne blieb sitzen und sah ihm nach, bis er hinter einem Felsvorsprung verschwand, dann machte sie ihrem gekränkten Herzen mit einem langgezogenen Meckern Luft. Wie grotesk karikierten die Tiere menschliches Verhalten.«

Am späten Nachmittag steige ich aus der engen, heißen Tiefe wieder nach oben zum Felsquartier. Das Schluchtenlabyrinth war faszinierend, doch nun genieße ich den frischen Wind, freue mich am weiten Horizont, an den blauen Tafelbergen in der Ferne und den Zirruswolken am lichtblauen Himmel. Ich kann gut verstehen, dass die beiden Männer sich hier wohl fühlten. Doch zuletzt mussten sie aufgeben, denn Hermann Korn verkraftete die einseitige Fleischnahrung nicht länger. Er litt an akutem Vitamin-B-Mangel, der sich in Lähmungen äußerte. Nur noch mühsam konnte er sich fortbewegen. Um sein Leben zu retten, stellten sie sich in Windhoek den Behörden. Mit starken Vitamin-B-Spritzen war Hermann bald wiederhergestellt. Die beiden Wissenschaftler rechneten mit harten Strafen, schließlich hatten sie die Behörden mehr als zwei Jahre lang erfolgreich genarrt. Aber der Zweite Weltkrieg, der Europa halb zerstörte, war inzwischen fast beendet, und statt eingesperrt zu werden, konnten sie nach Zahlung einer Geldstrafe als Geologen in den Dienst der südafrikanischen Regierung treten.

Die Zeit in der Wüste war für sie nicht vergeblich gewesen. Sie hatten sich ein Stück Erde zur Heimat gemacht und mit den Tieren der Wildnis gelebt, wie es zivilisierten Menschen sonst nicht möglich ist. Obwohl sie ihr Leben wie Raubtiere bestreiten mussten und oft mit blutigen Händen aßen, waren sie nicht grausam und hart geworden, sondern denkende und fühlende Wesen geblieben.

Hermann Korn starb ein Jahr nach Kriegsende bei einem Autounfall. Er liegt auf dem Friedhof in Windhoek begraben. Henno Martin ging nach Deutschland zurück und lehrte Geologie in Göttingen. Auch er ist nicht mehr am Leben. Durch sein Buch »Wenn es Krieg gibt, gehen wir in die Wüste« sind mir beide so nah und vertraut, als wäre ich ihnen persönlich begegnet.

Die Sonne senkt sich zum Horizont. Langsam laufen die Schatten in den Schluchten zusammen, steigen wie dunkles Wasser an den Wänden empor, als würde die Nacht aus der Tiefe der Erde geboren.

Morgen werde ich weiterziehen zu den roten Dünen von Sossusvlei.

Die Wüste lebt

Ein grüner Hauch liegt über der Namib-Kieswüste. Die einzeln wachsenden Gräser verschmelzen in der Ferne zu einem grünlichen Teppich. Ein grauer Vogel, größer als ein Storch, stelzt auf hohen, rosafarbenen Beinen durch das schüttere Gras. Sperrige Federn zieren seinen Hinterkopf. Nur ein Vogel hat diesen wirren Schopf – der Sekretär. Als Vorbild für seinen Namen dienten Schreiberlinge, die in früheren Zeiten Gänsefedern benutzten und sie sich während der Schreibpausen hinters Ohr zu stecken pflegten.

Einen Sekretär zu sehen, ist immer wieder ein Ereignis für mich. In ihrer äußeren Erscheinung ähneln sie eher Störchen, in Wirklichkeit sind sie Greifvögel – man muss sich nur den hakenförmigen Raubvogelschnabel ansehen. Die Lieblingsspeise des Sekretärs sind Schlangen, selbst hochgiftige. Er betäubt sie mit heftigen Fußtritten, ehe er sie mit dem Schnabel packt, tötet und verschlingt. Diesmal macht mir der Sekretär aber nicht den Gefallen, eine Schlange zu erbeuten. Mit seinen Stelzfüßen schreitet er weit aus und interessiert sich offensichtlich für Termiten, die er am Boden verfolgt. Wie Strauße sind die Sekretäre spurtstarke Läufer, können aber auch fliegen. Dann kreisen sie mit anderen Greifvögeln im Aufwind.

Plötzlich stehe ich Oryxantilopen gegenüber. Sie sind groß wie Pferde. Eigentlich müsste ich sie schon von weitem erkennen, aber durch ihre gute Tarnfarbe und ihren Trick, bewegungslos stehen zu bleiben, komme ich oft unerwartet nah an die Tiere heran. Ihr Körper ist silbergrau mit schwarzen Linien auf dem Rücken und an den Flanken. Ihre Gesichter sind kontrastreich schwarz-weiß gezeichnet. Auf dem Kopf tragen sie zwei Spieße, die über einen Meter lang werden können.

Für die Durchquerung der Kieswüste von West nach Ost entlang des nördlichen Canyonrandes des Kuiseb will ich mir reichlich Zeit lassen. Rechts und links graue Wüste, selten ein paar knorrige Bäume. Dann steht mitten in der Landschaft ein Schild. Ich muss lächeln. Die Farm, auf die hingewiesen wird, heißt – kaum zu glauben – »Rostock«. Wie bei vielen Farmen, setzt man auch hier auf den Tourismus, um das Überleben zu sichern. Die Besitzer der Farm haben in architektonisch reizvolle Unterkünfte investiert. Die Lehm-Iglus passen sehr gut in die karge Landschaft. Trotzdem werde ich in das 200 Kilometer entfernte Camp Sesriem weiterfahren, wo ich den roten Dünen der Namib am nächsten sein kann.

Auf der Fahrt dorthin muss ich zunächst den sogenannten Gaub-Pass überwinden. Er führt allerdings nicht über eine Höhe, sondern tief durch eine Schlucht, wo kürzlich eine ungeheure Flut gewütet haben muss. Entwurzelte Bäume, Felsbrocken, Schlamm und Geröll bilden eine 20 Meter hohe Sperrmauer. Der Anblick flößt mir Respekt ein. Mir wird eindringlich bewusst, dass Namibia nicht nur das harmlose Urlaubsparadies ist, wie es vielen auf den ersten Blick erscheinen mag.

Erstaunlicherweise ist die Brücke über den Gaub noch intakt. Allerdings versperrt mir ein Bagger den Weg. Männer sind dabei, die wüste Barrikade abzubauen. Fasziniert beobachte ich die gefährliche Räumungsarbeit. Hängt ein Stamm schließlich in einer Drahtschlinge und beginnt der Kran ihn herauszuziehen, bewegt sich der ganze, ineinander verkeilte Verhau. Die Männer arbeiten ohne Aufregung und Geschrei, aber vollkommen konzentriert. Jedesmal, wenn ein Stamm glücklich geborgen ist, untersuchen sie gründlich den Wall und entscheiden, welches Stück sie als nächstes packen werden. Schließlich – ohne Hast – fahren sie ihren Bagger beiseite und geben mir lachend den Weg frei.

Weiter geht es auf der breiten Pad südwärts. Dort, wo eine schmale Schotterstraße von der C 14 nach Sesriem abzweigt, liegt das Rasthaus »Solitaire«. Ich halte an, weil ich einen Bericht gelesen habe, der nach Romantik und Abenteuer klang. Schwärmerisch beschwor der Autor die Einsamkeit, die man hier erleben könne.

Die Realität ist jedoch anders: Kaufladen, Tankstelle, Bar, stickige Gästezimmer und ein staubiger Fleck zum Zelten. Da ich aber eine Rast gut gebrauchen kann, setze ich mich im dunklen, kühlen Schankraum an die Theke und bestelle etwas zu essen und zu trinken. Vielleicht muss ich nur Geduld haben, warten bis sich der Vorhang hebt und ich hinter die Fassade schauen kann.

Der Wirt sieht zwar aus, wie ich ihn mir beim Lesen vorgestellt habe, aber als er unwillig von seiner Zeitung aufblickt und mürrisch nach meiner Bestellung fragt, ist mir klar – ich bin das falsche Gegenüber, denn vom Verfasser des Artikels hatte er sich nicht lange bitten lassen und verwegene Südwester-Storys zum Besten gegeben.

Mein Fehler! Wie konnte ich auch »unvergessliche Einsamkeit« an der Straße neben einer Tankstelle erwarten? Habe ich die nicht einzigartig am Vogelfederberg, am Koppje Mirabib und im Kuiseb-Canyon erlebt? Und die Begegnung mit einem Wüstenchamäleon kann sowieso nicht übertroffen werden.

Ich fahre weiter nach Sesriem, einem mustergültig ausgestatteten Campingplatz. Nur von hier aus kann man den Naturschatz Namibias – die roten Sanddünen – auf eigene Faust erkunden. Nur muss man sich vorher die Erlaubnis in Windhoek oder Swakopmund besorgen, doch sind die 20 Zeltplätze besetzt, wird man auch mit *permit* nicht mehr hineingelassen.

Ich habe Glück, die Anlage ist für Individualisten wie geschaffen. Zwischen den einzelnen Zelten ist so viel Raum, dass man sich fast aus den Augen verliert. Jeder Platz ist von einer ringförmigen Steinmauer umgeben, in deren Mitte eine Kameldorn-Akazie Schatten spendet. Ich habe die Wahl und entscheide mich natürlich für den Baum mit der mächtigsten Krone. Er ist wahrhaft gewaltig. Seine wulstigen, wie Seemannsseile gedrehten Wurzeln ragen weit aus dem Boden und laden wie eine Bank zum Sitzen ein.

Die weltberühmten Dünen von Sossusvlei sind 70 Kilometer von hier entfernt. Eine holprige Piste führt dorthin und endet abrupt im Sand. Bevor ich in dieses Dünengebiet aufbrechen darf, muss ich zunächst ein Tor passieren. Ein unübersehbares Schild weist darauf hin, dass exakt um 20 Uhr 15 geschlossen wird. Diese verhältnismäßig lange Öffnungszeit kommt dem Wunsch der Besucher entgegen, den Sonnenuntergang in den Dünen zu erleben. Wer die Schließung des Tores verpasst, dem wird nur gegen Zahlung einer kernigen Geldstrafe nochmals geöffnet.

Aus dem Wächterhaus am Parktor tritt eine attraktive Frau in Uniform und verlangt mein *permit*. In ihrem Tarnlook erinnert mich die Afrikanerin an eine Kämpferin der Swapo, der Befreiungsarmee, die 1966 den Kampf gegen die weißen Machthaber begann und ihn nach über zwei Jahrzehnten siegreich beendete.

Sie sind ein Werk des Windes, stern- und halbmondförmige, kantige, runde und sanftgeschwungene Dünen. Alle Bilder, die roten Sandberge in makelloser Reinheit zeigen, stammen von hier. Die Wüste, wie aus dem Bilderbuch, erstreckt sich 300 Kilometer von Norden nach Süden und 140 Kilometer von der Küste des Atlantiks ins Landesinnere. Mit 42 000 Quadratkilometern ist sie fast so groß wie Nordrhein-Westfalen.

Auf einer Wellblechpiste erreiche ich die ersten Dünen. Milchiger Dunst liegt über den roten Sandbergen. Es ist nicht der Leben spendende Nebel, sondern feinster Staub, aufgewirbelt vom stetig wehenden Wind. Das Rot der Dünen kommt vom Eisenoxid, das die Sandkörner als dünner Film überzieht. Diese rot gefärbten Sande stammen nicht aus dem Meer, wie man in manchen Büchern lesen kann, sondern aus entfernten Gebieten im Landesinneren. Der Wind hat sie dort abgetragen und hier angeweht. Die Sandmassen liegen auf dem viele Millionen Jahre alten Sockel einer Ur-Namib. Mich fasziniert die Vorstellung, dass die heutige Wüste die versteinerten Zeugnisse einer wesentlich älteren Wüste bedeckt.

Obwohl ich weiß, dass Düne Nummer 45 bestiegen werden darf, zögere ich zunächst. Ihre Reinheit flößt mir Respekt ein. Ich möchte nicht die vom Wind modellierten Muster und die zarten Sandriffel zerstören. Doch dann stelle ich mir den phantastischen Blick von oben vor und beginne den Aufstieg. Weich gibt der Sand unter meinem Schritt nach, und ich komme nur mühsam voran. Oben auf dem Dünenkamm weht mir sanfter Wind ins erhitzte Gesicht. Nichts als Wüste um mich herum. So muss die Erde von Anbeginn der Zeiten gewesen sein. Eine anorganische Welt ohne Leben. Faszinierend rein, ohne Pflanzen, ohne Tiere. Nur Sand, glühend heiß unter der Sonne. Kein Laut. Vollkommene Stille. Weder bedrohlich noch freundlich, kein Anfang und kein Ende, kein Werden und Vergehen. Einfach Nichts.

Das Schweigen dieser Welt schlägt mich in seinen Bann. Alle Fragen sind erloschen, haben in der Stille ihren Inhalt verloren. Verzaubert von der elementaren Kraft der Erde in ihrem Urzustand, fühle ich mich befreit von beengender Körperlichkeit, als würde ich in eine andere Wirklichkeit hineinfliegen.

Auf einmal ein Schrei! Der helle und durchdringende Ruf eines Greifvogels. Ich schaue hoch und sehe kreisende Vögel über dem Sandmeer. Die Sonne hat ihren Lauf am Himmel fast beendet, hüllt die Dünen in warmes Licht, verwischt die Konturen, übergießt sie mit Pastelltönen zwischen Gold und Rosé. Jetzt ist die Stunde, in der die Wüste zum Leben erwacht. Es raschelt und knistert. Sandkörner bewegen sich. Schwarze Käfer tauchen auf. Zaghaft tasten sie sich auf langen Beinen durch den Sand an die Oberfläche.

Diese Tenebriokäfer sind wahre Überlebenskünstler. Sie graben sich tagsüber im Sand ein und entfliehen so der mörderischen Hitze an der Oberfläche. Schon wenige Zentimeter darunter ist es kalt genug, um zu überleben. Sinkt die Sonne, kühlt der Sand auch oben schnell ab und die Käfer kommen heraus. In Senken und Mulden suchen sie ihre Nahrung, vom Wind angewehte Insekten.

Wieder bewegt sich fast unmerklich der Sand, ein blasses Wesen erscheint. Husch, ist es weg, wie durch eine Falltür in die Tiefe gerutscht. Es hat bemerkt, dass ich den Kopf bewegt habe. Ich warte geduldig, da taucht es wieder auf. Fast durchsichtig, dünn wie mein Finger, mit riesigen Augen – ein Wüstengecko.

Der Sonnenball versinkt hinter den Dünen. Der Himmel scheint zu brennen und wirft seinen Widerschein auf die Sandberge. Ein Farbenspiel, das mir mit seiner unwirklichen Intensität den Atem nimmt. Bilder, die aus einem Film vom Mars stammen könnten. Und dann sehe ich ihn, den Oryx-Bock. Wie ein Fabelwesen zieht er mit seinen weiß schimmernden Spießen durch die rot glühende Einsamkeit.

Am nächsten Morgen – noch ist es dunkel – mache ich mich erneut auf den Weg. Ich möchte den Sonnenaufgang über den roten Dünen von Sossusvlei erleben. Die letzten Kilometer gehe ich zu Fuß, um nicht mit meinem Wagen im weichen Sand stecken zu bleiben.

Im Dämmerdunkel erkenne ich Spuren im Sand. Sie künden vom regen Leben in der Nacht. Auffällig die Spur der Schwarzkäfer. Mit den zwei geriffelten Eindrücken ähnelt sie der Radspur eines Raupenfahrzeugs im Miniformat. Zwischen Büscheln von Gras fallen mir die filigranen Abdrücke von Eidechsenfüßen auf, in der Mitte die Schleifspur ihres Schwanzes. Dort, bei dem wirren Naragebüsch, sind besonders viele Spuren zu sehen. Die weiten Abstände zwischen den paarweise eingedrückten Pfötchen zeigen mir, dass hier Springmäuse ihr Spiel getrieben haben. Eine Schlange hat halbmondförmige Bögen in den Sand gezeichnet, und die hundeähnliche Fährte eines Schakals führt weit über einen Dünenhang hinauf. Halbschalenförmige Abdrücke zeigen an, wo Springböcke, Oryx, Kudu und andere Antilopen entlanggezogen sind. Verwunderlich, wie viele Tiere den Lebensraum Wüste bevölkern.

Bevor die Sonne aufgeht, versammeln sich die Tenebriokäfer am Dünenkamm und stehen Kopf. Tau schlägt sich auf ihrem Körper nieder, die Tröpfchen rinnen die glatten Flügeldecken entlang und dem Käfer direkt ins Maul. So saugt er sich voll für den ganzen Tag. Unglaubliche 40 Prozent seines Körpergewichts kann der Schwarzkäfer an Wasservorrat aufnehmen. Übertragen auf mein Gewicht, müsste ich über 20 Liter auf einmal trinken.

Die letzten Sterne sind verblasst. Aquamarinblau leuchtet das Himmelsgewölbe, rötlicher Schimmer mischt sich in das Blau, als wäre ein Tropfen Blut hineingefallen. Da blitzt es im Osten, ein glühender Punkt sendet Lichtbündel aus wie goldene Schwerter, und strahlend steigt die Sonnenscheibe über den Horizont. Die Erde wird weit und farbig. Es ist, als würde die Welt in diesem Moment erschaffen.

Die eisige Kälte der Wüstennacht verfliegt schnell. Bald führt die erbarmungslose Hitze wieder Regie, und jedes Lebewesen versucht, sich zu schützen und den Tag zu überdauern bis zur nächsten Nacht.

Der Tsauchab, ein Fluss, der in den Naukluft-Bergen entspringt, mündete bis vor 60 000 Jahren noch im Atlantik. Aber dann hat ihm der Sand den Weg zum Meer abgeschnitten. Eingebettet zwischen den Sandbergen entdecke ich flache Becken. Der harte Boden schimmert hell und ist in Schollen aufgebrochen. Der Tsauchab schafft es nur noch selten, die in der Trockenzeit aufgetürmten Dünenwälle zu durchbrechen und die Seen zu füllen. Dieses Gebiet heißt Sossusvlei. *Sossus* bedeutet in der Sprache der Ureinwohner, der Nama, »blinder Fluss« und *vlei* ist die Bezeichnung der Buren für »Verdunstungspfanne«. Bei Sossusvlei liegen gleich mehrere Tonpfannen hintereinander, die unterschiedlich alt sind. Sie tragen Namen wie Nara-, Dead- und Hiddenvlei. Die Kameldornbäume im Deadvlei sind alle abgestorben. Dieser See, der am weitesten westlich liegt, ist schon seit langem ausgetrocknet. Bestimmt liegen unter dem Dünensand in Richtung Atlantik noch ältere *vlei* begraben, und wahrscheinlich wird Sossusvlei in einigen Jahrzehnten, wenn sich die Erde weiter erwärmt, ebenfalls von Sand bedeckt sein. Jetzt schon vergehen Jahre, bis genügend Wasser die roten Dünen erreicht und sich Seenlandschaften ausbreiten. Verschwenderisch blühen dann Blumen an ihren Ufern, und filigrane Gräser wiegen sich im Wind.

Vor der Mittagshitze flüchte ich in den Sesriem-Canyon, nur vier Kilometer vom Camp entfernt. Es ist ein tiefer Einschnitt, den sich der Tsauchab an dieser Stelle geschaffen hat. Den Namen erhielt die Schlucht von den Buren, den frühen holländischen Einwanderern, die auf der Suche nach Weidegründen von Südafrika bis hierher kamen. *Ses rieme* bedeutet auf Afrikaans »sechs Riemen«, die man aneinander knoten musste, um Wasser aus dem Canyon zu schöpfen. Nach heutiger Maßeinheit ist die Schlucht 30 Meter tief, drei Kilometer lang und an der schmalsten Stelle nur zwei Meter breit.

Die wenigen Kilometer zum Canyon wollte ich zu Fuß gehen. Aber schon bald bereue ich meinen Entschluss. Die Sonne brennt auf mich herab, dörrt mich aus, macht jeden Schritt zur Qual. Das Licht flimmert mir vor Augen, verwischt alle Konturen. Tiere entdecke ich keine. Selbst die sonnenliebenden Echsen haben sich versteckt. Nach meiner Berechnung müsste ich bereits vier Kilometer gelaufen sein, aber weit und breit sehe ich nur eintönige Wüste. Noch ein Schritt – fast wäre ich hinabgestürzt. Gefährlich nah öffnet sich vor meinen Füßen ein Abgrund und gibt den Blick frei in die Tiefe. Erstaunlich, dass die Buren, die mit ihren Ochsenwagen auf Treck waren, den Sesriem-Canyon und damit das lebensnotwendige Wasser überhaupt entdeckt haben, denn erst wenn man am Rand steht, kann man die Schlucht erkennen.

Bald finde ich eine Stelle, wo sogar Steintreppen angelegt sind. Ein Schild markiert den Beginn eines Pfades, der am Grund des Canyons entlangführt. Ich atme auf, endlich bin ich geschützt vor der unerträglichen Hitze, denn tief unten, umgeben von senkrechten Wänden, ist es angenehm kühl. Dumpf hallen meine Schritte, wie in einer Höhle. Kein fließendes Wasser, dafür dunkelgrüne Tümpel. Der Widerhall vom Gurren der Felsentauben erfüllt die Schlucht. Die Tauben nisten in Löchern und Nischen, auch Berguhus sollen hier leben.

Als ich die Felswände mit den Augen nach weiteren Höhlenbrütern absuche, fallen mir die unterschiedlichen Schichtungen auf. Die oberste besteht aus großkieseligem Geröll und erzählt von einem schnell fließenden Fluss, der viel grobes Gestein vor sich hergeschoben hat. Weiter unten wird das Material immer kleinkörniger bis zum verfestigten Sand – als Beweis für ein trockenes Klima. Ich bin sicher, Geologen können in diesen Schichten lesen wie in einem Buch und das Klima der gesamten Region über Jahrmillionen genau rekonstruieren.

Die Geschichte des Tsauchab begann im Tertiär vor 30 Millionen Jahren. Damals war es heiß und trocken wie in der heutigen Namib. Wie oft in der Erdgeschichte kam es zu einem Klimawechsel. Regen strömte auf die Wüste nieder, und Flüsse, wie der Tsauchab, der Kuiseb und andere, suchten ihren Weg von den Gebirgen zum Meer.

Der Tsauchab riss gewaltige Gesteinsmassen aus den Bergen mit sich; der im Flusswasser gelöste Kalk fiel aus und verkittete Kiesel und Geröll. Aus diesem Konglomerat sind die Schluchtenwände aufgebaut.

Die Einsenkung des Flusses begann erst viel später vor etwa zwei Millionen Jahren, als durch die Eiszeit der Meeresspiegel sank und durch das größere Gefälle zum Meer die Erosionskraft des Wassers wuchs.

Am nächsten Morgen wecken mich eigenartige Geräusche, ein Knabbern und Knuspern. Ich öffne die Augen und blicke in das Blätterdach der Kameldornakazie, die mein Lager überspannt. Ein Schatten huscht dort herum. Ich schaue genauer hin und sehe das braune Fell eines kleinen Tieres. Es klettert flink die Äste entlang, wagt sich weit vor bis in die Spitzen dünner Zweige, umschlingt mit seinem langen Schwanz den Zweig, beißt eine halbmondförmige Samenkapsel ab, hält sie zwischen den Pfötchen und öffnet sie geschickt, um an die ölhaltigen Samen zu gelangen. Amüsiert beobachte ich eine Weile die akrobatische Vorstellung des kleinen Kobolds – einer Schwarzschwanz-Baumratte.

Zwar sehen sie mit ihrem silbergrauen und schwarzen Gefieder sehr aristokratisch aus, dennoch sind die frechen Schildraben listige Diebe. Gerade noch rechtzeitig kann ich sie verscheuchen und meinen Proviant vor ihren gierigen Schnäbeln retten.

Nach einem kräftigen Frühstück mit Eiern und Käse geht es weiter, neuen Abenteuern entgegen. Die Wüste werde ich jetzt verlassen, mein nächstes Ziel ist die Savanne.

Die weißen Siedler

Schnurgerade führt die Pad auf die bizarren Erongo-Berge zu, senkt sich in flache Täler und steigt über Kuppen hinweg. Überall graugrüne Dornbüsche und bleichgoldenes Gras in flirrend heißer Luft.

Durch dieses Gebiet waren auch Margarethe und ihr Mann von Karibib nach Okombahe mit ihrem Ochsenwagen gezogen. In Gedanken bin ich wieder bei ihr. Wie mag das karge Land auf sie gewirkt haben? Wie hat sie die Weite und die Einsamkeit verkraftet? Für ihren Mann war Südwestafrika nicht neu. Er hatte bei den Schutztruppen gedient und den Entschluss gefasst, in Zukunft für immer hier zu leben. Als Lohn für den Militärdienst hatte er ein kleines Stück Land erhalten und sich eine einfache Unterkunft gebaut. In Deutschland suchte und fand er Margarethe, die Frau, die bereit war, ihm nach Afrika zu folgen.

Ein ausgetrockneter Fluss kreuzt die Schotterstraße. In Regenzeiten hat sich das Wasser einen Durchgang in den steinigen Boden gerissen. Malerisch liegen mächtige Granitblöcke herum. Zwischen ihnen glitzert es wie Gold und Silber, aber es ist nur Glimmer.

Im Schatten einer über dem Ufer hängenden Baumwurzel entdecke ich ein meterlanges Tier: einen Waran. Als sei er aus Stein gemeißelt, verharrt er bewegungslos, ein prächtiges Reptil. Der Kopf ist schmal und klein im Vergleich zum Körper, den dunkelgraue Schuppen bedecken. Der seitlich abgeplattete Schwanz ist oben gekielt. Der schwere Rumpf wird von Beinen getragen, die wie Säulen wirken. Gekrümmte Krallen sitzen an den kräftigen Zehen, mit denen sich der Waran seine Höhlen gräbt und geschickt auf Bäume klettert.

Er hat mich natürlich längst wahrgenommen. Als ich die Kamera auf ihn richte, schreckt er auf und streckt seine muskulösen Beine. Mit schlängelnden Bewegungen, den Bauch hoch über dem Boden, verschwindet er eilig im Ufergebüsch.

Ich fahre weiter durch sanft gewelltes Hügelland mit unzähligen Akazien. Die Büsche und Bäume sind mit fingerlangen, silbrigen Dornen bewehrt. Ich mustere die Gegend mit aufmerksamen Augen, in ständiger Erwartung, wilde Tiere zu entdecken.

Seit dem frühen Morgen bin ich unterwegs und habe in den vielen Stunden nicht einen einzigen Menschen gesehen. Ein berauschendes Gefühl, als wäre ich allein auf dem Planeten. Von wegen allein! Gerade noch rechtzeitig kann ich anhalten, um einer Gruppe Giraffen den Vortritt zu lassen. Gut getarnt, haben sich die großen Tiere aus dem lockeren Baumbestand gelöst und sind auf die Straße galoppiert. Von jetzt an werde ich beim Verlassen des Autos vorsichtiger sein und immer daran denken, dass sich auch Raubtiere im Gebüsch verbergen können.

Ich versuche mir klar zu werden, warum es mir hier so gut gefällt. Was ist so schön an diesem Land, dass es einem schier den Atem nimmt? Nüchtern betrachtet ist die Landschaft eintönig, sogar langweilig. Keine bunten Farben, nichts Liebliches erfreut das Auge – nur graubraunes, an der Sonne verdorrtes Dornengestrüpp ödet vor sich hin. Ein Blick durch den Fotoapparat beweist, wie unattraktiv es hier in Wirklichkeit ist. Es lohnt sich nicht, ein Bild zu machen, denn das unbestechliche Objektiv gibt keine Gefühle und Empfindungen wieder. Was ist das Geheimnis Namibias? Die Weite, die Einsamkeit, das Abenteuer, das Wissen, dass jeden Moment etwas Unvorhergesehenes passieren könnte?

Von Anbeginn an war auch Margarethe dem rätselhaften Zauber der Wildnis verfallen. Schon die erste Reise mit dem Ochsenwagen durch das Dornbuschland entfachte in ihr die Liebe zu diesem heißen, unfruchtbaren Durstland, wie es die Siedler nannten.

Dramatisch erlebte sie die Begegnung mit einem Leoparden, wobei die Gefahr weniger von ihm ausging als von der panischen Reaktion der Ochsen:

»Plötzlich standen sie still im Joch, und weder Zureden noch Peitschenknallen vermochte sie von der Stelle zu bringen. Auf einmal aber stürzten sie davon. Die rasenden Ochsen schleiften das Gefährt über Felsen und Steingeröll und durch Dornbüsche. Der Wagen drohte in voller Fahrt umzukippen. Ich wollte abspringen, wagte es aber nicht. Dornen zerrissen meine Kleidung, Gesicht und Hände waren zerschunden, als der Wagen sich endlich zwischen Bäumen verkeilte. Der Grund für die Panik der Ochsen war bald entdeckt. Themis und der Treiber gingen bis zu dem Busch zurück, an dem die Tiere zuerst nicht vorbei gewollt hatten. Ganz in der Nähe sahen sie Leopardenfährten, sie endeten in dem Gebüsch. Gerade wollten sie umkehren, da sprang der Leopard zwischen ihnen hindurch. Im Rachen trug er irgendein kleines Tier. Augenscheinlich war er beim Fressen gestört worden.«

Fünf Tage und Nächte waren Margarethe und ihr Mann unterwegs, bei glühender Hitze und eisiger Kälte. Margarethe wurde mit den Strapazen der Reise erstaunlich gut fertig, obwohl sie zuvor nie Ähnliches hatte durchstehen müssen. Bevor sie losziehen konnten, mussten sie zuerst Helfer anheuern: Treiber, Ochsenwächter und Tauleiter. Der Tauleiter ging vor den 14 Ochsen her und führte die Riemen, die um die Hörner der beiden vorderen Tiere geschlungen waren.

Die Etappen waren so bemessen, dass man am Ende des Tages eine Wasserstelle erreichte. Dort wurde als erstes ausgespannt, damit die Ochsen ihren Durst stillen konnten. Dann sammelten die Helfer dürres Holz, und ein Feuer wurde entzündet, in dessen Glut Margarethe später das Abendessen kochte, meist einen einfachen Mehlbrei, denn sie wollte mit ihren übrigen Vorräten sparsam umgehen.

Die Nächte waren bitterkalt, doch Margarethe genoss es, unter freiem Himmel zu schlafen:

Ich lag wach und ließ den Zauber einer afrikanischen Nacht auf mich wirken. Das Mondlicht stahl sich durch die Zweige. Wir hatten unser Lager unter einem Dawibbaum mit langen, zitternden, feinen Blättern, die sich im Nachtwind leicht hin und her wiegten. Das Feuer prasselte und knisterte. War es herabgebrannt, erhob sich eine vom Feuerschein lichtumflossene Gestalt, um es von frischem anzufachen. Tiefe Stille herrschte, und doch schien die Nacht lebendig mit ihren tausend Stimmen. Der Wind rauschte so eigen in den Bäumen, die kleinen Hälmchen und Gräser ringsum nickten und wehten. Eulen, Fledermäuse und anderes Nachtgevögel flatterten auf, und ganz aus der Ferne erklang das Bellen der Schakale.

Margarethe und Themis hatten Pech. Schon in der zweiten Nacht lief ihnen der Wächter davon und überließ die Ochsen sich selbst. Im Dunkeln suchten sie nach den Tieren und fanden sie nach Stunden weit entfernt von ihrem Lager. Endlich konnten sie mit den beiden verbliebenen Helfern weiterziehen, doch immer unwegsamer wurde der Pfad durch die Savanne. Die Räder gruben sich tief im Sand ein. Mit weit nach unten gebeugtem Nacken zogen die Ochsen den Karren vorwärts, angespornt vom Peitschenknallen des

Treibers. An diesem Abend fanden sie kein Wasserloch und konnten die erschöpften Tiere nicht tränken. Auch das Wasser für die Menschen war knapp und reichte am nächsten Morgen nur noch für eine einzige Tasse Tee. Am Ende ihrer Kräfte erreichten sie schließlich ihr Ziel.

Die Enttäuschung muss groß gewesen sein. Das versprochene Haus entpuppte sich als Hütte mit einem einzigen Raum, noch dazu unbewohnbar, wie sich schnell zeigten sollte. Das Fundament war von Regenfluten unterspült, und über die Holzkonstruktion hatten sich längst Termiten hergemacht. Bevor sie mit ihrem Schicksal hadern konnte, erschien ihr Nachbar, ein alter Ansiedler, und bot Margarethe eines seiner zwei Zimmer an, bis Themis ein neues Wohnhaus errichten konnte. Schnell sprach sich ihre Ankunft unter den einheimischen Herero und Damara herum. Alle kamen herbei und wollten die weiße Frau bestaunen. Natürlich erwarteten sie Gastgeschenke, bekamen auch reichlich Reis, Kaffee und Zucker. Sie bedankten sich mit Trommelmusik, Tanz und Gesang.

Für die Arbeit im Haus, Garten und auf der Farm stellten Margarethe und ihr Mann Leute vom Volk der Damara an, die damals am Ufer des Omaruru von Ziegen- und Schafzucht, dem Anbau von Mais, Weizen, Kürbissen und Melonen lebten. Mit den Frauen hatte Margarethe kein Glück. Statt ihr bei der Hausarbeit zu helfen, hockte Pauline, die Tochter des Dorfoberhaupts, mit Schwestern und Freundinnen aufgereiht an der Wand. Sie schnatterten den ganzen Tag lang, rauchten unentwegt ihre Pfeifen, priemten und spuckten den Tabaksaft ins Zimmer.

Mit den Bambusen, den männlichen Bediensteten, kam Margarethe besser zurecht. Sie wunderte sich nur, warum immer wieder neugeborene Lämmer eingingen. Schließlich kam sie dahinter, dass ihr Gärtner Kombani nachts in den Kraal schlich und die Euter der Mutterschafe leer trank.

Der Koch wiederum hatte sich einen Nagel in den Schuh geschlagen, der als Sporn herausragte. Jedesmal wenn er im Vorratsraum an den Zuckersäcken vorbeiging, stieß er unversehens mit dem Fuß dagegen und schlitzte die Säcke unten auf. Der Zucker rieselte heraus, und der Koch füllte sich die Taschen.

Isaak, ihr Küchengehilfe, hatte die Angewohnheit, das Geflügel zu häuten und die Hasen mit unendlichem Fleiß zu rupfen. Außerdem war er bedacht, das saubere Küchentuch zu schonen. Lieber zog er das Hemd aus der Hose und polierte damit Teller und Gläser. Den entsetzten Einspruch Margarethes begegnete er mit der entwaffnenden Antwort: »Keine Sorge, Ma'am, meinem Hemd geht es gut, es ist eh nicht mehr sauber.«

Margarethe beklagt in ihrem Buch, dass die Afrikaner nur im Heute lebten, und nicht in der Lage waren, ihre Zukunft zu planen. Regelmäßig zur Erntezeit, wenn jede Kraft gebraucht wurde, verschwanden fast alle ihre Helfer, um zu feiern, bis die Vorräte aufgebraucht waren. Für Notzeiten etwas übrig zu behalten, fiel dabei niemandem ein. Deshalb kam es immer wieder zu Hungerkatastrophen mit vielen Toten.

Für die Einheimischen und ihre Lebenseinstellung brachten die Europäer kein Verständnis auf, schlimmer noch, sie wollten sie auch gar nicht verstehen. Selbst eine intelligente und sensible Frau wie Margarethe von Eckenbrecher fühlte sich den Afrikanern überlegen. Wie die meisten Weißen glaubte sie, einer Rasse anzugehören, die dazu berufen war, anderen Völkern, die sie als rückständig und primitiv ansahen, das Licht des Fortschritts und der Moral zu bringen.

Nicht nur in Namibia, sondern überall wo Europäer Kolonien errichteten, prallten gegensätzliche Lebensstrategien aufeinander. Jahrtausendelang hatten die Afrikaner auf ihre Weise gelebt; erst als die Kolonisatoren in ihr Land eindrangen, brach die traditionelle

Ordnung auseinander, wurde eine funktionierende Mensch-Umwelt-Beziehung zerstört. Dieser unheilvolle Einfluss der westlichen Zivilisation auf Afrika wirkt bis heute fort.

Die Ameib-Ranch liegt an der Route, auf der Margarethe vor 100 Jahren entlanggezogen war. Sie gab es damals noch nicht, nur ein Stationshaus der Rheinischen Mission war vorhanden. Ernst Phillip aus Bremen war der Erste, der hier 1930 begann, Rinder zu halten. Die Felsmalereien, die er entdeckte, sind ein Grund für mich, Ameib zu besuchen. Vor allem aber möchte ich Frau Kögl kennen lernen. Sie erwarb das Land 1980 und bewirtschaftet es allein. Mutig und ungewöhnlich, da in Namibia sonst Männer auf dem Farmland dominieren.

Ein dunkelgrüner Streifen windet sich durch die staubtrockene Savanne: ein Rivier, wie in Namibia die Trockenflüsse heißen. Das Bett ist aber diesmal nicht ausgetrocknet, sondern randvoll mit lehmbraunem Wasser gefüllt. In den Bergen hat es geregnet. Es kann Stunden, aber auch Tage dauern, bis das Wasser wieder verlaufen ist.

Was tun? Will ich zur Ameib-Ranch, muss ich durch die Fluten. Also erst einmal barfuß durch den Fluss waten und mit einem Stock den Untergrund prüfen. Trotz der heftigen Strömung riskiere ich die Fahrt und gelange, ohne stecken zu bleiben, ans andere Ufer.

Wiesen, ein Dorf, weidende Ziegen, dann tauchen Häuser auf. Das weiß getünchte Farmhaus mit dem weit überstehenden Rieddach ist von einem parkähnlichen Garten umgeben. Die Bäume haben drei Meter dicke Stämme und müssen einige hundert Jahre alt sein. Großblättrige Pflanzen wuchern bis in die breiten Kronen und lassen das Sonnenlicht in grüngoldenen Flecken über die rote Erde tanzen. Schmetterlinge gaukeln an blühenden und duftenden Sträuchern. Kletterpflanzen schlingen sich am Geländer die Hauswand empor. Eine Kolonie Webervögel hat den Baum vor dem Eingang in Besitz genommen; von den Zweigen hängen kugelige Nestbeutelchen herab, ausgeblichen die älteren und saftig grün die neuen. Vögel, leuchtend gelb mit Grashalmen im Schnabel, sind emsig beim Flechten. Allein die Männchen sind die Baumeister, und sie müssen sich Mühe geben, denn nur wenn dem Weibchen das Werk gefällt, schlüpft es durch die Eingangsröhre hinein, polstert es innen weich aus und legt seine Eier ab.

So nah habe ich Webervögel noch nie beobachten können. Zuerst gestalten die Vögel aus festen Pflanzenstengeln eine lichte Konstruktion. Zwischen die Rippen flechten sie Grashalme wie die Fäden in einem Gewebe. Den letzten Halm einzuziehen, fällt besonders schwer, weil es kaum noch einen Zwischenraum gibt. Die finkengroßen Webervögel haben trotz aller Mühsal noch Kraft zum Zwitschern. Die Luft ist erfüllt von ihrem endlosen Geschwätz. Es schnalzt, schnarrt, pfeift aus unzähligen Vogelkehlen.

Ohne dass ich mich bemerkbar gemacht hätte, öffnet sich die Haustür, und ich stehe Frau Kögl gegenüber. Ich erkenne sie sofort, obwohl sie auf den Bildern in ihrem Farm-Prospekt jünger wirkt. Die auf dem Foto tiefschwarzen, glatt nach hinten gebundenen Haare schimmern silbrig und betonen ihr ebenmäßiges Gesicht.

»Herzlich willkommen!«, begrüßt sie mich freundlich und bittet mich ins Haus. Ebenholzschnitzereien, Steine, Mineralien und Bücher füllen die Regale und Konsolen. Fotos an den Wänden erregen meine Aufmerksamkeit, auf denen Frau Kögl zusammen mit Kindern, Enkeln und mit verschiedenen Wildtieren zu sehen ist. Sie folgt meinem Blick und erzählt, dass sie mit Geduld und Liebe verlassene und verletzte Wildtiere aufgepäppelt habe: neugeborene Zebras, kleine Geparde, sogar Giraffenbabys und Paviane. Sobald die Tiere für sich selbst sorgen können, schenkt sie ihnen die Freiheit. Aber viele von ihnen wollen auf Leckerbissen und Streicheleinheiten nicht verzichten und kommen immer wieder zum Haus zurück.

Als Frau Kögl die Farm kaufte, übernahm sie auch einen großen Rinderbestand. Sie hatte Pech, denn es folgten Jahre großer Trockenheit. Das Gras verdorrte, und die Tiere fanden nichts mehr zu fressen. Jetzt hat sie nur noch wenige Kühe, ein paar Ziegen und eine Eselherde.

»Ihr Zelt können Sie dort im Schatten der Bäume aufstellen, und planen Sie am besten einen längeren Aufenthalt«, empfiehlt sie mir. »Die Phillips-Höhle mit dem weißen Elefanten müssen Sie unbedingt sehen. Sie können auch zu Bull's Party wandern, einem spektakulären, geologischen Phänomen riesiger Granitkugeln, oder Sie steigen hinauf zum Erongo-Krater. Und am Abend oder früh morgens können Sie Wildtiere auf unseren Ansitzen beobachten.«

Frau Kögl hat mich zum Abendessen eingeladen. Es gibt saftiges Kudu-Steak, gedünstetes Gemüse, Salat und einen herben Rotwein. Von Kindheit an bin ich bei Fleisch heikel, und der Appetit vergeht mir sowieso, wenn ich an die prachtvollen Tiere denke. Kudu-Antilopen sind größer und hochbeiniger als Rothirsche, haben ein rotbraunes Fell mit hellen Querstreifen über dem Rücken. Die Böcke tragen auf dem Haupt weit geschwungene, korkenzieherartige Hörner, glänzend wie aus edlem Metall geformt. Kraftvoll und zugleich anmutig zählen sie für mich zu den schönsten Antilopen.

»Nun kosten Sie wenigstens einmal«, ermuntert mich Frau Kögl.

Ich will nicht unhöflich sein, schiebe mir ein Häppchen in den Mund und greife schon nach dem Glas, um es mit Wein hinunterzuspülen. Aber da überrascht mich der Geschmack, zart und zugleich würzig.

Nach dem Essen kommen wir ins Gespräch, und ich erfahre eine Menge über die Sorgen einer Farmerin. »Für uns weiße Farmer gibt es keine Zukunft in diesem Land«, sagt sie voller Überzeugung.

»Wirklich nicht? Fast das gesamte Farmland ist doch im Besitz der Weißen.«

»Genau das will die Regierung jetzt ändern. Noch vermeidet man blutige Gewalt wie in Simbabwe, aber schon werden Farmer gezwungen, dem Staat ein sogenanntes Kaufangebot zu unterbreiten – der Anfang einer großangelegten Land-Umverteilung, wie sie der schwarzen Bevölkerung vor den Wahlen versprochen wurde. Eine andere beliebte Methode, uns die Luft abzuschnüren, ist die Steuerschraube. Viele weiße Farmer mussten schon aufgeben. Man besteuert uns pro Hektar, unabhängig davon, was wir erwirtschaften. Sehen Sie, ich habe zwar ein schönes Stück Land, aber es wirft nicht genug Gewinn ab. Da ich kein Vieh mehr halten kann, habe ich nur die Einnahmen vom Gästebetrieb.«

»Und wie geht es den Farmern mit Rinderherden?«

»Das hängt zuerst von der Größe der Farmen ab. Unter 3000 Hektar brauchen Sie gar nicht erst anzufangen. Bei der spärlichen Pflanzendecke benötigt man 20 bis 30 Hektar pro Tier. Das ist aber längst keine Garantie für einen erfolgreichen Betrieb, denn wenn die Trockenheit wieder einmal Jahre dauert oder es zu Krankheiten im Viehbestand kommt und zugleich die Weltmarktpreise für Fleisch drastisch einbrechen, sitzt der Farmer schnell in der Schuldenfalle. Oft reicht dann der Verkauf der ganzen Herde nicht aus, um allein die Steuern zu bezahlen. Und Schulden bei der Bank haben wir sowieso alle. Wovon sollen die Leute leben, ihre Angestellten bezahlen und das Schulgeld für die Kinder?«

»Öffnen deshalb so viele Farmer ihre Häuser für Gäste?«

»Ach«, sie macht eine wegwerfende Handbewegung, »das rettet uns auch nicht mehr. Diese Einnahmen werden extra hoch besteuert. Der Kuchen ist auch viel zu klein, da bleiben für jeden nur ein paar Krümel.«

»Sie sehen also keine Zukunft für die Weißen in Namibia?«

»Eher nein. Die Regierung weiß zwar, dass wir Weißen das wirtschaftliche Rückgrat des Landes sind, sie steht aber politisch unter ungeheurem Druck und wird früher oder später dem Willen der Mehrheit nachgeben und uns Weiße aus dem Land jagen, wie es in Simbabwe geschehen ist.«

»Das kann ich mir in Namibia nicht vorstellen. Die Regierung ist doch demokratisch gewählt«, werfe ich ein.

»Ha, von wegen Demokratie! Die Macht liegt einzig und allein bei den Ovambo. Die haben alle wichtigen Regierungsposten besetzt.«

»Und wie sehen Sie Ihre eigene Zukunft?«

»Nun ja, ich hatte ein schönes Leben. Mir tun nur die jungen Familien mit ihren Kindern Leid. Wo sollen die einmal hin? Alle, die hier geboren und aufgewachsen sind, fühlen sich als Afrikaner, trotz ihrer weißen Hautfarbe.«

Wir schweigen, hängen unseren Gedanken nach. Jedes Ende hat auch einen Anfang, denke ich. Sind die Weißen denn nicht in Afrika eingedrungen, haben sich Land angeeignet und hohe Zäune um ihren Besitz gezogen? Ihnen war egal, was aus den Einheimischen damals wurde. Ist es nicht gerecht, wenn sich die Verhältnisse jetzt umkehren? Aber weiß ich denn, ob ich an Stelle der Einwanderer anders gehandelt hätte?

Weiße Elefanten

Das Nachtkonzert der Frösche wird abgelöst vom Jubelgesang der Vögel, die den Morgen begrüßen. Mein erster Blick aus dem Zelt gilt der Spitzkoppe, die wie ein gigantischer Zuckerhut aus der weiten Ebene herausragt. Ohne viel Zeit mit dem Frühstück zu vertrödeln, ziehe ich los, denn die frühe Stunde ist für mich die kostbarste. Deshalb begegnet mir auch niemand, als ich die Ameib-Ranch für einen Tagesausflug verlasse.

Auf dem Pfad entdecke ich frische Spuren. Sie erzählen, welche Tiere nachts hier entlanggezogen oder über die Pfade gewechselt sind. Gut sichtbar haben sich die breiten Halbschalen des Kudu in die rotbraune Erde gedrückt, dann die kleinen, schmalen vom Buschbock und, größer als meine Hand, die Abdrücke einer Giraffe. Die hundeähnliche Fährte könnte von einem Löffelhund stammen. Sie ist von vielen winzigen Ballenabdrücken umgeben, vermutlich von jungen Löffelhunden, die spielerisch um die Mutter herumgetobt sind. Ab und zu bleibe ich stehen, lausche und spähe zwischen den Bäumen und Büschen hindurch, hoffe die Urheber der Fährten zu entdecken.

Auf einmal schreckt mich lautes Getrappel. Zweige brechen. Das Trommeln vieler Hufe kommt schnell näher. Wie angewurzelt bleibe ich stehen. Die Tiere sind jetzt ganz nah, und doch kann ich sie im dichten Unterholz nicht sehen. Da drängen sie heraus auf den Weg – und ich bin erleichtert. Von ihnen droht mir keine Gefahr. Es ist die Eselherde der Ameib-Ranch. Ich folge den Tieren auf eine Lichtung, wo sie sich verstreuen und einzeln grasend umherwandern, dabei immer sehr wachsam bleiben und ihre Umgebung im

Blick behalten. Esel sind Individualisten, also achtet jeder auf seine eigene Sicherheit.

Ein Tier aus der Herde unterscheidet sich deutlich von den anderen. Das muss der Zesel sein, von dem mir Waltraud Kögl erzählt hat, eine Kreuzung von Zebra und Esel. Sein silbrig helles Fell und die Streifen an seinen Beinen beweisen, dass sein Vater ein Zebra war. Es ist sehr selten, dass sich Zebra und Esel paaren, denn wild lebende Esel würden einen Zebrahengst nicht an ihre Weibchen heranlassen und umgekehrt.

Es muss schon eine außergewöhnliche Situation eintreten, damit ein Zesel entstehen kann. Frau Kögl hatte ein verletztes Zebrafohlen gefunden, verband seine Wunden und zog es mit der Flasche groß. Als das Tier immer wilder wurde, ließ sie es frei, aber jede Nacht kam der junge Hengst zur Farm zurück, um eine Eselin zu besuchen, in die er sich verliebt hatte. Und auch die Eselin war nicht abgeneigt. Eines Nachts nahm der Zebrahengst Anlauf, sprang über den Zaun und zeugte einen Zesel. Vererben kann der Zesel seine Gene nicht, denn er ist unfruchtbar wie der Maulesel oder das Maultier, die Kreuzungen aus Pferd und Esel.

Der Pfad führt steil in die obere Felsregion. Klippschliefer liegen auf glatten Simsen und lassen sich die Sonne auf den Pelz brennen. Sobald sie mich entdecken, warnen sie sich gegenseitig mit schrillen Pfiffen und verschwinden blitzschnell in Löchern und Spalten. Sie ähneln den Murmeltieren unserer Alpen, sind aber keine Nager, sondern – kaum zu glauben – mit Elefanten verwandt, was man ihnen nicht ansieht. Erstaunlich, dass die Ureinwohner Namibias, die San, die Klippschliefer »Kleine Brüder der Elefanten« nennen. Woher sie wohl ihr wissenschaftliches Tierverständnis haben?

Vor der glühenden Hitze hat sich ein Frosch in eine von Regenwasser gefüllte Mulde gerettet. Wie mag er es so weit auf den Berg hinauf geschafft haben? Was mit ihm geschieht, wenn in Kürze der letzte Rest Wasser verdunstet sein wird, mag ich mir lieber nicht vorstellen. Besser haben es da die Echsen. Die Felsagamen sind an Hitze gewöhnt. Mit blutrotem Kopf, blau schillerndem Leib und rotem Schwanz wirken sie inmitten der eintönigen Steinlandschaft wie tropische Blüten.

Von weitem ist die Phillips-Höhle kaum zu sehen. Sie ist nur ein unscheinbarer ellipsenförmiger Spalt im Granitgestein. Erst als ich zu ihr hinaufsteige, erkenne ich, wie geräumig sie ist: eine Grotte, in der ich aufrecht stehen kann, die mehrere Meter tief in den Fels hineinreicht und einen glatten Felsboden hat. Ein hervorragender Lagerplatz, der vor Unwetter und Sonnenglut schützt und einen weiten Ausblick ins Land gewährt. Würde ich mich länger in dieser Gegend aufhalten, könnte ich mir diese Höhle als Basislager gut vorstellen.

So werden auch die frühen Bewohner gedacht haben, die an der Höhlenwand ihre Spuren hinterließen. Aus dem Halbdunkel leuchtet mir eine Figur entgegen – eine weiße Elefantenkuh. Hoch aufgerichtet steht sie da, den mächtigen Kopf in den Nacken geworfen. Zwischen den Stoßzähnen ist der Rüssel etwas angehoben, als wittere sie eine Gefahr. Sie ist nicht allein, sondern führt eine Herde an, wie helle Flecken an der Wand vermuten lassen. Nur zwei Junge kann ich noch erkennen; eines sucht zwischen ihren Beinen Schutz, ein zweites verbirgt sich hinter ihrem Rüssel.

Ich muss schon genau hinsehen, um die roten, langgliedrigen Menschenfiguren auf der Felswand auszumachen, die mit Pfeil und Bogen auf Jagd gehen. Sie scheinen es auf Strauße und Antilopen abgesehen zu haben. Obwohl ich sie nur noch schemenhaft erkennen kann, verleiten sie mich zu einer Gedankenreise in die Vergangenheit.

Wie damals die Jäger, sitze ich im Schatten der Höhle und blicke hinaus in die Weite des sonnendurchglühten Landes. Ich wüsste gerne, welche Geschichten die weißen Elefanten, die Strauße, Antilopen und menschlichen Figuren verbinden. Sicher scheint, dass es Vorfahren der Buschmänner waren, die ihre Vorstellungen von der Welt in Felsbildern verewigten. Schon vor 40 000 Jahren sollen sie durch die Wüsten, Savannen und Gebirge des südlichen Afrikas gezogen sein.

Die Buschmänner, wie die San früher abwertend genannt wurden, sind zartgliedrig und ungewöhnlich klein. Mit gelber Haut, hohen Wangen und schmalen Augen wirken sie eher wie Asiaten. Ihre Sprache hat wunderliche Klick- und Knacklaute. Die Töne klingen wie das »Plopp« eines herausgezogenen Korkens, das Schnalzen der Fuhrleute, das Knacken trockenen Holzes und das Zischen von Schlangen. Sie waren Meister im Fährtenlesen und hatten ein großes Wissen über Tiere, Pflanzen und Gifte. Ihr Kalender orientierte sich am Lauf des Mondes, und ihre Mythen erzählen von der Entstehung der Sonne und der Sterne.

Ihre Kultur, die auf die Ursprünge der Menschheit zurückführt, war erstmals bedroht, als die Herero aus dem Norden in ihr Gebiet eindrangen. Vor ihnen flüchteten die Ureinwohner in die unwirtlichste Gegend Südafrikas, in die Kalahari. Sie überlebten selbst in dieser Wüste, weil sie es mit großem Geschick und Einfallsreichtum verstanden, die karge Natur für sich nutzbar zu machen. Später waren es Viehzüchter, Diamantensucher, Elfenbeinhändler, Großwildjäger und Missionare, die sie von Süden her bedrängten. Vergeblich wehrten sich die San gegen die geballte Macht der Eindringlinge, die ihnen den Busch, das Wild und die Zukunft raubten. Wie zwischen Hammer und Amboss wurden die ursprünglichen Bewohner des südlichen Afrikas zerschlagen. Nur 30 000 San haben bis heute in Namibia überlebt, aber sie führen längst nicht mehr das traditionelle Leben der Jäger und Sammler. Ihr freies Nomadenleben, das Jahrtausende ihre Existenz sicherte, mussten sie auf behördliche Anordnung aufgeben. Von heute auf morgen wurden sie laut Gesetz gezwungen, sich in Dörfern anzusiedeln und ein Leben als sesshafte Bauern zu führen. Die wenigsten konnten sich mit der neuen Lebensform identifizieren; viele verfielen dem Alkohol und fristen ihr Dasein am Rand der Gesellschaft. Die Alten sterben und nehmen ihr Wissen und ihre uralten Geheimnisse mit ins Grab, denn in der neuen Welt sind ihre Kenntnisse wertlos geworden.

Ein letztes Mal schaue ich mich in der steinzeitlichen Höhle um, betrachte die Elefanten an den Wänden und überlege mir, welche Botschaft sie mir vermitteln könnten. Ob es noch weise Frauen und Männer bei den San gibt, die wissen, warum ihre Vorfahren diese Bilder auf die Felswände malten? Vielleicht könnten sie sogar sagen, was die Figuren zu bedeuten haben. Eine tief im Inneren verborgene Ahnung, die so vage ist wie die Erinnerung an meine frühe Kindheit, bewegt mich beim Betrachten der Felsmalereien. Die Nabelschnur zur Wiege der Menschheit ist noch da, aber sie ist schon in Auflösung begriffen und wird irgendwann völlig verschwunden sein wie die weißen Elefanten auf der dunklen Höhlenwand.

Es ist mir ein Rätsel, wie sich die San im unüberschaubaren Busch orientieren konnten. Ich jedenfalls benötige einen Kompass und eine Kartenskizze, um die Richtung zu Bull's Party mit seinen magischen Steinskulpturen bestimmen zu können. Über Steinblöcke, Geröll und Felsplatten bewege ich mich mit angespannten Sinnen voran, immer in Erwartung, Schlangen und Raubtiere, Zebras, Giraffen oder Antilopen zu erspähen. Wie ein San achte ich auf unscheinbare Spuren und will die Tiere entdecken, bevor sie mich sehen. Doch mein Fleischtopf wäre heute leer geblieben. Ich tröste mich – denn auch die Ureinwohner überlebten weniger durch die Jagdbeute der Männer, sondern durch das, was ihre Frauen sammelten: Wurzeln, Knollen und Samen, Heuschrecken und Raupen. Mit Sammelgut kann ich aber auch nicht dienen. Ich würde viel lernen müssen, wollte ich wie ein San in der Wildnis überleben.

Am gegenüberliegenden Hang erkenne ich auch ohne Fernglas imposante Steinformationen – das muss Bull's Party sein. Als hätten Riesen mit Murmeln gespielt, liegen Steinkugeln wirr und in großen Mengen herum. Aber erst aus der Nähe kann ich ihre wahre Größe ermessen; ich komme mir vor wie eine Ameise zwischen Kanonenkugeln.

Geologen haben erforscht, wie diese riesigen runden Formen zustande kamen: Tief aus dem Inneren der Erde drängte Magma nach oben und erstarrte noch unter der Erdoberfläche zu Granit. Dort begann das kristalline Gestein zu verwittern, zerfiel in Würfel und Quader. Jahrmillionen vergingen. Erst als sintflutartige Regenfälle den Boden abgetragen hatten, kamen die Granitbrocken ans Tageslicht und waren nun den Temperaturstürzen von Tag und Nacht ungeschützt ausgesetzt. Zuvor eckige Granitblöcke verwandelten sich in kugelige Gebilde, weil sich Schicht um Schicht wie die Schalen einer Zwiebel lösten.

Erst will ich es gar nicht glauben, als ich es plätschern höre. Aber tatsächlich entspringt hier oben eine Quelle, die sich zwischen den Granitkugeln ihren Weg bahnt. Ich kann nicht widerstehen und tauche nackt in das erfrischende Nass, ein paradiesisches Gefühl – nur Adam fehlt.

Spitzkoppe

Die Abendsonne setzt den Himmel in Brand. Er lodert in Rot, Orange und Gelb. Wie der Reißzahn eines Raubtiers ragt die Spitzkoppe in die Höhe und sticht in die blutrote Zunge einer Wolke.

Am nächsten Morgen umhüllt blauer Dunst den Fuß des bizarren Massivs, und rosa Wolkenschleier ziehen über den Gipfel hinweg. Als brenne ein magisches Feuer in seinem Inneren, umspielt goldflirrendes Licht die Felspyramide. Der Anblick ist betörend, als besäße die Spitzkoppe geheime Kräfte, mit denen sie Menschen in ihre Nähe lockt. Ich kann mich ihrer Magie nicht entziehen und wähle sie zu meinem nächsten Ziel.

Waltraud Kögl verabschiedet sich herzlich von mir und ermahnt mich, vorsichtig zu sein. Dort in den Bergen sei es nicht sicher, und sie rate mir ab, im Freien zu übernachten.

Auf dem Weg zur Spitzkoppe komme ich durch Usakos, einen kleinen Ort mit wenigen gut erhaltenen Kolonialgebäuden. Hier ist die letzte Gelegenheit, mich für die nächsten Tage mit Lebensmitteln und Trinkwasser zu versorgen. Auch aus der Nähe betrachtet, verliert der Inselberg nichts von seiner geheimnisvollen Ausstrahlung. 1728 Meter ragt der blank polierte Felszahn senkrecht aus der Ebene in den Himmel. Umgeben ist er von den Pondokbergen, deren Formen den Hütten der Einheimischen, den *pondoks*, ähneln.

Hier begegne ich wieder den Spuren Margarethes. Auch sie konnte sich der seltsamen Wirkung des Berges nicht entziehen. Sie wusste aber, wie wichtig eine gute Vorbereitung ihrer Exkursion war, um nicht das Schicksal derer zu erleiden, die sich ahnungslos in der Felswildnis verirrten. In ihren Erinnerungen schreibt sie:

»Viele hat die Spitzkoppies bezaubert mit ihren geheimnisvollen Reizen ... Und die Ärmsten, sie ließen sich betören. Sie gingen und gingen, stets vor sich das rot leuchtende Gestein. In der Begeisterung merkten sie nicht, dass es gleich fern blieb in der sonnenklaren Luft. Die Nacht kam, und der Morgen, der golden über den spitzen Kegeln aufging, verführte sie, dass sie weitergingen. Wieder wechselten Tag und Nacht, viele Male noch. Nur mühsam schleppten sie sich fort. Wund waren die Füße, weh die Glieder. Lechzend vor Durst langten sie an ... Aber keinen Tropfen gab es, der sie erquicken konnte. So suchten und irrten sie umher, bis der erlösende Tod den Qualen Einhalt gebot und ihnen das Ausruhen für ewig gab.«

Kurz vor dem Massiv liegt der kleine Ort Groot Spitzkop, eine Ansammlung ärmlicher Hütten mit Dächern aus rostigem Wellblech und Wänden aus platt geschlagenen Blechkanistern, zusammengefügt wie ein Flickenteppich. Am Straßenrand reihen sich Verkaufsstände. Auf roh gezimmerten Brettern glitzert Bergkristall, funkeln Topas, Turmalin und Amethyst.

Beim Betrachten der in allen Farben leuchtenden Mineralien kommt mir der Gedanke, dass es wohl weniger der romantische Zauber der Spitzkoppe war, der die Menschen früher in ihren Bann zog, vielmehr die Aussicht, dort Kristalle zu entdecken und damit reich zu werden.

Unterwegs schon war ich mit dem Geschäftseifer der Mineralienverkäufer konfrontiert worden. Auf freier Strecke stand am Straßenrand ein junger Mann und winkte aufgeregt. Er war barfuß, seine Hose war löchrig und sein Hemd zerfetzt. Ich dachte zuerst, er brauche Hilfe. Aber nein, gebieterisch hielt er mir einen Karton mit Mineralien unter die Nase und redete heftig auf mich ein. Je weniger ich mich interessierte, desto aggressiver drängte mich der Junge zum Kauf. Um die unangenehme Situation zu beenden, entschied ich mich für einen bescheidenen Bergkristall. Nun glaubte er mich am Haken und nannte einen unverschämt hohen Preis. Das Spiel war klar, jetzt hätte ich ihn herunterhandeln müssen, aber eigentlich wollte ich den Bergkristall ja gar nicht. So holte ich einen kleinen Schein heraus und sagte entschieden: »Das geb ich, mehr nicht!«

Der Bursche schnappte sich flugs das Geld und riss mir gleichzeitig den Kristall wieder aus der Hand. Meinen erstaunten Ruf quittierte er grinsend: »Den Stein verkaufe ich lieber noch einmal an jemand, der ihn wirklich will.«

Die Landschaft um die Spitzkoppe ist weiträumig eingezäunt. Zäunebauen scheint überhaupt ein nationales Hobby der Namibier zu sein – vielleicht ein deutsches Erbe?

Am Eingangstor empfängt mich eine junge Frau mit wachem Blick. Ihre Augen tasten mich ab wie eine Kamera, als wolle sie sich blitzschnell ein Bild von mir machen. Auf einer Skizze markiert sie die Zeltplätze, sie liegen auf einer Strecke von 20 Kilometern rund um die Spitzkoppe verteilt. Ich solle mir alles ansehen und, wenn ich mich entschieden habe, zum Tor zurückkehren und ihr die Platznummer sagen.

Auf einer Piste umrunde ich das Massiv. Atemberaubend die glatten Felsen, die sich 600 Meter zum Gipfel aufschwingen. Das intensive Rot des Granits wirkt wie eine exotische Kulisse vor dem Kobaltblau des Himmels. Eine zyklopenartige Welt – riesige Steinblöcke zwischen denen seltsame Pflanzen wachsen, Butterbäume mit gelb leuchtender Rinde, plumpem Stamm und knorrigen Ästen.

Die Zeltplätze liegen kilometerweit voneinander entfernt. Sie sind nur an einem hölzernen Schild mit aufgepinselter Zahl und einer verrosteten Mülltonne zu erkennen. Die Einsamkeit hier, die ich sonst suche, lässt mich zögern. Wenn ich bei Gefahr Hilfe bräuchte, könnte ich so viel schreien wie ich wollte – niemand würde mich hören. Mir fällt die Warnung von Frau Kögl ein, ja nicht im Freien zu übernachten.

Plötzlich erschreckt mich Motorengeräusch. Ein Fahrzeug kommt mir entgegen. Sofort klopft mein Herz schneller. Ich betätige die Zentralverriegelung und kurble die Fenster hoch.

Der Wagen stoppt in der Mitte der Piste und blockiert meine Weiterfahrt. Wegen des felsigen Bodens ist es unmöglich, seitlich vorbeizufahren. Ich erkenne vier Männer. Einer von ihnen steigt aus und kommt wild gestikulierend auf mich zu, klopft gegen das geschlossene Fenster. Er behauptet, Polizist zu sein, und hält einen Zettel an die Scheibe, auf dem eine Nummer gekritzelt ist. Ob ich ein Auto mit diesem Kennzeichen gesehen habe, will er wissen. Es werde seit Tagen vermisst. Ich glaube ihm kein Wort; weder trägt er eine Uniform, noch zeigt er mir eine Polizeimarke oder einen Ausweis. Vielleicht ist der Zettel ein Trick, damit ich das Fenster öffne? Ich gebe mich keiner Illusion hin: Sie sind zu viert, ich bin allein. Für sie wäre es kein Problem, die Scheiben einzuschlagen und mich auszurauben. Mir sei kein Auto begegnet, sage ich, blicke dabei dem Mann fest in die Augen und verlange, weiterfahren zu dürfen. Einen Moment scheint er unschlüssig, dann geht er zu seinem Wagen zurück. Der Motor heult auf, Steine fliegen, und das Fahrzeug verschwindet unter einer Staubfahne in der Ferne.

Langsam lässt meine Erstarrung nach, und ich versuche das Erlebte zu analysieren. Vielleicht waren es wirklich Polizisten? Aber der Zettel mit der Autonummer war gar zu schäbig und zerknittert, die Zahlen nur flüchtig hingekritzelt. Aber wenn es Kriminelle waren, warum haben sie dann die günstige Situation nicht genutzt? Vielleicht hatten sie noch keinen fertigen Plan und waren selbst überrascht, in der einsamen Gegend jemandem zu begegnen. Wie auch immer, der Schreck sitzt tief. Meine Bedenken, draußen zu übernachten, sind gewachsen, und ich beschließe, eine Holzhütte in der Nähe des Eingangs zu mieten.

Dort aber blitze ich ab. »Sie hätten rechtzeitig reservieren müssen«, belehrt mich Cynthia, die mir zuvor die Zeltplatz-Skizze gegeben hatte. Allerdings, mein Erlebnis macht sie stutzig. Von einem Auto, das verschwunden sei und gesucht werde, wisse sie nichts, und Polizisten habe sie auch keine gesehen. Vielleicht waren es Diebe, vermutet sie, die sehen wollten, ob es auf den Zeltplätzen etwas zu holen gäbe. Hin und wieder klagten Touristen, Gegenstände seien aus ihren Zelten verschwunden. Die meisten Gäste seien aber vorsichtig und ließen keine Wertsachen zurück. Mein Leben sei gewiss nicht in Gefahr gewesen, beruhigt sie mich. Überraschend endet unser Diskurs mit ihrer Zusage, dass ich nun doch eine Hütte für die kommende Nacht beziehen könne.

Nach meiner Rückkehr aus Namibia lese ich zufällig in einer Zeitung von einem Überfall im Gebiet der Spitzkoppe. Banditen versuchten, das Fahrzeug eines Münchner Ehepaares zu stoppen. Beim Fluchtversuch wurde der Mann schwer verletzt, seine Frau von einer Gewehrkugel tödlich getroffen.

Die Holzhütte mit dem achteckigen Rieddach steht dicht bei den roten Granitfelsen. Nur wenig Licht gelangt durch ein kleines Fenster ins Innere. Die Einrichtung ist spartanisch: Liege, Tisch und zwei Stühle. Am Eingang spendet ein Baum Schatten und umrahmt mit seinen Ästen den Blick auf ein wildes Gebirgspanorama. Malerisch verstreut, als hätte ein Landschaftsarchitekt ein Kunstwerk schaffen wollen, schmückt rund geschliffenes Gestein und bizarres Gesträuch den Fuß der glatten Felswände. Klippschliefer liegen bäuchlings auf Steinbänken und faulpelzen in der Sonne. Auch hier entwischen sie blitzschnell in ihre Verstecke, bevor ich zum Fotografieren nahe genug an sie herankomme.

Cynthias Rufe unterbrechen die Stille. Sie überrascht mich mit der Frage, ob ich nicht duschen wolle, und zeigt auf einen Steinsockel mit hölzernem Aufbau, der etwas entfernt von meiner Hütte steht.

»Habt ihr denn Wasser hier?«, frage ich. »Jeder Besucher muss es doch selbst mitbringen.«

»Richtig, Trinkwasser ist knapp, aber zum Duschen gibt es zur Zeit jede Menge, sogar warm«, versucht sie mir die Sache schmackhaft zu machen.

Ich habe Skrupel, in dieser wasserarmen Natur verschwenderisch zu sein – aber die vom Staub verklebten und verschwitzten Haare wieder einmal waschen zu können, ist schon verführerisch.

Cynthia lässt nicht locker. Eine Dusche mit warmem Wasser koste nur 20 Namibia-Dollar, etwa zwei Euro. »Außerdem tust du Gedeon, meinem Onkel, einen Gefallen. Er könnte das Geld gut gebrauchen und freut sich schon auf den Zusatzverdienst, denn zur Zeit sind leider nur wenige Touristen unterwegs.«

Aha, langsam verstehe ich. Und als sie mein Interesse spürt, erzählt mir Cynthia, wie sie auf die Idee kamen, ein Touristen-Camp aufzubauen.

»Lange wussten wir nicht, wovon wir überhaupt leben sollten«, beginnt Cynthia. »Es wächst ja hier kaum etwas. Die Leute haben gehungert, und wir waren froh, als die ersten Touristen kamen, denen wir Kristalle verkaufen konnten. Aber nur wenige haben davon profitiert. Endlich hatten wir die zündende Idee: Warum nicht für die Touristen sichere und saubere Hütten bauen, die Zeltplätze in Ordnung halten und Ausflüge mit Eselkarren veranstalten?«

Ich bewundere Cynthias gute Ausdrucksweise, dabei ist Englisch nicht ihre Muttersprache, sondern die Sprache der Damara, die wie bei den San mit Klicklauten durchsetzt ist. Mit ihrem modischen Outfit wirkt Cynthia wie eine junge Frau aus Windhoek, und ich hatte angenommen, sie habe dort eine gute Schulbildung erhalten. Nie hätte ich vermutet, sie sei in einer der ärmlichen Wellblechhütten von Groot Spitzkop zu Hause.

»Ach, eine richtige Schule konnte ich nie besuchen, nur die Dorfschule. Aber was lernt man da schon! Ich will mal weiterkommen im Leben. Auch für mich ist das Projekt meiner Gemeinde eine Chance für die Zukunft. Wir hatten zuerst kein Startkapital, da haben sich alle Einwohner zu einer Versammlung getroffen und einen Plan entwickelt. Wir stellten uns mit einer Spendenliste und einem Quittungsblock an den Straßenrand, hielten Autofahrer an und baten freundlich um Spenden. Die meisten ließen sich von unserem Vorhaben überzeugen und unterstützten uns. Daraufhin haben wir vier Hütten gebaut und pflegen seitdem die Zeltplätze. Die Einnahmen kommen der ganzen Gemeinde zugute. Aber mein Onkel Gedeon darf sich für die Dusche extra etwas dazuverdienen«, schlägt Cynthia geschickt den Bogen zum Anfang ihres Anliegens.

Mit der Schubkarre zieht Gedeon davon, ein hagerer Mann mit einem von vielen Runzeln durchfurchten Gesicht. Schüchtern hatte er mir ein freundliches Lächeln geschenkt. Nach einer Weile kommt er wieder, in einem Kanister schwappt lehmbraunes Wasser, das über einem Gaskocher erhitzt wird. Dann wuchtet er den Kanister wieder in die Schubkarre, rumpelt und holpert über Geröll und Steinbuckel bis zu dem hölzernen Verschlag, in dem sich vier Duschkammern befinden. Er zieht einen Behälter herab, füllt das Wasser ein, und nachdem er ihn wieder oben befestigt hat, zeigt er mir einen Strick, an dem ich ziehen muss, damit sich aus der Düse, die er aus einer Blechbüchse gebastelt hat, Brausewasser ergießt.

Meine Haut prickelt angenehm frisch, als ich die Dusche verlasse und ins Freie trete. Fast hätte mich eine Windböe umgerissen. Ich kann es nicht fassen, dass sich in der kurzen Zeit des Duschens ein so gewaltiger Wettersturz ereignet haben soll. Aus allen vier Himmelsrichtungen rasen Schlechtwetterfronten heran. Unheilvoll türmen sich Wolkenberge auf, umkreisen die Spitzkoppe wie feindliche Geschwader und schließen den Ring immer enger. Vom Unwetter umtost, treffen die letzten Sonnenstrahlen das Bergmassiv, als läge es im Auge eines Zyklons. Das Gestein funkelt rot wie Rubin, kontrastreich gefasst von violetten und blauschwarzen Wolken.

Von dem unwirklichen Anblick gebannt, bewege ich mich nicht von der Stelle. Plötzlich stürzt Wasser auf mich herab. Die regenschweren Wolken öffnen sich, als sei oben im Himmel ein Staudamm gebrochen. Die Duschkammer bietet keine Zuflucht, da sie kein Dach besitzt. Vom Regen fast niedergeknüppelt, vom Orkan gebeutelt und hin und her gestoßen wie ein loses Blatt, gelingt es mir schließlich, meine Hütte zu erreichen.

Ich sehe noch, wie von den Felsen Wasserfälle herabstürzen, weiß schäumend und tosend, mit solcher Urgewalt, als sei die Sintflut hereingebrochen. Nur mit Mühe kann ich die Tür hinter mir schließen. Innen aber bin ich keineswegs geschützt, denn der Regen wird von den Sturmböen gegen die Hüttenwand geschleudert und dringt durch die Schlitze zwischen den Brettern herein. Und schon bilden sich Rinnsale, die rasch größer werden. Hastig befestige ich meine Zeltplane wie eine Innenhaut an der Wand. Noch spät in der Nacht faucht der Wind, prasselt der Regen, rauschen Kaskaden vom Gebirge herab. Trotz dieser bedrohlichen Geräusche schlafe ich irgendwann ein.

Die Stimmung am nächsten Morgen ist seltsam träge, die Luft lastet schwer. Das Licht fällt durch dicke Wolkenschichten, übergießt die Welt mit Grautönen. Matt und müde liegt die Gebirgslandschaft vor mir, wie erschöpft von den Naturgewalten.

Dem trüben Tag will ich mit Aktionismus begegnen und habe schon ein Ziel: das »Buschmann Paradies«, ein Hochtal inmitten der Pondokberge. Kein Weg führt dorthin, außer man klettert steil eine

Felswand hinauf. Margarethes Mann hatte im Jahr 1895 zusammen mit seinem Freund Hanns Merker den verwunschenen Flecken entdeckt. Beim Klettern waren sie zufällig in ein zwischen den Felsen gelegenes Tal gelangt, das so schön war, dass es ihnen den Atem verschlug. Sie gaben ihm den Namen »Paradies«. Acht Jahre später kam Themis nochmals zur Spitzkoppe zurück und zeigte seiner Margarethe das zauberhafte Felsental.

Von meiner Hütte wandere ich in nordöstlicher Richtung entlang der Pondokberge. Nach einer halben Stunde komme ich an einer nur wenige Meter hohen Mauer aus aufgeschichteten Steinquadern vorbei, den Resten eines 1896 gebauten Damms. Der Stausee sollte eine Musterfarm der deutschen Kolonialgesellschaft mit Wasser versorgen. Dem unscheinbaren Mauerrest sieht man nicht an, wie viele Hoffnungen mit ihm verknüpft waren und welche Tragödien sich dann abspielten.

Das Staubecken war mit großem Aufwand zementiert worden und fünf Brunnen wurden gebohrt. Doch die Niederschlagsmenge, von jeher bescheiden, reichte nicht aus, das Vieh zu tränken und Weiden zu bewässern. Außerdem sank der Grundwasserspiegel drastisch, da viel zu viel abgepumpt wurde. Das kümmerliche Gras war bald abgeweidet. Massenhaft gingen die Tiere ein. Im verwahrlosten Zustand blieb die Musterfarm bis zum Jahr 1904 erhalten, nebst einem Laden mit der Lizenz zum Branntweinausschank, mit dem die Kolonialgesellschaft nicht schlecht an den Einheimischen verdiente. Da brach der Aufstand der Herero los. Der Farm-Inspektor wurde erschlagen und das Vieh weggetrieben.

Zweifelnd blicke ich an fast senkrechten Felswänden empor. Nichts lässt mich vermuten, dass sich dort oben ein paradisisches Tal befinden könnte. Für Margarethe war die Klettertour schwierig und vor allem der Abstieg nicht ungefährlich. Heute kann man sich zur Sicherheit an einer Kette festhalten.

Oben öffnet sich tatsächlich ein liebliches Tal mit murmelndem Bach, Blumenwiesen, Bäumen und Vögeln. Wasser rinnt die Felsen herab, sammelt sich in einem steinernen Becken, ergießt sich von einem zum nächsten, bildet eine Abfolge sich gegenseitig speisender, natürlicher Wasserspiele. Unter einem Felsüberhang entdecke ich das Abbild eines weißen Nashorns mit seinem Baby. Leider sind die Malereien stark beschädigt, es sieht aus, als hätte jemand versucht, Felsbrocken samt Gemälden aus der Wand zu schlagen.

Die graue Wolkendecke ist inzwischen aufgebrochen. Die warmen Strahlen vertreiben die Erinnerung an den fahlen Morgen. Orangerot schimmert der Kegel des östlichen Pondok-Turms, der wie ein Wächter das Talende sichert. Grün glänzen die Gräser, gelb, weiß und rot leuchten die Blumen, und über allem wölbt sich der Himmel Namibias in reinem Blau.

Unermüdlich zwitschert ein Rußnektarvogel melodische Lieder. Sein Rücken ist rußdunkel, aber seine Brust irisiert je nach Lichteinfall kupfern, violett oder dunkelgrün. Mit ihrem gebogenen Schnabel und dem charakteristischen Schwirrflug vor den Blüten ähneln Nektarvögel den Kolibris, die es jedoch nur jenseits des Atlantik gibt.

Die Papageien mit ihrem Gekreische und lebhaften Geschwätz sind nicht zu überhören. Passend zum Paradies tragen die Rosenpapageien den englischen Namen *lovebirds*. Grün ist ihr Gefieder, blau der Schwanz und rosenrot das Köpfchen. In Pulks fliegen sie zwischen Büschen und Bäumen umher. Schon Margarethe hatte die kleinen Papageien beschrieben. Abgeschieden in diesem Hochtal hat sich vielleicht eine ganz eigene Population entwickelt, die nicht mehr im genetischen Austausch mit Artgenossen steht.

Neben den verschiedenen Vogelarten interessieren mich natürlich auch die Pflanzen. Meine Aufmerksamkeit erregen zuerst die eigenartigen Köcherbäume. Eigentlich sind es keine Bäume, sondern zu den Liliengewächsen zählende Aloen, denen die Natur hier zum Riesenwuchs verhalf. Der Stamm ist glatt und schlank, fünf Meter reicht er in die Höhe. Oben prangt ein Schopf sternförmiger Verzweigungen. Bestens an den trockenen, heißen Lebensraum angepasst, speichert das schwammige Mark große Wassermengen, und die wachshaltige Rinde dichtet die Pflanze gut gegen Verdunstung ab. Ihren Namen verdanken sie den San, die ihre Äste aushöhlten und als Pfeilköcher benutzten.

Neben Balsamsträuchern und Stinkbüschen fallen mir die prächtigen säulenartigen Euphorbien auf. Sie gehören zu den Wolfsmilchgewächsen, sehen aber aus wie Kakteen. Der weiße Saft, den Euphorbien bei Verletzung ausscheiden, ist sehr giftig. Den Milchsaft europäischer Wolfsmilcharten hat man früher benutzt, um Wölfe zu vergiften, daher der Name. Die so harmlos aussehende, kakteenartige *Euphorbia virosa* heißt auf Afrikaans nicht umsonst *giftboom*, denn sie gilt als die giftigste Pflanze Namibias. Sogar durch unverletzte Haut kann das Gift in den Körper eindringen.

Ohne Erfolg halte ich Ausschau nach größeren Tieren. Margarethe hatte mehr Glück. Vor ihr war ein Leopard aufgesprungen und wild fauchend geflüchtet. Sie war auch einer kleinen Antilope begegnet; ich muss mich mit den Klippschliefern begnügen, die in diesem Bergmassiv überall zu finden sind.

Bevor ich am Halteseil abklettere, setze ich mich an der Felskante auf den sonnenwarmen Granit und schaue weit über die Ebene unter mir, ein hervorragender Aussichtspunkt, um wandernde Tierherden schon auf weite Entfernung zu erspähen. Die Vorfahren der San werden oft hier oben gehockt und nach Jagdbeute Ausschau gehalten haben. Vielleicht hatten sie in dem Hochtal auch ihre Behausungen, denn die zahlreichen Felsüberhänge boten Schutz vor der Witterung. Margarethe hatte Scherben aus gebranntem Ton in den Grotten gefunden. 100 Jahre später zeugen nur noch die Abbildungen des weißen Nashorns, der Springböcke und der Jäger mit Pfeil und Bogen von einem Volk, das hier einmal lebte.

Während ich noch das Verschwinden der uralten Kultur der San be-daure, denke ich darüber nach, was ich über die Entstehung des Bergmassivs gelesen habe: Die gigantische Magmamasse, die heute die Spitzkoppe und die Pondokberge ausmacht, erstarrte unter der Erdoberfläche. Lange war gar nichts zu sehen. Wie ein Steinmetz eine Figur aus einem Steinblock schlägt, hat die Erosion das umgebende Material abgetragen, und allmählich kam der Berg zum Vorschein. Ich male mir in Gedanken aus, wie die Spitzkoppe aus der Landschaft regelrecht auftauchte, wie sie von einer anfangs nur meterhohen Erhebung bis zu ihrer heutigen Ausdehnung in die Höhe »wuchs«.

Durch Vernichtung des Alten entsteht Neues. Allein wir Menschen möchten beides: Altes bewahren und gleichzeitig Neues schaffen.

Am nächsten Morgen verlasse ich die Spitzkoppe, nicht ohne mich herzlich von Cynthia, ihren Verwandten und Freunden zu verabschieden. Zur Erinnerung mache ich Fotos von Salinde und ihrer Tochter Helena, von Gedeon und seinem Bruder Friedrich, und schöne Porträts von Cynthia. Eine Auswahl der Farbabzüge werde ich ihnen später schicken und einen Brief Cynthias erhalten, in dem sie freudig und voller Stolz mitteilt, dass sie eine Fachschule für Tourismus in Windhoek besuchen wird.

Bei den Himba

Ich begegne Florian auf dem Zeltplatz am Brandberg. Niedergeschlagen steht er beim Waschplatz. Er ist verzweifelt, weil seine Lampe während der Fahrt ausgerechnet in die Essenskiste gefallen war, mit der Folge, dass ausgelaufenes Petroleum sämtliche Nahrungsmittel ungenießbar gemacht hat. Alles stinke fürchterlich, klagt er, ob ich nicht etwas Brot für ihn und seine Freundin übrig habe? Mein Brot ist knapp, aber zum gemeinsamen Spaghetti-Essen kann ich sie einladen.

Florian und Hentje sind jung, kaum älter als 20 Jahre. Sie wollen von Süden nach Norden durch Afrika reisen.

»Für das Auto mussten wir fast unsere gesamte Reisekasse plündern«, berichtet Florian. »Eigentlich wollten wir öffentliche Verkehrsmittel benutzen und auch mal trampen. In Südafrika hatten wir keine Probleme damit, aber in Namibia, das merkten wir schnell, kommt man ohne eigenes Fahrzeug nirgendwohin. Ein Mietauto hätten wir uns nicht leisten können, also kauften wir uns eine Karre und haben die Himba besucht.«

Ich horche auf. Die Himba leben im Norden Namibias an der Grenze zu Angola. Sie sind eng mit den Herero verwandt und sprechen die gleiche Sprache. Im 16. Jahrhundert waren beide Hirtenvölker, die damals noch vereint waren, ins Land gekommen, und gerieten wegen der raren Weidegründe mit den Nama in Konflikt. Den Nama gelang es immer wieder, sich in kleinen Trupps anzuschleichen und Rinder der Eindringlinge zu stehlen. Nach einem besonders dreisten Überfall, bei dem die Hirten fast ihr gesamtes Vieh einbüßten, teilten sie sich in zwei Gruppen auf. Die Himba zogen nach Norden zum Kunene-Fluss, die Herero in das Gebiet zwischen Waterberg und Okahandja.

»Mit diesem Auto habt ihr euch in den unwegsamen Norden gewagt?«, frage ich mit einem Blick auf ihr altes Vehikel, das nicht besonders geländegängig aussieht. »Ihr seid wirklich mutig, dabei heißt es doch, im Kaokoveld seien selbst gewiefte Geländefahrer schon gescheitert. Außerdem sollte man nie mit nur einem Wagen unterwegs sein, damit man sich an schwierigen Stellen gegenseitig helfen kann.«

»Eigentlich wollten wir nur bis Opuwo fahren«, erzählt Hentje, »dem letzten Ort im Norden, der auf einer leidlich guten Piste zu erreichen ist.«

»Dort ist auch der letzte Laden, wo man sich mit Lebensmitteln eindecken kann«, ergänzt Florian. »Je weiter wir ins Kaokoveld vordrangen, um so abenteuerlicher wurde es. Wir kamen mit Menschen in Kontakt, die vorher kaum Touristen gesehen hatten. Eines Abends – wir hatten gerade unser Nachtlager aufgebaut – steht plötzlich ein Himba vor uns. Lautlos war er aufgetaucht. Es war schon ziemlich gruselig. Er sah aus wie ein Krieger, nackter Oberkörper und Lendenschurz, geschmückt mit Muschelketten am Hals und an den Füßen. Den Kopf hatte er kahl rasiert bis auf einen einzelnen langen Zopf. Am meisten erschreckte mich aber sein riesiges Messer, eine Machete oder so. Es zeigte sich bald, dass er vor uns nicht weniger Angst hatte als wir vor ihm. Seine Neugier aber war stärker, deshalb hatte er sich vorgewagt.«

»Wie habt ihr euch denn verständigt?«

»Mit Gesten«, antwortet Hentje, »das hat erstaunlich gut geklappt.«

»Es ist unglaublich, wie viel man sich auch ohne gemeinsame Sprache mitteilen kann«, bestätigt Florian. »Mekee, so hieß der Mann, bewunderte unser Moskitonetz, war erstaunt über das zarte

Gewebe, befühlte es vorsichtig mit zwei Fingern. Um ihm zu erklären, wozu es gut ist, habe ich wie ein Moskito gesummt. Er hat sofort kapiert, kroch unters Netz und strahlte über sein ganzes Gesicht, als wolle er sagen: Nun können mir die Plagegeister nichts mehr anhaben.«

»Am nächsten Tag führte uns Mekee in sein Dorf.«

»Dorf? Sind die Himba nicht Nomaden?«

»Schon, aber nur die jungen Männer ziehen mit dem Vieh umher«, antwortet Florian.

»Die Lehmhütten, es waren acht, standen im Kreis um ein Rindergehege, geschützt von einem mannshohen Dornenwall. Die Hütten haben einen kreisförmigen Grundriss, verjüngen sich nach oben und sind mit einem Gemisch aus Rindermist und lehmiger Erde verkleidet.«

Die Beschreibung Hentjes erinnert mich an einen Kraal, wie ich ihn in Tansania bei den Massai gesehen habe. Sehr wahrscheinlich haben sie gemeinsame Vorfahren, denn die Himba stammen tatsächlich aus dem Gebiet, wo heute die Massai leben.

»In den Hütten war es angenehm kühl, dabei hatten wir draußen fast 40 Grad«, fährt Hentje fort. »An den Wänden hingen Felle, Leder, Schmuck, Schalen und Werkzeuge. Viel erkennen konnte ich nicht, weil es dunkel war; nur durch die schmale, niedrige Eintrittsöffnung fiel etwas Licht.«

»In der Hütte konnte ich nicht aufrecht stehen, obwohl ich kleiner bin als die hochgewachsenen Himba«, warf Florian ein.

»Der Geruch war auch nicht gerade angenehm, denn die Himba schmieren ihren Körper von Kopf bis Fuß mit einer Paste aus Butterfett und eisenoxydhaltiger Erde ein. Sogar die Haare bestreichen sie dick mit der ockerroten Paste. Es sieht aber schön aus, besonders bei den jungen Mädchen. Sie sind so hübsch, dass ich sie immer anschauen musste«, erzählt Hentje.

»Für mich war das komplizierter«, lacht Florian. »Die Frauen tragen um die Hüften nur ein Ledertuch, der Oberkörper bleibt unbedeckt, deshalb konnte ich nicht so auffällig gucken wie du.«

Hentje hatte sich mehr für den Schmuck interessiert und schwärmt: »Um den Hals schlingen sie einen Lederring mit aufgenähten Blättchen aus Straußenei-Scheibchen, und an den Handgelenken klirren unzählige Metallringe. Verheiratete Frauen erkennt man an einer kleinen Lederkrone auf dem Scheitel. Die Haare, die zu vielen dünnen Zöpfchen geflochten sind, hängen über die Schultern, und junge Mädchen haben zwei dicke Zöpfe, geformt wie die Hörner von Rindern.«

»Ach ja, die Rinder! Die sind extrem wichtig für die Himba«, übernimmt Florian wieder das Wort. »Alles dreht sich nur um das Vieh. Wer die meisten Tiere hat, ist am angesehensten. Dabei schlachten sie die Rinder nicht einmal, höchstens zu außergewöhnlichen Anlässen, wie einer Hochzeit.«

»Wisst ihr, was ich von Ondjande, der Frau Mekees, erfahren habe? Ein Neffe konnte etwas Englisch und hat übersetzt«, erzählt Hentje weiter. »Ondjande also sagte mir, dass ein Mann nur dann heiraten kann, wenn er dem Vater des Mädchens die geforderte Anzahl Rinder gibt. Stellt euch das mal vor: Der Wert einer Frau wird daran gemessen, wie viele Rinder ihr Zukünftiger zahlen kann. Das finde ich unglaublich, andererseits war ich doch sehr beeindruckt, wie fröhlich diese Menschen sind, wie freundlich sie miteinander umgehen und wie herzlich sie uns behandelten. Man muss sich das einmal vorstellen, wir waren doch total fremd für sie! Dennoch nahmen sie uns ohne Argwohn bei sich auf, haben uns von ihrer Milch und dem Maisbrei abgegeben. Nie werde ich ihr Lachen vergessen, diese strahlenden Augen, obwohl sie ein wirklich hartes Leben haben, immer bedroht von Trockenheit und anderen Katastrophen.«

Einsam sind die Pads, Namibias Schotterstraßen, und Gegenverkehr ist selten.

Swakopmund – Erinnerung an deutsche Kolonialgeschichte

Landungsbrücke – unvollendeter Traum kolonialen Größenwahns in Swakopmund

Windhoek, die kleine Hauptstadt eines großen Landes

Dampflokomobil »Martin Luther« – steht hier und kann nicht anders.

Skulpturen-Garten, gesehen in den Pontok-Bergen

Steinzeitliche Graffiti bei Twyfelfontein

Ohne Esel kein Fortkommen im Damaraland

Die Wüste lebt.

Leopard – ungestörtes Mahl im Schutz schattiger Bäume

Niemand sollte dieser schönen Raubkatze zu nahe kommen.

Straußenfamilie bei der Lektion im Wasserschöpfen

Ein Glanzstar – sein Name ist Verpflichtung.

Köcherbaum – seine hohlen Äste dienten den San als Behälter für Giftpfeile.

Florian fügt hinzu: »Auf mich wirkte der Aufenhalt bei den Himba wie eine Zeitreise, ein Blick zurück in eine ferne Vergangenheit. Dieses Erlebnis kann uns niemand mehr nehmen.«

Die Sonne geht unter. Schnell wird es kühl. Auf einmal beginnt der Brandberg zu glühen. Purpurrotes Licht ergießt sich über seine Flanken. Unsere Gespräche verstummen. Gebannt genießen wir das Farbenspiel.

Lärmende Vogelrufe im Geäst über unserem Lagerplatz lenken uns von dem Schauspiel ab. An seinem übergroßen Schnabel ist der vorlaute Hornrabe leicht als Gelbschnabel-Toko zu erkennen. Er ist fast so groß wie ein Huhn, hat schwarzweiß gepunktetes Gefieder und einen halbmondförmigen Schnabel. Mit lautem »Toouk! Toouk!« flattert er herab und pickt Samenkapseln vom Boden auf. Dann ein kurzer Flügelschlag und der Hornrabe landet an meinem Kochplatz, packt blitzschnell ein silbernes Ding und fliegt, als sei ihm das Unrecht seiner Tat bewusst, in den Wipfel der höchsten Akazie.

»Unser Topfhalter!«, schreit Florian.

»So ein frecher Vogel!«, schimpft Hentje.

In der Hoffnung, er werde seiner Beute bald überdrüssig werden und sie fallen lassen, behalten wir den Toko scharf im Auge. Schließlich jedoch fliegt er davon, und in seinem Schnabel glänzt es silbern.

»Immer noch besser, ein Toko hat den Topfhalter gestohlen, als dass ich ihn verloren hätte. Damit kann ich leben. Das ist wenigstens eine Geschichte, über die ich lachen kann«, sagt Florian und lacht.

Die Weiße Dame vom Brandberg

Am nächsten Tag wandere ich zum Brandberg, während Hentje und Florian mit dem Auto ihre Reise durch Afrika fortsetzen.

In der Tsisab-Schlucht liegt noch der Schatten der Nacht, während die Felsgrate schon im rosa Licht der Morgensonne glühen. Zarte Schleier schweben über dem Berg und verstärken die geheimnisvolle Stimmung des frühen Tages. Plötzlich spüre ich, dass ich nicht mehr allein bin. Kleine Steinchen poltern herab. Erschrocken verharre ich, suche die Schründe, Simse und Felsflanken ab. Da entdecke ich sie: ein Pärchen Klippspringer. Vom Licht des hellen Morgens bestrahlt, stehen die Zwergantilopen anmutig auf einem Felsvorsprung, bewegungslos, wie zwei Bronzefigürchen. Sie drehen mir ihre Köpfchen zu und blicken mich mit großen, dunklen Augen an – treuherzig, als wollten sie Bambi Konkurrenz machen.

Die großen Lauscher sind auf Empfang gestellt. Ihre Nasen nehmen Witterung auf. Vielleicht habe ich eine unbewusste Bewegung gemacht, denn auf einmal geht ein kurzes Zucken durch ihre Körper. Sie spannen die Muskeln an und springen auf und davon. In waghalsigen Sätzen jagen sie durch das felsige Gelände mühelos bergauf. Ihre Sprünge sind dabei wunderbar synchron, als sei eines des anderen Spiegelbild.

Trügerisch ist die kühle Morgenluft, denn die Sonne klettert schnell höher, und von Minute zu Minute wird es heißer. Der ockerfarbene Granit speichert die Gluthitze und verströmt sie wie ein Backofen.

Der Brandberg ist eigentlich kein Berg, sondern ein ausgedehntes Bergland, eine Felseninsel, die aus der Ebene mehr als 2500 Meter in die Höhe ragt. Seine Hänge und Schluchten bedecken Gesteinsbrocken, die sich wild übereinander türmen. Einen markanten Gipfel gibt es nicht, denn der Granitkoloss ist oben abgeplattet und ähnelt aus der Ferne dem Panzer einer riesigen Schildkröte. 25 Kilometer misst das kreisförmige Massiv im Durchmesser. Seine höchste Erhebung ist der Königstein mit 2574 Meter. Neben ihm gibt es noch weitere Gipfel mit Namen wie Zizab-Spitze, Numafels, Augub, Hungarob, Hohes Horn.

Das Bergmassiv entstand auf seltsame Weise: In Urzeiten schleuderte ein Vulkan gewaltige Lavamengen auf die Erdoberfläche, die schließlich unter dem Gewicht der aufgetürmten Masse in sich zusammenbrach. Eine Caldera, ein tiefer Einsturzkrater, war die Folge. Dann drängte erneut Magma aus dem Inneren der Erde, ohne jedoch die Oberfläche zu erreichen. Stattdessen erkaltete das glutheiße Magma unterirdisch zu mächtigen Granitmassen. Als schließlich die Erosion den alten Vulkan gänzlich abgetragen hatte, kam allmählich der Brandberg zum Vorschein.

Seine wechselvolle Geschichte macht mir wieder einmal deutlich, dass die Welt der Steine keineswegs starr, sondern wie alles im Universum einer ständigen Veränderung unterworfen ist. In der Natur bleibt nichts, wie es ist. Alles wird umgeformt, verwandelt sich, eins geht ins andere über, und alles ist untrennbar miteinander verknüpft.

Wollte ich den Gipfel erreichen, müsste ich mich expeditionsmäßig ausrüsten mit Wasser, Verpflegung, Kocher, Brennstoff, Schlafsack. Ich will mich lieber den Pflanzen, Tieren und und vor allem den Felsbildern widmen; sie sind mir wichtiger als ein Gipfelerfolg am Brandberg.

Der Berg ist ein »Bilderbuch«. Nahezu 43 000 Felsmalereien wurden bisher entdeckt. Die berühmteste ist die »Weiße Dame«. Ihre ungewöhnliche Schönheit hat zahlreiche Forscher geradezu betört.

Verständlich, dass fast jeder, der zum Brandberg kommt, glaubt, sie besuchen zu müssen. Sie zu finden, ist nicht schwer – Schilder weisen den Weg.

Mir geht es wohl wie den meisten: Nach einstündigem Aufstieg stehe ich vor einem Gitter und bin zunächst enttäuscht. Die Darstellungen sind stark verblasst. Nur noch schemenhaft sind einige Menschen- und Tierfiguren zu erkennen, am undeutlichsten die Weiße Dame. Was Jahrtausende lang der Witterung standgehalten hat, haben Menschen in wenigen Jahrzehnten zerstört. Es heißt, Hobbyfotografen hätten Wasser oder sogar Limonadengetränke über die Felswand gekippt, um die Farbintensität der alten Malereien zu steigern, bis diese nur noch ansatzweise zu erkennen waren. Fast zu spät haben die Behörden reagiert und den Felsüberhang mit einem soliden Eisengitter gesichert.

Reinhard Maack, ein deutscher Bergsteiger und Landvermesser, war der Erste, der am 2. Januar 1918 den Königstein bestieg, und beim Abstieg vom Gipfel die Weiße Dame durch Zufall entdeckte. Als er sich im Schatten eines Felsdaches niederließ und sich nach seinem Rucksack mit der Wasserflasche umdrehte, fiel sein Blick unwillkürlich auf die Wand hinter ihm, und mit grenzenlosem Staunen sah er einen Fries wunderbarer Felsmalereien. Vor Freude zitternd zeichnete er die Szene auf die letzte Seite seines Tagebuches. Die zentrale Figur nannte er spontan Weiße Dame. Er sah in ihr eine Göttin, anmutig und graziös, umringt von roten Gestalten – ihren Beschützern, wie er meinte.

Da die Figur heute kaum noch zu erkennen ist, muss ich auf eine Fotografie zurückgreifen, um mir ein Bild von ihr zu machen: Im Profil dargestellt, sehe ich einen nach vorn geneigten Menschen mit weit gestreckten Beinen, wie im schnellen Lauf. Der nackte Oberkörper ist mit weißen Punktreihen verziert. Vielleicht eine Körperbemalung oder Ketten aus Straußeneiblättchen. Oberarme,

Handgelenke, Taille, Knie und die schulterlangen Haare sind auch weiß gepunktet. Wahrscheinlich waren es der üppige Schmuck und die kunstvolle Frisur, weshalb Reinhard Maack sofort an eine Frau dachte. In seiner Begeisterung übersah er allerdings, dass am nackten Oberkörper die Brüste fehlten.

Ab der Taille bis zu den Füßen ist die Figur ganz mit weißer Farbe bemalt. In der linken Hand hält die »Dame« einen Bogen mit eingelegtem Pfeil, kein gerade typisches Beiwerk für eine Frau, meine ich. Am linken Oberarm stecken in einer Ledermanschette zwei Federn, und an der rechten Schulter ragen kleine Stäbe hervor, vielleicht die Borsten von Stachelschweinen. Der rechte Arm ist schwungvoll nach vorn gestreckt und im Ellenbogen nach oben gewinkelt. Die Hand hält in Kopfhöhe einen weißen Kelch. Der Läufer schwebt auf Spitzen dahin, menschliche Füße sind nicht erkennbar, als steckten sie in einer künstlichen Form, den Hufen der Klippspringer sehr ähnlich.

Die Grazie, die vollendete Schönheit des Gemäldes erregte die Aufmerksamkeit des berühmten französischen Prähistorikers Abbé Henri Breuil. Er fühlte sich an Darstellungen im Palast von Knossos auf Kreta erinnert. Wegen der für ihn offensichtlichen Ähnlichkeit mit altgriechischen Fresken, ersann er eine Geschichte: Eine Königstochter aus Griechenland sei mit ihrem Gefolge zu einer Seereise aufgebrochen, an der fremden Küste gelandet und habe sich am Brandberg in diesem Gemälde verewigen lassen.

Wegen der weltweit anerkannten Autorität von Abbé Breuil wagte niemand, seiner Theorie zu widersprechen. Vorsichtigen Zweiflern hielt er entgegen, eine derart hochentwickelte Kunst könne ihren Ursprung nur in den antiken Kulturen des östlichen Mittelmeeres gehabt haben. Dass hingegen die gering geachteten »Buschmänner« durchaus imstande waren, großartige Kunstwerke zu schaffen, hat lange Zeit niemand für möglich gehalten.

Nach sorgfältigen Forschungen, Ausgrabungen und Vergleichen wissen wir heute, dass tatsächlich die Vorfahren der San diese Felsbilder gestaltet haben. Der Brandberg muss für sie ein heiliger Ort gewesen sein, nicht umsonst finden sich hier besonders viele Felsmalereien. Fest steht inzwischen auch, dass die Weiße Dame ein Königssohn war, der vor vielleicht 4000 Jahren eine rituelle Handlung vollzog.

Schon in jener frühen Zeit hatte man sich die Frage gestellt, was der Mensch sei, woher er komme und worin der Sinn des Lebens liege. Rituale, Magie, Mythen waren Mittel, um sich mit diesen unlösbaren Rätseln zu beschäftigen, um Dämonen und Ahnen zu besänftigen und die Jugend auf das Leben vorzubereiten. Die Felsmalereien bewahren das uralte Wissen, und gleichzeitig waren sie Teil der Rituale. Wir dürfen sie uns nicht losgelöst vorstellen, sondern eingebunden in Gesänge und Tänze. Sie illustrieren mündlich überlieferte Mythen über die Entstehung der Erde, der Menschen, Tiere und Pflanzen, und sie widerspiegeln den Zusammenhang alles Lebendigen.

»So lange hat noch niemand hier gestanden«, höre ich plötzlich eine Stimme hinter mir, die mich abrupt aus meinen Gedanken reißt. Erschrocken drehe ich mich um und blicke in ein freundlich lachendes Gesicht. »Sie sehen wohl etwas, das nicht wirklich da ist?«, fragt mich der Mann in gut verständlichem Englisch. Wortlos nicke ich, möchte eigentlich nicht gestört sein und bin immer noch überrascht, woher der Mann plötzlich kam und warum er sich lautlos hinter meinem Rücken angeschlichen hat.

»Fragen Sie mich nur, wenn Sie etwas wissen möchten«, ermuntert er mich. »Ich bin Matsuib und bewache die *white lady*.«

Ich erfahre, dass Matsuib als Angestellter der Naturschutzbehörde bestens informiert ist und natürlich weiß, dass die *lady* keine Frau, sondern einen Mann darstellt.

Da ich ohne zu frühstücken aufgebrochen bin, hocke ich mich im Schatten nieder, hole Wasserflasche und Proviant aus dem Rucksack. Matsuib freut sich, dass ich noch bleibe, setzt sich neben mich und plaudert. Mit seinem frischen Hemd, der sportlichen Kakihose und mit seinem flüssigen Englisch macht er auf mich den Eindruck, als habe das traditionelle Leben der Einheimischen für ihn längst keine Bedeutung mehr.

Er sei ein Damara, und Englisch habe er in der Missionsschule gelernt, da war er schon fast erwachsen. In seiner Kindheit aber sei er im Schießen mit Pfeil und Bogen unterwiesen worden, klärt er mich auf. Als ich ihn bitte, spricht er einige Sätze auf Damara. Wegen ihrer Klick- und Knacklaute sind die Khoisan-Sprachen der Damara, Nama und San mit keiner anderen Sprachfamilie vergleichbar. Schwierig ist es nicht, mit der Zunge zu schnalzen, zu knacksen und zu klicken, aber diese Geräusche in der richtigen Tonhöhe zwischen die üblichen Konsonanten und Vokale einfließen zu lassen, ohne den Sprachfluss zu bremsen, das muss eine schwer erlernbare Kunst sein, wie Bauchreden oder der Kehlkopfgesang der Mongolen.

Matsuib, der mein Interesse an der Kultur seines Volkes bemerkt, erzählt mir eine Begebenheit aus seiner Kindheit: »Mein Onkel Tsomab nahm mich mit auf die Jagd, ich war nicht älter als zwölf Jahre. Er schoss eine große Antilope. Wir zerlegten das Tier, aber die Fleischmenge war zu groß, um sie auf einmal heimschleppen zu können. Mein Onkel hängte einen Teil der Beute zum Trocknen in einer Höhle auf. Er ließ mich als Wächter zurück – erst in drei Tagen werde er wiederkommen, versprach er.

In jener ersten Nacht roch ein Leopard das blutige Fleisch. Ich hatte riesige Angst, als ich seine Augen im Schein meines Lagerfeuers funkeln sah. Ich fürchtete mich so, am liebsten wäre ich weggerannt. Aber das durfte ich nicht, sonst wäre ich nie ein Mann geworden. Ich wusste, dass Onkel Tsomab mich prüfen wollte. Alles Holz, das ich gesammelt hatte, warf ich ins Feuer. Als es hell auflöderte, holte ich eilig neues Brennholz herbei. Aber ich fand nicht so viel, wie ich gebraucht hätte. Das war schlimm. So schrie ich die ganze Nacht den Leoparden an und warf mit Steinen um mich.

Am nächsten Tag schlug ich Holz, denn ich wusste, er würde in der Nacht wieder versuchen, ans Fleisch heranzukommen. So war es dann auch. Doch nun hatte ich genug Holz und fühlte mich sicher. Es war aufregend, das Raubtier in der Nähe zu wissen. Ich konnte den Leoparden riechen. Einschlafen durfte ich nicht, musste das Feuer die ganze Nacht hell brennen lassen. Am Tag war ich zum Umfallen müde, aber ich sammelte erneut große Mengen Holz. Das war schwer. Ich wanderte weit, da ich alles, was in der Umgebung wuchs, bereits verfeuert hatte.

Nun kam die dritte Nacht. Sie war die schlimmste. Der Hunger machte den Leoparden wütend. Trotz des Feuers wagte er sich immer näher. Starr vor Angst sah ich, wie der Leopard fauchend zum Sprung ansetzte. Den Pfeil, der gleichzeitig durch die Luft schwirrte, bemerkte ich nicht. Ich konnte mich nur wundern, als das Raubtier vor meinen Augen tot zu Boden fiel. Erst als mein Onkel in den Lichtschein des Feuers trat, wusste ich, dass er den Leopard getötet und mir das Leben gerettet hatte.«

Es ist schon erstaunlich, einer Geschichte zu lauschen, die ein archaisches Jägerleben beschreibt, das aus der Steinzeit zu stammen scheint und dem Menschen, der das erlebt hat, gegenüberzusitzen. Unglaublich auch, dass ein Mensch, wie Matsuib, der noch wie ein San erzogen wurde, in seinem kurzen Leben einen Weg zurücklegen konnte, für den die Menschheit viele Jahrtausende gebraucht hat.

Deutlich spüre ich, dass mir die Kultur der Jäger nicht fremd und fern ist. Während ich Matsuib zuhörte, kam es mir vor, als wäre ich an seiner Stelle gewesen, hätte statt seiner vor dem Leoparden gezittert. Mir ist dabei bewusst geworden, wie eng doch die Beziehung zwischen Tier und Mensch ist, nicht feindlich, sondern geschwisterlich, auch wenn das Tier manchmal getötet werden muss. Ich denke, dass bei uns, obwohl unser Bewusstsein von Technik, Wissenschaft und Industrie geformt ist, die archaischen Gefühle nur überdeckt sind.

Angeregt von Matsuibs Geschichte erzähle ich ihm von meiner Kindheit, wie mich mein Vater mit auf die Jagd nahm, wie er mich lehrte, das Wild »anzusprechen«, also zu erkennen, welches Geschlecht es hat, ob es jung oder alt ist, ob es nach den Regeln der Jagd geschossen werden darf. Mein Vater brachte mir auch bei, Spuren zu deuten, mich gegen den Wind anzupirschen und auf einem Ansitz bewegungslos auszuharren, bis das letzte Büchsenlicht von der Nacht verschlungen war. Die Erlebnisse prägten meine Seele und öffneten ein Fenster. Seitdem verspüre ich eine unstillbare Sehnsucht nach wilder, ursprünglicher Natur.

Ich versuche, von Matsuib mehr über die Damara zu erfahren. Mir ist rätselhaft, woher sie kamen, wie lang sie schon in Namibia siedeln und vor allem warum sie die gleiche Sprache wie die Nama sprechen, denn unübersehbar ist der Unterschied zwischen den hellhäutigen und grazilen Nama und den stämmigen Damara mit ihren breiten Nasen, den vollen Lippen und der schwarzen Hautfarbe.

Matsuib schüttelt bedauernd den Kopf. Es sei ein Geheimnis um die Damara, das noch niemand entschlüsseln konnte. Er persönlich glaube, sein Volk sei schon seit mindestens 2000 Jahren in Namibia ansässig, habe nicht nur von der Jagd gelebt, sondern schon Ackerbau betrieben und vor allem die Kunst beherrscht, Metalle zu schmelzen und zu verarbeiten. Das schöne und friedliche Leben war zu Ende, als die Nama eindrangen, sein Volk unterwarfen, in Leibeigenschaft zwangen und für sich arbeiten ließen.

»Als Sklaven der Nama haben wir wohl unsere ursprüngliche Sprache eingebüßt, denn unsere Kinder mussten diejenige der Herren sprechen lernen, und dann benutzten wir sie auch im Gespräch untereinander. Nach den Nama kamen die Herero; die waren nicht nur an unserer Arbeitskraft interessiert, sondern nutzten auch unsere Fähigkeiten zur Metallverarbeitung. Noch heute verdienen viele Damara ihren Lebensunterhalt als Handwerker auf Farmen oder im Bergwerk.«

Ob er sich an alte Riten und Mythen erinnere, will ich weiter von ihm wissen.

»Als ich geboren wurde, hatten Missionare meinen Clan schon christianisiert, deshalb weiß ich nicht viel. Meine Mutter lehrte mich, dass das Feuer heilig ist und nie verlöschen darf, sonst würde ein Unglück über uns hereinbrechen. Bevor wir Christen wurden, verehrten wir unsere Ahnen, Naturgötter und ein hohes, göttliches Wesen, das für den Regen verantwortlich war. Die Alten glauben noch immer an den Regengott, auch wenn sie jetzt Christen sind. Sie schützen sich mit Amuletten aus Fellstücken, Krallen und Tierzähnen. Wer bei weißen Ärzten keine Hilfe findet oder kein Geld für die Behandlung hat, dem bleibt nur der Glaube an alte Zauberformeln und das Wissen der Alten um geheimnisvolle Medizin.«

»Für das heilige Feuer durfte nur eine einzige Baumart verwendet werden, stimmt das?«, frage ich.

»Ja, nur das Holz der Mopane. Er ist unser heiliger Baum, und er wird von uns noch heute verehrt. Ein alter Mopane-Baum kann ungeheuer hoch werden, aber manchmal bleibt er auch klein wie ein Busch. Für vieles ist er nützlich. Da ist einmal sein Holz, ein außergewöhnlich festes und schweres Holz. Im Wasser versinkt es sofort wie Stein. Auch als Bauholz wird es gern verwendet, weil es von Termiten nicht zerstört werden kann. Mit dem Harz heilen wir Wunden, und mit seinen Blättern behandeln wir Magenschmerzen.«

»Die Mopane hat doch diese paarig angeordneten Blätter, die aussehen wie Flügel eines Schmetterlings?«

»Stimmt. Haben Sie beobachtet, dass sie bei Hitze zusammenklappen? Dann ist nur noch eine kleine Fläche der Sonne ausgesetzt, und der Baum verdunstet weniger Wasser.«

Eine Touristengruppe steigt den Pfad bergan. Weit hallen ihre Stimmen in der Bergeinsamkeit. Wir blicken ihnen schweigend entgegen, dann verabschiedet sich Matsuib. Er eilt zu den Besuchern, die sich vor der Höhle mit den Felsmalereien versammeln, um ihre Fragen zu beantworten.

Die Wunderblume

Als ich das erste Mal von Welwitschia hörte, war ich elf, und der leidenschaftliche Bericht über die Entdeckung der seltsamen Pflanze entfachte meine Phantasie. Es hieß, die Wunderblume wachse nur an einem einzigen Ort, sei so selten wie ein Diamant, und wer sie finde, dem bringe sie Glück. Ganz zufällig sei sie von einem Forscher in der Wüste entdeckt worden. In der trockensten Wüste der Welt, dort wo andere Lebewesen verdursten, gedeihe und blühe sie. Aber das war längst noch nicht alles, es gab noch mehr Wunderbares zu berichten: Sie könne nicht nur in der Wüste überleben, sondern werde auch noch uralt. Tausend Jahre und mehr, keiner wisse es genau, und sie höre nicht auf zu wachsen, behalte ihre Jugendkraft ein Leben lang. Dabei habe sie nur zwei Blätter, vom Anfang bis zum Ende ihres Lebens nur diese zwei Blätter, die immerzu wachsen und schließlich acht Meter lang werden.

Der Forscher, der sie 1859 entdeckte, war der Österreicher Friedrich Welwitsch. Er gab ihr seinen Namen, und so heißt sie noch heute *Welwitschia mirabilis*. Überwältigt von ihrem Anblick kniete der Forscher auf dem heißen Sandboden nieder, streckte seine Hände nach ihr aus, halb in Furcht, sie könne sich als Trugbild erweisen, und rief: »Du bist das Schönste und Herrlichste, was mir in meinem Leben geschenkt wurde!«

Dieser schwärmerische Ausruf machte auf mich mit elf Jahren einen unauslöschlichen Eindruck. Ich spürte, wie übermäßig beglückend es sein musste, als Erster etwas zu entdecken, was niemand zuvor gesehen hatte. Das wollte ich auch. Mein Lebensplan stand fest: Wie Friedrich Welwitsch wollte ich Naturforscher werden, seltene Lebewesen suchen, auch einmal wie er im Sand knien und seinen Ausspruch wiederholen. Jedes Kind hat seine Träume, von denen es glaubt, sie seien unvergänglich, aber in der Realität des Erwachsenwerdens haben Träume selten Bestand. Ich habe mir die meinen bewahrt, oder anders gesagt, sie verließen mich nicht. Unbeirrbar steuerte ich auf mein Ziel zu, dennoch war der Weg weiter und länger, als ich in meiner kindlichen Ungeduld erhofft hatte. Entsprechend aufgeregt sehe ich nun meiner Begegnung mit der wunderbaren Welwitschia entgegen. Nach so vielen Jahren bin ich endlich in dem Land angekommen, wo das pflanzliche Fabelwesen gedeiht.

Natürlich kann ich mein Erlebnis nicht mit dem des Entdeckers vergleichen. Die Pflanze ist für mich nicht neu und unbekannt, mehrfach habe ich sie schon auf Abbildungen gesehen. Und wie man weiß, sind übergroße Erwartungen meist enttäuschend, weil die Phantasie fast immer stärker ist als die Wirklichkeit. Doch diesmal ist es anders. *Welwitschia mirabilis* ist nicht umsonst die seltsamste Pflanze auf unserem Planeten. Bei ihrem Anblick stockt mir der Atem, und ich kann nur denken: Ja, das ist sie!

Ich habe sie sofort erkannt und begreife augenblicklich, warum Friedrich Welwitsch so überaus ergriffen war. Die wunderbare Wüstenblume ist wie ein Wesen von einem anderen Stern, ungewöhnlich und einzigartig. Mit keiner anderen Pflanze vergleichbar, ähnelt sie eher einem Tier, einem grünen Polypen, der mit unzähligen Fangarmen um sich greift und auf Beute lauert. Mehrere Jahrhunderte hat sie am Fuße des Brandbergs überlebt. Ihre Blätter von blaugrüner Farbe sind durch Windböen und Sandstürme zerfasert, zerschlissen, zerfetzt. Wenn ich nicht wüsste, dass sie nur zwei Blätter hat, würde ich glauben, es seien Dutzende, die zu einem unentwirrbaren Knäuel miteinander verflochten sind.

In der Mitte der bandförmigen Blätter liegt eine braune Scheibe. Bei meiner Welwitschia misst die Scheibe einen halben Meter im

Durchmesser, ist in ihrer Mitte geknickt und sieht aus wie ein offener Rachen. Mit dieser korkigen, rachenförmigen Scheibe saugt sie wie ein Schwamm Regen, Tau und Nebelfeuchtigkeit auf.

Diese Scheibe ist die Krone eines hölzernen Stammes. Der nur wenige Zentimeter lange Baumstamm geht in eine rübenartige Pfahlwurzel über, die mehr als drei Meter in die Tiefe reicht. Auch wenn sie nicht bis zum Grundwasser vordringt, überlebt die Pflanze, weil sie über ihre Stammkrone genügend Feuchtigkeit an sich ziehen kann. Sie braucht nicht viel; bei Trockenheit schließt sie die Spaltöffnungen in den lederartigen Blättern, die zusätzlich einen wachsartigen Überzug haben, um möglichst wenig Wasser zu verdunsten.

Meine erste Wüstenblume ist weiblichen Geschlechts. Ich erkenne es an den kleinen Zapfen, acht Zentimeter hoch und drei Zentimeter dick, die am Rand der Korkscheibe senkrecht nach oben ragen. Die Wüstenblume leistet sich den Luxus, sich zweihäusig durchs Leben zu schlagen. Ziemlich riskant bei einer so seltenen Art, die noch dazu freien Raum um sich herum liebt und kaum ein benachbartes Exemplar näher als 20 Meter an sich heranlässt. Aber irgendwie muss der Blütenstaub der männlichen Pflanze zu einer weiblichen gelangen, damit sich die zäpfchenförmigen Fruchtkolben entwickeln können. Der Wind mag eine Hilfe sein, zuverlässiger ist aber ein tierischer Helfer bei der Befruchtung, die Saugwanze *sexpunctatus*. Sie bohrt ihren Rüssel in die Pflanze, saugt ein wenig Saft, und während sie mal an dieser, mal an der nächsten nascht, trägt sie unabsichtlich den Blütenstaub einer männlichen zu einer weiblichen Pflanze.

Die weibliche Welwitschia produziert dann zehntausende von Samen, die so klein und leicht sind, dass sie, einmal vom Wind erfasst, weit davongetragen werden. Geschützt von einer chemischen Substanz bleiben die Samen über Jahre hinweg keimfähig und warten auf Regen. Erst durch Wasser wird das keimhemmende Mittel herausgewaschen, und eine kleine Welwitschia kann schließlich gedeihen.

Die Wüstenblume wird nicht nur als Individuum uralt, sie muss auch ein hohes geologisches Alter haben. Sie ist die einzige Überlebende ihrer Familie, und Botaniker rätseln nach wie vor über ihre Abstammung. Weder wurden fossile Vorfahren gefunden, noch lässt sie sich mit anderen heute lebenden Pflanzen vergleichen.

Westlich am Brandberg entdecke ich besonders viele Exemplare. Diese Stelle wird als »Welwitschia Highway« bezeichnet. Das Verbreitungsgebiet der Wüstenblume erstreckt sich vom Kuiseb-Canyon bis nach Angola. Dort in der Nähe von Mossamedes hatte Friedrich Welwitsch seine erste Pflanze gefunden. Mag ich als Kind bedauert haben, dass er mir zuvorgekommen war, was wird erst Charles John Anderson empfunden haben? Er war es, der zwei Jahre vor Friedrich Welwitsch als Erster auf die neue Art stieß. Durch ein Missverständnis waren aber die Sammelexemplare, die Anderson nach London schicken wollte, in Kapstadt liegen geblieben. So kam Welwitsch ihm zuvor, veröffentlichte seine Forschungsergebnisse und wurde als Entdecker gefeiert. Für die Pflanze war es ein Glück, finde ich, denn der Name »Welwitsch« passt einfach besser zu ihr als »Anderson«.

Zum Abschied verbeuge ich mich respektvoll vor der »alten Dame«, das bin ich ihrem ehrwürdigen Alter, ihrer Einzigartigkeit, ihrer spannenden Geschichte schuldig. Über welche Pflanze sonst gäbe es so viel Ungewöhnliches zu berichten?

Bäume aus Stein

Am nächsten Tag führt mich mein Weg weiter nach Nordwesten. Auf meiner Strecke liegen der »Versteinerte Wald«, der »Verbrannte Berg«, die »Orgelpfeifen« und »Twyfelfontein« – die zweifelhafte Quelle. Bläuliche Tafelberge begrenzen das steinige, sonnenverbrannte Damaraland. Der Wind treibt Sand vor sich her. Staub liegt in der Luft. Seltsame Radspuren auf der Pad lassen mich aufmerken. Nur wenig breiter als Fahrradreifen, wechseln sie in abenteuerlichen Schlangenlinien von einer Seite der Straße auf die andere. So betrunken kann doch niemand sein, rätsle ich über die Ursache der verworrenen Fahrweise. Vorsichtig drossle ich mein Tempo, um den Unglücksfahrer rechtzeitig wahrzunehmen. Da kommt mir ein zweirädriger Wagen mit vier Eseln im Gespann entgegen. Die Tiere jagen im wilden Galopp auf mich zu. Der leichte Karren schleudert hin und her, und dem Kutscher gelingt es nicht, die Tiere auf Spur zu halten. Augenblicklich offenbart sich mir das Geheimnis der Schlangenlinien.

Immer mehr dieser Eselkarren tauchen auf, je näher ich Khorixas komme, der Hauptstadt des Damaralandes. Sie sind das typische Fortbewegungsmittel der Bevölkerung. Ganze Familien, vom Kleinkind bis zu den Großeltern, sitzen frohgelaunt im Karren und fahren zu Verwandten oder zum Einkauf.

Khorixas, das Verwaltungszentrum der Region, ist eine Ansammlung weniger Häuser und hat mir außer Tankstelle und Einkaufsladen nichts zu bieten. Überhaupt gibt es nur wenige Ortschaften in Namibia, die mich zu einem längeren Aufenthalt inspirieren, mit Ausnahme von Swakopmund und Windhoek.

50 Kilometer weiter westlich macht mich ein handgeschriebenes Schild am Straßenrand auf den »Versteinerten Wald« aufmerksam. Erstaunlich, dass diese große Anzahl mächtiger Stämme – mehr als 80 sollen es sein – erst um 1940 von Farmern entdeckt wurden.

Am Eingang der Anlage steht unter einem improvisierten Sonnensegel ein Holztisch, auf dem Mineralien und Schnitzereien zum Verkauf ausgebreitet liegen. Aber niemand ist zu sehen, weder Touristengruppen noch Wächter. Ich freue mich, ungestört die versteinerten Bäume besichtigen zu können, und will mich in der Zeitlosigkeit der fossilen Welt treiben lassen. Vorsichtig gehe ich einen sorgsam angelegten Pfad entlang, da lässt mich ein Ruf zusammenzucken. Ein Mann nähert sich auf einem Fahrrad. Sein weißes Hemd flattert im Fahrtwind. So schnell er vermag, radelt er auf mich zu, als fürchte er, zu spät zu kommen. Noch außer Atem reicht er mir die Hand zum Gruß und stellt sich vor: Er heiße Damab, sei der Wächter des Versteinerten Waldes und von seiner Gemeinde beauftragt, Touristen alles zu erklären. Zweifelnd schaue ich mich um. Unter einer Gemeinde stelle ich mir eine größere Ansiedlung vor. Ob das dort seine *community* sei, frage ich, und zeige auf drei oder vier Wellblechhütten, die in der Ferne undeutlich zu sehen sind. Der Mann nickt, strahlt mich fröhlich an und fordert mich höflich auf, ihm zu folgen.

Zuerst bin ich wenig erfreut über die Führung, doch Damab nimmt seinen Job als Führer sehr ernst, überrascht mich mit seinem Wissen und zeigt nie Ungeduld, auch wenn ich lange bei einem der urweltlichen Bäume verweile.

»Sehen Sie, Wurzeln und Kronen fehlen, und die Stämme liegen fast parallel ausgerichtet. Warum wohl?«, wendet sich Damab fragend an mich. Ein Blick in seine blitzenden Augen zeigt mir, dass er die Antwort auf seine Frage gern selbst geben möchte. Und schon sprudelt er begeistert los: »Es gab eine Flutkatastrophe. Eine gewaltige Welle ist auf den Wald zugerast und hat die Bäume fortgeschwemmt.«

»Ja, so muss es gewesen sein«, bestätige ich. »Das bedeutet aber, der Wald stand ursprünglich gar nicht hier, sondern die Bäume sind vom Wasser angetrieben worden.«

»Genau! Aber auch wenn diese Bäume nicht hier wuchsen, gab es immerhin einmal Wälder im heute wüstentrockenen Damaraland. Sehen Sie, der hier hat einen Umfang von sechs Metern«, macht Damab mich auf einen besonders gut erhaltenen Stamm aufmerksam. »In der Länge misst er 30 Meter, obwohl Krone und Wurzeln fehlen. Schauen Sie nur, oben an seiner dünnsten Stelle hat er immer noch den Umfang von einem Meter. Können Sie sich vorstellen, was das für ein Riese war?«, ruft er begeistert und aufgeregt, als wäre ich die Erste, der er diesen fossilen Schatz vorführen darf.

»Seit wann existiert denn diese Anlage?«

»Ganz neu! Sie ist gerade fertig geworden. Puh! Das war harte Arbeit! Alle haben geholfen, Steine geschleppt und Wege angelegt.«

»Ich habe aber gelesen, dass der Versteinerte Wald schon 1950 zum Nationaldenkmal Namibias erklärt worden ist«, wundere ich mich.

»Ach so! Ja, das ist in der Nähe«, und er wedelt mit der Hand unbestimmt in die Gegend. »Aber die haben dort nicht so dicke und lange Stämme wie wir. Bei uns können Sie die größten sehen«, verkündet er stolz und selbstbewusst.

»Was glauben Sie, Damab, wie alt sind diese Fossilien wohl?«

»280 Millionen Jahre!«, antwortet er prompt.

»Woher wissen Sie das?«

»Steht in den Schriften der Tourismusbehörde. Mich interessiert das sehr. Ist es nicht fantastisch, dass es in unserem Namibia einmal Wälder gab mit so hohen Bäumen, auch wenn es ziemlich lange her ist? Hier, sehen Sie, da kann man sogar noch erkennen, wo einmal Äste abzweigten.«

Die Bäume sind nur deshalb so gut erhalten geblieben, weil angeschwemmter Kies und Sand das Treibholz innerhalb kurzer Zeit in solcher Mächtigkeit bedeckten, dass es luftdicht abgeschlossen wurde. Das Holz konnte nicht wie üblich vermodern, sondern wurde regelrecht konserviert. Im Verlauf der Erdgeschichte häuften sich mehr und mehr Sedimente auf, und schließlich waren die Stämme unter einer mehr als tausend Meter dicken Schicht begraben. Unter diesem enormen Druck wurde der Quarzsand zu Kieselsäure umgewandelt, sie drang in das Holz ein und löste die organischen Teile auf. Bei diesem allmählichen Prozess kristallisierte ein Teil der Kieselsäure wieder zu Quarz und füllte die Hohlräume des herausgelösten Pflanzenmaterials, dabei wurden all die feinen Strukturen des Holzes exakt nachgebildet. Das Holz versteinerte also nicht, sondern seine Bestandteile wurden ausgetauscht. Das Ergebnis sind Bäume aus Stein, die nur noch durch ihre Form an ehemalige Lebewesen erinnern.

Lange bevor es Menschen gab, fiel der Wald einer klimatisch bedingten Umweltkatastrophe zum Opfer. Die Erdteile waren noch nicht getrennt, sondern hingen als Superkontinent Gondwana zusammen. Eine der vielen Eiszeiten der wechselvollen Erdgeschichte ging gerade zu Ende, und am Rande der sich zurückziehenden Inlandgletscher wuchsen dichte Wälder, so wie heute die subpolaren Wälder Sibiriens und Kanadas.

Das Schmelzen des Eises setzte dramatische Ereignisse in Gang: Wassermassen stauten sich hinter einer Barriere aus Stein und Geröll. Als diese dem Druck schließlich nachgeben musste und zerbrach, raste eine ungeheure Welle zerstörerisch über das Land. Ihr fielen ganze Wälder zum Opfer. Wie Streichhölzer knickten die mächtigen Stämme der Baumriesen. Sie gehörten zur Pflanzengruppe Cordaites, den Vorfahren der Nadelbäume, die auch in Europa wuchsen und den Hauptbestandteil unserer Steinkohle bilden.

Paläobotaniker durchforschten die Kohle nach Pflanzenabdrücken, viele Details ergaben ein genaues Bild der urzeitlichen Bäume: Die schmalen Blätter waren längs geädert, die kätzchenartigen Blüten standen in Ähren, und die Samen waren herzförmig.

Es bewegt mich, diese Bäume jetzt versteinert zu sehen. Jedes Astloch ist sichtbar, die Jahresringe und die Struktur der Rinde. Auch wenn ich weiß, dass der Baum aus Quarz nachgebildet ist, schmälert das nicht den Eindruck, einem Zeitzeugen aus dem Karbon zu begegnen. Damals lebten die meisten Tiere noch im Wasser. Nur Lurche hatten das Festland schon besiedelt, und durch die Luft schwirrten libellenartige Insekten. An die Vielfalt heutiger Arten war noch nicht zu denken. Es gab keine Vögel, keine Säugetiere, auch noch keine Saurier.

Am Ende des Rundgangs will ich von Damab wissen, was er für die Führung bekommt. Verlegen blickt er auf seine Schuhspitzen und sagt nach einigem Zögern: »Das liegt ganz bei Ihnen, Madame, geben Sie so viel, wie es Ihnen wert ist.«

Am Verkaufsstand fallen mir walnussgroße Makalani-Nüsse auf, die mit geschnitzten Figuren verziert sind: Giraffen, Nashörner, Elefanten und Palmen. Diesmal nennt Damab ohne zu zögern den Preis. Die Souvenirs haben Mitglieder seiner *community* gefertigt und ihm gesagt, wie viele Namibia-Dollar er dafür verlangen soll.

»*Kenwa moguss!*«, ruft er mir zum Abschied zu und lächelt zufrieden. »Auf Wiedersehen!«

Entlang der Straße laden noch weitere Gemeinden zur Besichtigung von Fossilien ein. Die Idee, nebenher ein bisschen an den Touristen zu verdienen, hat sich fruchtbar vermehrt. Dann entdecke ich den Eingang zum offiziellen Nationaldenkmal »Versteinerter Wald«. Statt handgeschriebener Pappschilder wie bisher, machen ein Holzbogen mit Schablonenschrift, mannshohe Holzfiguren und ein Kiosk werbewirksam auf sich aufmerksam. An der Rezeption hängt eine Liste mit den Eintrittspreisen, wobei sich die für Einheimische und Ausländer beträchtlich unterscheiden. Sogleich nimmt sich ein Führer mit Namen Moeb meiner an und führt mich auf professionelle Weise durch das weiträumige Gelände. Seinen Erklärungen merkt man an, dass er sie zum x-ten Mal vorträgt. Aber auch Moeb nimmt seinen Job ernst, und als er merkt, dass ich mich für Pflanzen interessiere, nennt er mir die Namen der verschiedenen Gewächse in der Damara-Sprache, erklärt ihre heilende oder auch schädigende Wirkung und führt mich zu einem Prachtexemplar von *Welwitschia mirabilis*.

Höflich hält er mich zurück, als ich mich der Pflanze nähern will: »Das dürfen Sie nicht. Unter der Erde breitet sich ein weites Geflecht feiner Seitenwurzeln aus, mit denen die Wüstenblume den Tau aufsaugt, der morgens in den Boden sickert. Wenn Sie den Boden festtrampeln, muss die Pflanze verdursten.«

Am Verkaufsstand kann ich beobachten, wie Figuren in die Makalani-Nüsse geschnitzt werden. Ohne Vorlage oder Markierungslinien wird mit einem Messer die dunkle Schale zum Teil weggeschnitten, darunter kommt dann der elfenbeinfarbene Kern zum Vorschein. Auf diesem hellen Grund treten die dunklen Figuren der verbliebenen Schale plastisch hervor. Ich staune, wie schnell unter den geschickten Händen der Männer die Miniaturkunstwerke entstehen: die Musterung des Fells bei Giraffen und Zebras, die feine Schraffierung am Rüssel des Elefanten, die geringelten Hörner des Wasserbocks. Jedes Detail wird sorgfältig herausgearbeitet, selbst die Schwanzquaste der Warzenschweine ist naturgetreu abgebildet, dabei ist eine Makalani-Frucht kaum größer als eine Walnuss.

Ich kann nicht gehen, ohne einige Andenken mitzunehmen. Die Wahl fällt mir schwer. Jede Nuss ist ein Unikat, und jeder Künstler hat die Motive auf seine Art umgesetzt. Bei dem einen marschieren die Tiere paarweise auf, als würden sie geradewegs aus der Arche

Noah kommen, der andere gestaltet kleine Szenen mit Tieren, die sich am Wasserloch versammeln. Die traumwandlerische Sicherheit, mit der die Schnitzer typische Merkmale erfassen, lässt mich an die Höhlenmalereien am Brandberg denken, als ob sich die Begabung, Tiere lebensecht darzustellen, über Generationen erhalten hätte.

Er hat zwar nicht wirklich in Flammen gestanden, der Verbrannte Berg, aber der Name besteht dennoch zu Recht. Rußschwarz und dunkelviolett sind seine Farben, dazwischen leuchten feuerrote und ockerfarbene Flecken. 200 Meter ragt er eindrucksvoll über die Umgebung hinaus. Ehemals glitzerte an dieser Stelle ein Süßwassersee. Seine Ablagerungen verfestigten sich später zu Tonschiefer, der dann mit glutheißen Gesteinsschmelzen in Kontakt kam. Die organischen Bestandteile im Schiefer verdampften, und die tonigen Mineralien wurden wie in einem Backofen zu einer schwarzen, kompakten Masse gehärtet.

Im Schatten eines schmetterlingsblättrigen Mopane-Baumes will ich rasten und das Farbenspiel des Verbrannten Bergs auf mich wirken lassen. Im sandigen Kies zu meinen Füßen haust ein blassrosa Gecko in einem Loch. Immer nur kurz streckt er seinen Kopf heraus und verschwindet schon bei der geringsten Erschütterung.

Wenige Kilometer vom Verbrannten Berg entfernt, erreiche ich die Schlucht der Orgelpfeifen. Sechseckige Basaltsäulen säumen das Tal und vermitteln tatsächlich den Eindruck einer gewaltigen Orgel. Das Naturphänomen entstand, als Magma in die Hohlräume zwischen altes Schiefergestein strömte. Allmählich kühlte das flüssige Gestein ab und verfestigte sich, aber da der Raum in den Hohlräumen begrenzt war, konnte sich die Gesteinsmasse nicht frei ausdehnen – sie erstarrte zu Sechsecken. Das Sechseck kommt in der Natur häufig vor, wenn Raum gespart werden soll, zum Beispiel bei Bienenwaben. Die einzelnen Waben sind lückenlos zusammengefügt bei größtmöglichem Rauminhalt und kleinster Oberfläche.

Ich steige in die Schlucht hinab. Mein Blick wandert die Basaltsäulen entlang nach oben. Dort am Rand der Schlucht erregt ein kleiner Baum meine Aufmerksamkeit. Es ist ein Mopanebaum, dessen Samen der Wind irgendwann angeweht hat. Der junge Keimling wäre in der wüstentrockenen Umwelt schnell eingegangen, hätte er nicht eine seine Wurzeln in die Tiefe gesandt. Wie ein Tentakel wand sich die Wurzel hin und her, krallte sich an den Basaltsäulen fest und suchte lange vergeblich nach Erde und Wasser. Erst nach zehn Metern erreichte sie den feuchten Grund des Tals. Der Baum ist kaum höher als ein Busch. Seine ganze Kraft hat er in seine Wurzel investiert, die dicker ist als der Stamm. Welcher geheimnisvolle Sinn hat dem Baum signalisiert, dass seine Wurzel nach zehn Metern das lebensnotwendige Wasser erreichen würde? Aber die Natur ist weniger unergründlich, als wir es mit unserer Sehnsucht nach übernatürlichen Phänomenen, außerirdischen oder göttlichen Kräften oft glauben wollen. In Wirklichkeit ist die Natur recht einfach zu durchschauen. Ihr Hauptprinzip lautet: Überleben um jeden Preis! Und das nur aus dem einzigen Grund: Fortpflanzung, Vermehrung!

Der Mopanesamen keimte, wuchs zu einem Winzling heran, dem zunächst der morgendliche Tau zum Überleben genügte. Dann geriet eine der Wurzeln in die steile Wand der Orgelpfeifen und wuchs immer weiter in die Tiefe. Freilich war es nicht so, dass die Wurzel in der Schlucht Wasser vermutete, vielmehr war ihre Bestimmung, zu wachsen, bis sie sich im festen Untergrund verankern konnte. Wir aber sehen nur das gelungene »Experiment«, und es will uns scheinen, als sei es bewusst gesteuert worden. Die im Spiel der Evolution gescheiterten Versuche nehmen wir nicht wahr, und es fällt uns noch schwerer einzugestehen, dass wir unsere eigene Existenz demselben Zufallsprinzip von Versuch und Irrtum verdanken, wie der kleine Mopanebaum, dessen ellenlange Wurzel zufällig Wasser in der Tiefe der Schlucht fand.

Der Aba Huab kommt ab

Das Tal nannten die Damara »Uri-Ais« – sprudelnde Quelle. Weiße Farmer, die sich 1947 dort ansiedeln wollten, verliehen dem Gebiet einen anderen Namen: »Twyfelfontein« – zweifelhafte Quelle. Wegen anhaltender Trockenheit gaben die Weißen ihre Farmen nach knapp 20 Jahren wieder auf, das Tal aber erlangte Weltruhm durch seine Felsgravuren. Nirgendwo sonst auf unserer Erde gibt es eine größere Ansammlung von Kunstwerken dieser Art. 2500 Gravuren sind zu bewundern. Gefunden hat sie wahrscheinlich Reinhard Maack, der Entdecker der Weißen Dame, es könnte aber auch der Vermessungsingenieur Volkmann gewesen sein.

Am späten Nachmittag dieses ereignisreichen Tages gelange ich zum Aba Huab. Sein breites Flussbett ist trocken. Am jenseitigen Ufer liegt der Aba Huab Campground. Ich durchquere das steinige Bett und melde mich an der Rezeption, die zugleich einen Kiosk für Getränke und Snacks beherbergt. Gegen eine geringe Gebühr erhalte ich eine Zelterlaubnis. Im März kommen nur wenige Touristen ins Land, und die meisten bevorzugen komfortablere Unterkünfte in Lodges und Gästefarmen. Mir ist es recht, allein auf dem weiten Platz zu sein. Ein mächtiger Kameldornbaum am Flussufer hat es mir besonders angetan, und ich werde mein Zelt unter seinem Schatten aufschlagen.

Obwohl es schon spät am Nachmittag ist, drängt mich die Neugier zu den Felsgravuren. Einige Kilometer vom Zeltplatz entfernt, endet die Zufahrt an einem Berghang. Überdachte Picknickplätze, Schautafeln und Andenkenkioske umgeben den Parkplatz. Außer mir ist kein Mensch zu sehen, kein Führer und kein Wächter, die eigentlich aufpassen müssten, dass keine Gravuren beschädigt oder entwendet werden, wie es früher häufig vorgekommen ist.

Sofort nütze ich die günstige Gelegenheit, die Petroglyphen selbst zu entdecken. Über Geröll und Steinblöcke klettere ich steil bergauf. Der Hang ist übersät mit rötlichen Sandsteinplatten. Einst ist hier eine gewaltige Steinlawine den Abhang hinabgedonnert. Die riesigen Blöcke zerbrachen in Platten, deren glatte Flächen den idealen Untergrund für die Werke der Steinzeitkünstler ergaben.

Vergeblich mustere ich eine Gesteinsplatte nach der anderen, kann aber nicht die kleinste Gravur entdecken. Doch da! Gerade will ich über eine Felsplatte klettern, als ich direkt neben meinen Füßen ein paar Figuren erblicke. Im ersten Moment glaube ich, jemand habe sich einen Scherz erlaubt, denn die Einritzungen sind überraschend klar und deutlich. Kaum zu glauben, dass sie mehrere tausend Jahre alt sein sollen. Sie erinnern mich an die geschnitzten Tiere auf den Makalani-Nüssen. Aufgereiht neben- und übereinander stehen Nashörner, Giraffen, Antilopen, alle mit den Köpfen nach einer Seite ausgerichtet. Es muss mühsam gewesen sein, den Fels mit steinzeitlichen Werkzeugen solange zu bearbeiten, bis die obere dunkle Verwitterungsschicht, der Wüstenlack, absprang und der rötliche Sandstein zum Vorschein kam. Bei den meisten Tieren ist der Körper vollständig ausgemeißelt. Andere sind nur im Umriss dargestellt. Herumliegende Quarzsplitter lassen mich vermuten, dass Quarzsteine als Meißel benutzt wurden.

Je höher ich den Berg hinaufsteige, um so mehr gravierte Platten entdecke ich. Jedesmal überrieselt mich ein Schauer beim Anblick dieser Botschaften aus einer längst vergangenen Zeit.

Ob die Platten nach einem System ausgewählt wurden, ist für mich nicht ersichtlich. Sowohl liegende als auch senkrecht stehende hat man bearbeitet. Scheinbar ohne Bezug zueinander sind die Tierfiguren in den Stein geschlagen, fast fotografisch exakt, wie

Bilder in einem Bestimmungsbuch. Neben den Tieren sind auch ihre Spuren abgebildet, oft in natürlicher Größe. Auf deren Gravur wurde besondere Sorgfalt verwendet; sie sehen täuschend echt aus.

Obwohl das Tal über hundert Kilometer vom Meer entfernt liegt, getrennt durch die Namib, die trockenste Wüste der Welt, gab es offensichtlich Verbindungen dorthin, denn es findet sich auch die Abbildung einer Robbe im Bestiarium.

Verwundert stehe ich vor dem Bild eines Löwen. Sein Schwanz ist unnatürlich lang und zudem im rechten Winkel nach oben geknickt. Absonderlich, denn alle anderen Tiere sind sonst naturgetreu abgebildet. Bei diesem Löwen aber sind die Tatzen mit dem Blick auf ihre Unterseite dargestellt. Während sich bei echten Löwen vor den großen Ballen nur vier Zehen gruppieren, hat der steinzeitliche Künstler fünf eingraviert. Kaum zu glauben, dass Menschen, die ihre Umwelt genau kannten und Meister im Fährten lesen waren, dieser Fehler unterlaufen konnte.

Wie alt mögen die Gravuren sein? Nicht alle sehen so frisch aus wie auf der zuerst entdeckten Platte. Zahlreiche der herausgeschlagenen Figuren sind nachgedunkelt, einige haben fast wieder die Farbe des sie umgebenden Gesteins angenommen, und nur bei schräg einfallendem Licht sind die leichten Vertiefungen noch sichtbar. Da man keine organischen Reste fand, ist eine exakte Altersbestimmung nach der Radiocarbonmethode nicht möglich. Nur die Zeichen selbst könnten anhand des Grads ihrer Verwitterung Auskunft geben. Doch niemand weiß genau, wie schnell oder langsam der Vorgang unter den speziellen Witterungsbedingungen in Namibia abläuft. Es wird aber angenommen, dass die Felsgravuren von Menschen derselben Kultur geschaffen wurden, die auch die weißen Elefanten in der Phillips-Höhle bei Ameib gemalt haben, die weißen Nashörner im Buschmannparadies an der Spitzkoppe und die Weiße Dame am Brandberg.

Plötzlich schallen aus dem Tal Stimmen, Lachen und Kindergeschrei herauf. Eine Schulklasse mit ihrem Lehrer ist eben am Parkplatz eingetroffen und beginnt mit dem Aufstieg. Die Laute verhallen aber bald zwischen den riesigen Blöcken und Steinplatten, und ich setze ungestört meine Suche nach Felsgravuren fort. Am Kamm des Berges entdecke ich unter einem überhängenden Felsen rötliche Malereien. Neben mit Pfeil und Bogen bewaffneten Menschenfiguren, meine ich Rinder auszumachen – der Beweis, dass diese Felsmalereien »jüngeren« Datums sind, denn erst vor 2000 Jahren kamen nomadisierende Nama mit ihren Viehherden nach Namibia.

Im Westen senkt sich die Sonne dem Horizont entgegen, die Wolken färben sich rötlich, und der Widerschein hebt die Sandsteinblöcke mit den Gravuren plastisch hervor. Wozu hat man den Tieren ihre Spur zugeordnet, grüble ich? Könnte es sein, dass steinzeitliche Jungjäger hier Unterricht an Schautafeln bekamen? Eher nicht. Warum mühsam mit einem Quarzsplitter aus dem harten Gestein kunstvolle Figuren meißeln, wenn man die Jagd an realen Spuren in der Natur unmittelbar hätte lehren und lernen können?

Ob der Löwe mit dem geknickten Schwanz und den fünf Zehen eine verschlüsselte Botschaft in sich trägt? Stellt er ein mystisches Wesen dar, einen Löwengott oder ein Totemtier? Wurde Jugendlichen eine mythologische Geschichte über einen fünfzehigen Löwen erzählt, oder dienten diese Zeichnungen der Jagdmagie? Waren sie ein Mittel, mit dem Totemtier in Verbindung zu treten, es um Schutz und Hilfe zu bitten? Diese Überlegungen bringen mich auf den Gedanken, dass die Bilder eine Art Sprache sein könnten, eine visuelle Sprache, mit der die archaischen Jäger mit Göttern und Ahnen kommunizierten.

Die Bildsprache ist eine Universalsprache. Auch wenn ich die Botschaften nicht verstehe, spüre ich doch ihre Wirkung. Die Tür ist verschlossen, durch die Ritzen des Unterbewusstseins sickert jedoch ein Schatz versunkener Erinnerungen. Die Jägervölker haben ihre Bilder, die ein Ausdruck ihres Seins, ein Spiegel ihrer Seele waren, nicht für uns heutige Menschen geschaffen, von denen sie nichts ahnen konnten. Beim Betrachten spüre ich aber, dass die Zeichen zu mir sprechen, weil wir noch immer das Vermächtnis früherer Generationen in uns tragen.

Die Kinder hatte ich vergessen, bis ich ihnen hinter eine Felsnase unerwartet gegenüberstehe. Aufgeregt umringen sie eine Steinplatte. Der Lehrer ruft sie auf Englisch, der offiziellen Unterrichtssprache, zur Ruhe. Um ihnen das Alter der Gravuren zu verdeutlichen, fragt er die Kinder, wie viele Generationen sie zurückdenken können. Verblüfft verfolge ich die Antworten. Mühelos können die Schüler zehn Generationen ihrer Ahnenreihe überblicken, das sind 200 Jahre, wenn man 20 Jahre für eine Generation ansetzt. Meine Kenntnis endet mit den Urgroßeltern – gerade einmal mit der dritten Generation.

Nachdem die Kinder die Zeitspanne von 200 Jahren am Beispiel ihrer Vorfahren leicht erfasst haben, macht ihnen der Lehrer deutlich, dass die Gravuren mindestens zehn Mal älter sind. Ein Junge blickt mich an und sagt etwas auf Damara. Der Lehrer übersetzt es für mich ins Englische: »Dann ist unsere Kultur älter als die der Weißen!«

Vor Freude klatschen die Kinder rhythmisch in die Hände, stampfen den Boden mit Tanzschritten. Blitzartig scheinen sie zu erkennen, dass sie tiefe Wurzeln haben, dass ihre Vergangenheit nicht nur aus Sklaverei und Ausbeutung bestand.

Staunend beobachte ich, wie sie ausgelassen herumhüpfen, nie hätte ich für möglich gehalten, dass die Kunst der Steinzeit jemals diese Wirkung bei heutigen Menschen auslösen könnte. Gleichzeitig wird mir bewusst, dass die Kinder, die in einem unabhängigen

Namibia geboren wurden, nach wie vor unter dem Trauma der Kolonialzeit leiden. Wie gründlich muss damals das Selbstwertgefühl der Menschen zerstört worden sein, dass lange nach Ende der Unterdrückung diese Kinder noch immer das Gefühl haben, den Weißen unterlegen zu sein.

Als der Lärm etwas abnimmt, sage ich auf Englisch: »Ihr täuscht euch! Eure Kultur ist nicht älter als die unsere, sondern gleich alt, wir haben nämlich gemeinsame Vorfahren.«

Die Kinder starren mich an und können nicht glauben, was die Weiße behauptet. »Es stimmt! Fragt nur euren Lehrer. Alle Menschen, die heute auf der Erde leben, stammen ursprünglich aus Afrika!« Als wäre eine Tür der Erkenntnis aufgestoßen worden, scheinen sie sofort zu begreifen, was ich behauptet habe.

»Dann sind wir ja alle gleich«, sagt ein Mädchen auf Englisch.

»Ja, so ist es! In Afrika sind die Menschen entstanden. Einige sind später in andere Erdteile ausgewandert, dabei hat sich ihr Aussehen etwas verändert, aber wir haben alle die gleichen Wurzeln.«

Die Schüler sind ganz still geworden. Sie lassen das Gehörte auf sich wirken. Für sie muss es ein großer Augenblick sein, den sie vielleicht ihr Leben lang nicht vergessen werden.

»Diese Gravuren sind zwar alt«, sage ich, »aber in Namibia gibt es noch viel ältere Malereien, die ältesten auf der Erde, die man bis jetzt gefunden hat. Forscher haben Tierfiguren in der Apollo-Höhle am Nuob Rivier entdeckt und konnten das Alter ziemlich genau feststellen, nämlich 40 000 Jahre!«

Erstauntes Raunen geht durch die Kinderschar, nachdem sie errechnet haben, dass dieser Zeitabschnitt 2000 Generationen umfasst. Zehn können sie überblicken, aber wie viele Schicksale mögen sich hinter 2000 Generationen verbergen? Dem Ausdruck ihrer Gesichter nach wird den Kindern allmählich das immense Ausmaß vergangener Zeit deutlich.

»Und was war davor?«, will ein Schüler von mir wissen.

»Wenn wir immer weiter zurückgehen in der Zeit, kommen wir irgendwann an den Punkt, wo wir mehr Tier als Mensch waren, denn auch mit den Tieren haben wir gemeinsame Vorfahren. Ihr müsst wissen: Alle Lebewesen auf der Erde sind miteinander verwandt.«

Spontan ruft eine Schülerin: »Das ist genau das, was meine Mama auch immer sagt.«

Ich liege im Zelt, habe schon tief geschlafen. War es das unheimliche Geräusch oder die Stöße im Untergrund, die mich aus dem Schlaf gerissen haben? Instinktiv spüre ich eine Gefahr. Gewaltiges Rauschen, Poltern, Dröhnen. Der Boden unter dem Zelt bebt, als würde ein Tunnel gegraben.

Hastig öffne ich den Reißverschluss und stecke den Kopf aus dem Zelt. Undurchdringliche Dunkelheit, aber ich rieche etwas. Im ersten Moment kann ich den Geruch nicht definieren, dann wird mir schlagartig klar: Wasser! Es riecht nach aufgewühltem Wasser. Der Fluss! Eisiger Schreck durchfährt mich. Der Aba Huab kommt ab, wie die Namibier sagen, wenn ein Trockenfluss plötzlich Wasser führt. Ich taste nach meiner Taschenlampe, will nachsehen, wie hoch das Wasser steht. Ich mache drei Schritte, und schon rauscht es wild vor meinen Füßen. Um Himmels willen! Der Aba Huab hat sein Flussbett verlassen! Im spärlichen Schein der Taschenlampe enthüllt sich mir ein gespenstisches Bild: Eine reißende Flut füllt das Tal. Entwurzelte Baumriesen tauchen unter, steigen wirbelnd wieder auf und werden vor meinen Augen weggetragen. Felsbrocken wälzen sich stromabwärts. Sie erzeugen das dumpfe Rumoren und lassen bei jedem Aufschlag den Boden erzittern.

Der Fluss verschlingt heißhungrig, was ihm in den Rachen gerät. Weißer Schaum geifert über den Wellen. Mit rasender Geschwindigkeit strömt das Wasser dahin, das im Licht meiner Lampe tiefschwarz wirkt.

In der Ferne erhellt Wetterleuchten die Wolken. Das Gewitter muss weit entfernt im Quellgebiet des Aba Huab toben und dabei gewaltige Regenmassen auf die Erde schleudern, denn der Fluss steigt immer noch weiter an.

In vermeintlicher Sicherheit hatte ich mein Zelt auf dem mehrere Meter höheren Uferplateau aufgestellt. Jetzt gerät es in Gefahr, samt meiner Habe weggerissen zu werden.

Ich starre fasziniert auf den entfesselten Fluss, bin gebannt von der Urgewalt der Natur. Gleichzeitig aber spüre ich Angst, und sie nimmt immer mehr Besitz von mir. Nicht nur um meine Ausrüstung bin ich besorgt, sondern auch um mein Leben. Die schwarze Nacht, in der keine Sterne am Himmel zu sehen sind, und das schreckliche Poltern der Felsbrocken im Flussbett verstärken das Gefühl, hilflos der Wasserflut ausgeliefert zu sein.

Zum Glück finde ich die Stirnlampe, habe so die Hände frei, um schnell meine Sachen zu packen. Aber wo soll ich hin? Der Zeltplatz hat keine rettende Erhöhung. Die Umgebung ist mit Dornengestrüpp bewachsen, und wegen der Schlangen fürchte ich mich, lange im Dunklen herumzutappen. Schließlich rette ich mich mit meinen Habseligkeiten an den Rand des Zeltplatzes, so weit wie möglich vom Fluss entfernt.

»Go away! Go away!« Eine krächzende Stimme weckt mich aus dem Schlaf. Erschrocken fahre ich hoch. Wo bin ich? Mit angezogenen Beinen hocke ich auf einer Baumwurzel, mein Rücken lehnt an der rauen Borke eines Kameldornbaums. Irgendwann bin ich in der Nacht im Sitzen eingenickt, jetzt ist bereits heller Tag.

Da ich kaum geschlafen habe, fühle ich mich wie gerädert. Das kreischende Geschrei dröhnt mir quälend in den Ohren. *»Go away-y-y!*

Gowäh! Gowähhh!« Da entdecke ich den Urheber. Es ist kein Mensch, der mich auffordert zu verschwinden, sondern ein ziemlich großer Vogel, fast wie ein Huhn, aber schlanker. Sein Gefieder ist aschgrau. Flink klettert er im Gezweig herum, hüpft auf den Boden hinunter, schwingt sich wieder hinauf. Gereizt fächert er seine Federhaube auf und zu und lärmt unerbittlich. Und so heißt der Vogel auch: Graulärmvogel, ein Turako oder Grey Lourie, verwandt mit dem Kuckuck.

Jetzt erst erkenne ich das Ausmaß der Überschwemmung. Der Aba Huab füllt das Tal in voller Breite. Lehmbraunes Wasser fließt gleichmäßig dahin. Da der Nachschub aus den Bergen fehlt, läuft das Wasser nur noch ab wie aus einer gefüllten Badewanne.

Ich richte mich auf, strecke meine eingeschlafenen Glieder. Am jenseitigen Ufer stauen sich Fahrzeuge. Die Fahrer stehen unschlüssig da. Die ungeduldigsten drehen ab, andere entscheiden sich zu warten. Mitten im Fluss hängt ein Lastwagen fest, bis zur Kabine von lehmigen Fluten umspült. In der Nacht war der Fahrer in den reißenden Strom hineingefahren, eine lebensgefährliche Dummheit. Er hatte wohl auf die Kraft seines Lasters vertraut, aber der Aba Huab war stärker. Stundenlang hatte das Geheul des Motors durch die finstere Nacht gedröhnt, hatte der Fahrer erbarmungslos sein Fahrzeug malträtiert, aber der Fluss hatte es nicht freigegeben, und die Räder wühlten sich nur immer tiefer in den Untergrund. Der Mann hatte Glück, dass sein Gefährt nicht völlig von den Fluten verschlungen wurde, dass Baumstämme und Felsbrocken es nicht zertrümmerten und er selbst überlebte.

Mein Frühstück teile ich mit dem Graulärmvogel und den Glanzstaren, die mich mit ihrem neugierigfrechen Verhalten erfreuen. Prächtig blau schillert ihr Gefieder, und ihren knallgelben Augen entgeht kein einziger Krümel.

Es wird Mittag. Noch immer kann kein Auto den Fluss durchqueren. Der klägliche Anblick des festhängenden Lasters schreckt auch die sonst Mutigen ab. Als aber das Wasser nur noch bis zu den Achsen der Fahrzeuge reicht, wollen einige nicht länger warten – und bleiben prompt im Schlamm stecken. Erst am Morgen des nächsten Tages festigt sich der Untergrund allmählich. Mit viel Respekt setze ich mich hinters Lenkrad und wage die Fahrt durch die Furt – und der Abu Huab lässt mich gnädig gewähren.

Rettet die Rhinos

Es ist eine tierische Erfolgsgeschichte: Über hundert Nashörner leben wieder im Damaraland. Das klingt wenig und ist doch so viel, denn es sind doch die letzten freilebenden Nashörner Afrikas!

Weitere 600 Spitzmaulnashörner werden in Namibias Reservaten geschützt. Gerade mal 2000 der zwei Tonnen schweren Kolosse haben auf dem gesamten afrikanischen Kontinent überlebt. Obwohl man sich in Nationalparks um ihren Schutz bemüht, fallen viele immer noch Wilderern zum Opfer. Bevor die erbarmungslose Jagd auf sie begann, waren es 70 000, die allein im südlichen Afrika durch die Savannen zogen. In wenigen Jahrzehnten hatte man 98 Prozent aller Nashörner getötet. Aber welchen Hintergrund hatte dieses Verbrechen, und warum werden diese einzigartigen Tiere noch heute so gnadenlos verfolgt?

Wegen ihres Fleisches werden sie nicht gejagt, auch nicht, weil sie für den Menschen gefährlich wären, sondern allein wegen ihres Horns. Auf illegalen Märkten werden astronomische Preise gezahlt. Für ein einziges Kilogramm erzielt man 30 000 US-Dollar – da ist die Versuchung groß, die Tiere zu erlegen, um an das Horn zu gelangen.

Es ist wie ein Fluch, der die Nashörner in ihrer Existenz bedroht. Obwohl es längst bewiesen ist, dass die Einnahme pulverisierten Horns keine Potenzsteigerung bewirkt, halten besonders in Asien viele Männer an ihrer Überzeugung fest. Das Horn ist hart und steht so aufrecht, wie sie sich ihr Geschlechtsteil wünschen – also her damit, koste es, was es wolle.

In der traditionellen asiatischen Heilkunst, die reich an pflanzlichen und tierischen Substanzen ist, spielte das Nashorn seit jeher eine wichtige Rolle, auch wenn seine Wirkung nie nachgewiesen wurde. Es genügte, dass es selten war. Wer die sündhaft teure Medizin bezahlen konnte, glaubte felsenfest daran, auch wenn das Horn, ebenso wie Fingernägel, Haare und Hufe, nur ein Produkt der Haut ist. Infolge des Wirtschaftsaufschwungs im gesamten asiatischen Raum, gibt es leider immer mehr Männer, die sich die Potenzpille aus Nashorn leisten können. Der fest verwurzelte Aberglaube widersteht allen vernünftigen Argumenten.

Das Schicksal der Nashörner im Damaraland schien besiegelt, als Blythe Loutit im letzten Moment als Retterin erschien. Die Namibierin britischer Herkunft hatte ursprünglich den Auftrag erhalten, ein Pflanzenbuch zu illustrieren, da ahnte sie noch nichts von ihrer Mission. Bei der Suche nach geeigneten Vorbildern für ihre Zeichnungen fuhr sie ins Damaraland und wurde Zeuge der Massaker an den Nashörnern.

Bluttriefend oder von Verwesungsgasen aufgetrieben, halb oder ganz skelettiert, lagen die erbärmlichen Reste überall in der Savanne herum. Eines war bei allen Kadavern gleich – es fehlte das Horn am Schädel. Keine Behörde, keine Institution, kein Ministerium schritt ein.

Blythe Loutit, zierlich, schlank und mit sonnenblonden Haaren, hat einen zähen Willen. Wenn sie etwas anpackt, von dem sie überzeugt ist, setzt sie sich rückhaltlos dafür ein. Sie gründete den »Save the Rhino Trust«, und dank ihrer Überzeugungskraft erhielt sie viele Spenden, besonders von englischen Naturfreunden. Entscheidend war, dass die Künstlerin von Anfang an die Damara in ihr Projekt einbezog. Sie wusste, ohne Unterstützung und Hilfe der einheimischen Bevölkerung hätte ihr Vorhaben keinen Sinn. Als Erstes besuchte sie alle Siedlungen in der Gegend, sprach mit den Ältesten und bat, Versammlungen einzuberufen, zu denen auch die

Wilderer eingeladen waren. Aber wie sollte Blythe diese dazu bringen, auf den begehrten Verdienst zu verzichten? Die Illustratorin hatte eine zündende Idee. So paradox es klingt, sie bot den erfolgreichsten unter ihnen eine Arbeit als Wildhüter an. Bezahlt wurden sie mit Spendengeldern ihrer Schutzorganisation. Der Erfolg war durchschlagend. Da die Wilderer nur jeweils einen Bruchteil von den Einnahmen der Endverkäufer erhielten, entschieden sie sich lieber für das kleine, aber regelmäßige Gehalt, das die Nashornschützerin ihnen zahlte.

Der Einsatz lohnte sich. Das brutale Gemetzel konnte allmählich gestoppt werden. Der Bestand der Nashörner erholte sich und nimmt erfreulich zu. Blythe Loutit koordiniert inzwischen ein Team von 40 Mitarbeitern. Zu ihrem Leidwesen bleibt zum Illustrieren, Zeichnen, Malen kaum noch Zeit.

Durch die Deutsch-Namibische-Gesellschaft hatte ich von dem Nashorn-Schutzprojekt erfahren und bin jetzt auf dem Weg nach Palmwag. Am Uniab Rivier bei der Palmwag Lodge hat das Nashorn-Projekt seinen Stützpunkt.

Nach einem Umweg über Kamanjab zum Einkaufen und Tanken halte ich am Grootberg-Pass. Der Blick nach beiden Seiten ist atemberaubend, denn der Grootberg bildet eine Barriere zwischen zwei gegensätzlichen Landschaftsformen. Wende ich mich nach Osten, nehme ich Abschied von den inzwischen vertrauten Granitbergen, von der hellen, sanft gewellten Dornbuschsavanne. Im Westen dagegen erstreckt sich eine völlig flache Ebene, aus der Tafelberge herausragen – das Etendeka-Plateau. In der Himba-Sprache bedeutet *etendeka* soviel wie »gerader Gipfel«.

Die schwarze Regenfront, die mich bis zum Grootberg verfolgt hat, bleibt an der bergigen Barriere hängen. Vor mir im Westen leuchtet ein aquamarinblauer Himmel, und so wirkt der Pass auf mich wie ein weit geöffnetes Tor in eine helle, lichtere Welt. Mit Schwung folge ich den Serpentinen in die Tiefe. Später, auf der schnurgeraden Schotterstraße in der Ebene, habe ich das Gefühl, durch die Landschaft zu schweben. Selten begegnet mir ein anderes Fahrzeug, dafür überqueren vier Giraffen mit gravitätisch ausgreifenden Schritten die Pad. Keine Zäune stören mehr, das Land ist zu trocken für den Farmbetrieb. Unter südafrikanischer Herrschaft wurde es den Damara als »Homeland« zugeteilt, ein Reservat, in dem sie kaum überleben konnten.

Schilder weisen den Weg zur Palmwag Lodge. Die Bungalows sind belegt, aber von neun Zeltplätzen sind sechs noch frei. Sie grenzen an das tiefer gelegene trockene Bett des Uniab-Flusses. Mit einer neuerlichen Wasserflut wie am Aba Huab ist hier nicht zu rechnen. Jeder Platz ist von einer halbhohen Mauer umgeben, hat einen Schattenbaum und einen Braaiplatz. *Braai* bedeutet auf Afrikaans Grill. Ein Zeltplatz ohne Grill ist undenkbar, denn riesige Fleischstücke zu braten gehört untrennbar zum Outdour-Erlebnis der Namibier.

Die Palmwag Lodge ist eine paradiesische Oase, die um so üppiger wirkt, als es ringsum wüstentrocken ist. Makalani-Palmen rascheln mit ihren Fächern im Wind. In Büschen, Sträuchern, Stauden zwitschern bunte Vögel, Schmetterlinge gaukeln von Blüte zu Blüte. Wasserfontänen glitzern in der Sonne, und in der Mitte das Gartens funkelt es türkis-grün – die Extravaganz der Verschwendung: ein Swimmingpool.

Mein Zelt steht, und ich genieße das Postkartenbild einer blutroten Sonne, die zwischen zwei Palmen versinkt. Das Kochen spare ich mir diesmal, gönne mir stattdessen im Restaurant der Lodge ein Menü und trinke später ein gut gekühltes Bier an der Bar. Von Jonathan, dem Barkeeper, lerne ich, was »kaltes Getränk« auf Damara heißt. Er schreibt es mir sogar auf, damit ich es nicht vergesse.

»!Khai!Kharii«. Drei Klicklaute sind in dem Wort enthalten, gekennzeichnet durch zwei aufrechte und ein umgekehrtes Ausrufezeichen. Jonathan beklagt, wie schlecht es den Damara gehe und wie sehr sie sich durch die von den Ovambo dominierte Regierung benachteiligt fühlten.

»Wir haben zwar Land bekommen, aber keine Chance zum Leben. Kein Wasser, kein Vieh, keine Arbeit, keine Schulen, keine Unterstützung, keine Teerstraßen, nur staubige Schotterpisten«, zählt er verbittert die ärgsten Mängel auf.

Ich halte dagegen, dass das nicht ganz stimmen könne. Unterwegs habe ich Schulgebäude gesehen, und auch Arbeit sei vorhanden, er selbst sei doch das beste Beispiel dafür.

»Was zählt schon einer, bei den vielen, die keine haben?«, widerspricht er. »Tatsache ist, es fehlt an allem. Die Bevölkerung wächst, und alles wird nur noch schlimmer.«

Eigentlich hätte ich eine Verabredung mit Simpson Uri-Khob, dem Direktor von »Save the Rhino Trust« gehabt. Doch er lässt sich entschuldigen. Ein Junge kommt an die Bar und überreicht mir einen Zettel des Direktors. Am nächsten Morgen um sechs Uhr könne ich an einer Tour teilnehmen und live die Arbeit der Wildhüter erleben.

Als ich aufstehe, ist es noch dunkel, nur Sterne leuchten am Himmel. Ich will auf keinen Falle den Termin verpassen und bin vor der verabredeten Zeit an der Station. Nichts regt sich. Alles ist ruhig, außer Schnarchgeräuschen, die aus einem der Zelte dringen. Das ebenerdige Gebäude der Forschungsstation ist aus Holz. Vor der Tür liegen dekorativ Nashornschädel, Gesteine und Kristalldrusen. Schautafeln informieren über die Arbeit der Station.

Ich genieße es, vor Beginn des Tages wach zu sein, während ringsum alles noch schläft. Auf einmal klingelt irgendwo ein Wecker. Wenige Minuten später sind Simpson und seine Männer zur

Stelle. Schlaftrunken schlurfen sie mit müden Gesichtern heran. Wir schütteln uns die Hände. Simpson, ein bulliger Typ mit Bart – er könnte einen schwarzen Bud Spencer spielen – teilt sechs Männer zu Patrouillen ein. Sie sollen durch das Gelände streifen und durch ihre Anwesenheit mögliche Wilderer abschrecken. Dann steigen wir zu dritt in den Geländewagen der Forschungsstation: Simpson Uri-Khob, Ludwig Maniki Ganaseb und ich.

Auf einer Piste fahren wir in das Schutzgebiet hinein, die Scheinwerfer des Wagens durchschneiden die Dunkelheit. Nur langsam wechselt die Nacht in den Tag, erst kurz vor sieben Uhr schiebt sich die Sonne als blassgelbe Scheibe über den Horizont. Diesmal spart sie sich ein Farbenspiel. Unspektakulär steigt sie höher, übergießt die steinige Steppe mit grauem Licht. Feine Nebelschleier verschlucken das morgendliche Leuchten.

Hin und wieder halten wir, dann steigt Ludwig Maniki aus und sucht nach Spuren. Ich kann mir kaum vorstellen, dass man auf diesem steinigem Boden etwas erkennen kann.

»Ludwig ist unser bester Fährtenleser«, erklärt Simpson. »Umgedrehte Steinchen sagen ihm, wohin ein Tier gegangen ist, ob es in Eile war und vieles mehr.« Sein Großvater sei Fährtenleser bei der Schutztruppe gewesen, daher auch der deutsche Vorname des Enkels. Ludwig habe das Talent des Großvaters geerbt und war früher einer der erfolgreichsten Wilderer.

Ich weiß, dass Blythe Loutit mit Bedacht Wilderer eingestellt hat, aber es ist etwas anderes, nun tatsächlich neben einem zu sitzen und noch dazu neben einem der berüchtigsten. Aber wie ein brutaler Tiertöter sieht Ludwig nicht aus, im Gegenteil: Sein breites Gesicht ist offen und freundlich. Neugierig frage ich ihn, wie er selbst seinen Wechsel vom Wilderer zum Wildhüter sieht.

»Einerseits ist der Unterschied gar nicht so groß«, antwortet Ludwig Maniki. »Wie früher muss ich das Tier aufspüren, meine Sinne anspannen, jedes Detail erkennen – hier einen Stein, der von einem Tritt umgestoßen wurde, dort das angeknapperte Blatt oder einen geknickten Zweig. Dieser fast unsichtbaren Spur folge ich. Dabei stelle ich mir vor, welchen Weg ich genommen hätte, wenn ich ein Nashorn wäre; so kann ich auch Tiere finden, die so gut wie keine Zeichen hinterlassen. Habe ich das Nashorn entdeckt, pirsche ich mich lautlos an, beachte, woher der Wind weht, nutze jede Bodenwelle als Deckung. Erst in dem Moment – wenn ich nah genug bin – zeigt sich der alles entscheidende Unterschied: Statt das Tier zu töten, mache ich Fotos. Das sind wichtige Dokumente für unsere Forschungsarbeit, und dann schreibe ich ein Protokoll.«

Ob er manchmal noch den Wunsch verspüre, ein Nashorn zu schießen?

Entschieden schüttelt Ludwig den Kopf. »Nein, auf keinen Fall! Wir leben von diesen Tieren. Tot nützen sie uns nichts. Seit wir sie schützen, verdiene ich mehr Geld als früher, deshalb geht es auch meiner Familie viel besser.«

Simpson ergänzt: »Nicht wegen uns Damara waren die Nashörner am Aussterben. Wir haben nur wenige gejagt, um selbst überleben zu können. Ich will Ihnen aber sagen, wer die brutalen Massaker angerichtet hat: die südafrikanische Armee. Das war, bevor Namibia unabhängig wurde. Die Südafrikaner haben ihr ganzes Arsenal aufgeboten; sogar vom Helikopter aus wurden die Tiere abgeknallt.«

Die Sonne steht hoch am Himmel. Es ist heiß geworden. Rotblaue Agamen huschen davon. Wüstenlerchen zwitschern melodische Lieder. Eine Herde Springböcke weidet an spärlichen Gräsern. Wir sehen Oryxantilopen und Giraffen, aber nicht die Spur eines Nashorns.

Simpson entschließt sich zur Rückkehr, da entdeckt Ludwig etwas. Er lässt an einem schütteren Mopanebäumchen halten und zeigt uns einen Zweig mit halb abgebissenen Blättern. Daran habe ein Nashorn gezupft, behauptet er. Simpson nickt zustimmend, und wir steigen aus. Von nun an geht die Pirsch zu Fuß weiter. Keine lauten Worte mehr, auch kein Flüstern – wir verständigen uns nur noch mit Zeichensprache. Die steinige Ebene ist locker bewachsen mit Zwergsträuchern, Akazien, Flaschenbäumen, Beseneuphorbien. Einen so großen Koloss wie ein Nashorn würde ich in der gut zu überblickenden Landschaft leicht sehen können – dachte ich. Aber Ludwig entdeckt den Bullen zuerst. Bewegungslos steht das Tier im Schatten einer Akazie und ist im flimmernden Licht durch seine steingraue Farbe perfekt getarnt.

Simpson tippt sogleich Daten in ein elektronisches Speichergerät. Alles kann für die Forschung wichtig sein: Datum, Uhrzeit, Wetter, Geschlecht und Verhalten des Tieres. Körperliche Merkmale, vor allem Einrisse an den Ohren, sind individuelle Kennzeichen, die sorgfältig festgehalten werden. Ludwig schleicht sich an, um ein Foto für das Archiv zu machen. Plötzlich senkt der Bulle den Kopf und startet ohne weitere Vorwarnung zum Angriff. Unerwartet leichtfüßig bewegt sich der Dickhäuter. Kaltblütig bleibt Ludwig stehen. Mir stockt der Atem. Staub wirbelt auf. Abrupt bremst der Koloss seinen Lauf, schnaubt und bläst wütend, scharrt nervös mit den Vorderbeinen, schaukelt seinen Kopf hin und her.

Simpson lächelt. »Ein Scheinangriff«, sagt er wie nebenbei.

»Das war doch gefährlich!«

»Nein, Ludwig hat genug Abstand gehalten.«

»Nashörnern wird aber nachgesagt, dass sie reizbar sind und blindwütig angreifen.«

»Das ist übertrieben. Obwohl – manchmal sind sie mürrisch und schlecht gelaunt, dann ist ihr Verhalten schwer berechenbar. Wir haben trotzdem gelernt, sie zu verstehen. Statt wie andere Tiere zu flüchten, versuchen sie, den Ruhestörer zu vertreiben, denn sie sind

Einzelgänger. Wirklich gefährlich werden sie nur, wenn auf sie geschossen wird. Sie haben ein zähes Leben, wollen den Feind töten, bevor sie selbst sterben.« Auf dem Rückweg haben wir nochmals unverhofftes Glück: Hinter einem Euphorbienbusch weidet eine Nashornkuh mit ihrem Kalb. Simpson und Ludwig strahlen. Das Jungtier ist ihr schwergewichtiges Kapital für die Zukunft. Wieder schleicht Ludwig sich für ein Foto an, nützt geschickt jede Bodenwelle, sucht hinter Steinen und Büschen Deckung. Nashörner sehen schlecht, verlassen sich mehr auf ihren Geruchs- und Gehörsinn. Doch einen Menschen, der sich bewegt und sich gegen den Himmel abhebt, würden sie natürlich schon erkennen.

Die Nashornmutter scheint uns nicht zu bemerken. Behaglich spitzt sie ihre Oberlippe wie zu einem Greiffinger und zupft seelenruhig Blättchen um Blättchen. Das Junge, erst wenige Wochen alt, drückt sich eng an die Mutter. Bei der Geburt wiegt es schon 25 Kilo. Hat es die ersten zwei Jahre überstanden, in denen Löwen und Hyänen eine gewisse Gefahr darstellen, könnte es 40 Jahre alt werden.

»Wie lange bleiben Mutter und Kind zusammen?«, frage ich leise.

»Fast zwei Jahre«, flüstert Simpson. »Dann kommt hoffentlich das nächste Baby zur Welt.«

Das kleine Nashorn schenkt uns eine unvergessliche Szene. Mehrmals stößt es heftig mit seinem dicken Kopf zwischen die Hinterbeine der Mutter und beginnt schmatzend am Euter zu saugen.

Die Ranger nicken sich lächelnd zu, wissen sie doch den kleinen Dickhäuter bei der Nashornmutter gut aufgehoben. Sie wird ihr Kind gegen jede Gefahr unter Einsatz ihres Lebens verteidigen.

Die Versöhnung von Mensch und Tier scheint im Damaraland zu gelingen. Die Bevölkerung hat erkannt, wie nützlich lebende Nashörner für sie sind. Voraussetzung ist aber, dass genügend Touristen ins Land kommen, die wilde Tiere beobachten und fotografieren wollen – und dafür gut bezahlen.

Der rote Elefant

Allein durch die Wildnis zu streifen, übt einen verführerischen Reiz auf mich aus. Beim ersten Morgenlicht steige ich zum Uniab hinab. Rund geschliffene Kiesel und blank polierte Felsen liegen im Flussbett, dann wieder wandere ich über feinkörnigen Sand, der manchmal dunkel vor Feuchtigkeit ist. Bei jedem Schritt spüre ich den Boden unter den Füßen, wie er weich federt oder hart und fest ist. Das Geräusch der eigenen Schritte lässt die Sinne vibrieren. Anders als im Auto, bin ich zu Fuß der Umwelt unmittelbar ausgesetzt. Inmitten der Natur ein Teil von ihr zu sein, ist eine beglückende Erfahrung, die ich immer wieder von Neuem ersehne.

Drei Kilometer folge ich dem Trockenfluss, der gleich einem Riss in das Basalt-Plateau eingekerbt ist. Ein Trupp gackernder Perlhühner sorgt für Abwechslung. An einer Wasserlache löschen Flughühner ihren Durst. Mit dem Fernglas beobachte ich, ob sie ihr Brustgefieder eintauchen, denn sie sind die einzigen Vögel, die Wasser zwischen den Federn speichern und mit dieser Wasserfracht kilometerweite Strecken zum Nest fliegen, um ihre Jungen zu tränken. Die Küken stecken einfach die Schnäbel ins Gefieder der Eltern und saugen die Flüssigkeit heraus.

Ovale Spuren im Sand erregen meine Aufmerksamkeit. Kein Zweifel! Nur ein Tier hat eine flache Sohle ohne vorragende Zehen oder Klauen – der Elefant! Wie alt mögen die Abdrücke sein? Sie sehen frisch aus, kein Sand ist hineingeweht.

Vor Aufregung bekomme ich eine Gänsehaut. Vielleicht sind die Elefanten weitergezogen, aber genauso gut kann die Herde noch in der Nähe sein. Ich folge der Spur. Solange ich genügend Abstand zu den Tieren bewahre und sie sich durch mich nicht gestört fühlen, besteht keine Gefahr, trotzdem bin ich sehr aufgeregt. Das erste Mal im Leben würde ich Elefanten in Freiheit gegenüberstehen. Wohl habe ich die grauen Riesen in Kenia und Tansania beobachtet, aber immer nur vom Geländewagen aus.

Als der Sand wieder von Geröll abgelöst wird, kann ich die Spur nicht mehr sehen. Schon befürchte ich, dass ich sie verloren habe, da liegt ein Kotballen vor mir. Er ist frisch und dampft noch, als wäre er eben aus dem Körper des Elefanten herausgefallen. Auf einer Sandbank kann ich wieder die Spur verfolgen. Jetzt erkenne ich auch, dass es die Abdrücke eines einzigen Tieres sind. Ein Elefant allein ohne Herde, dass kann nur ein Bulle sein. Einem Einzelgänger will ich aber nicht so gern begegnen; sie gelten als reizbar und können aggressiv auf Menschen reagieren, besonders wenn sie schon schlechte Erfahrungen gemacht haben. Äußerste Vorsicht ist also geboten.

Nach zwei weiteren Kilometern habe ich die Fährte erneut verloren, und ich frage mich, ob der Elefant sich noch im Flussbett befindet oder das Ufer hinaufgestiegen ist. Deshalb klettere ich nach oben, wo ich die Ebene gut überblicken kann. Einen Elefant sehe ich aber nicht, deshalb bin ich mir ziemlich sicher, dass er noch im Revier sein muss. Ich steige wieder hinab und wandere weiter über den Geröllkies, so leise, wie es mir möglich ist.

Auf einmal bemerke ich zwischen dem grünen Gebüsch eine Farbe, die dort nicht hingehört. Ich schaue genauer hin, und die rotbraune Verfärbung entpuppt sich als riesiger Elefant. Hinter Stämmen und Ästen versteckt er sich, verharrt völlig bewegungslos. Er dreht mir sein Hinterteil zu, hat aber den Kopf zur Seite gewandt. Ich sehe sein Auge, es blickt mich an. Ein Schauer rieselt über meine Haut. Eines der größten Landtiere steht mir direkt gegenüber. Zwischen uns fließt ein Strom gegenseitigen Erkennens. Vollkommen ruhig, ohne Bewegung blicken wir einander in die Augen.

Seine Stoßzähne, die auch zum Graben benutzt werden, sind bis auf kurze Stummel abgeschliffen. Bestimmt ist er ein sehr alter Bulle.

Ich setze mich auf einen Stein und warte ab, was der Elefant tun wird. Wahrscheinlich hat er denselben Entschluss gefasst und wartet seinerseits auf eine Reaktion von mir. Gerade will ich mich langsam zurückziehen, da tritt er aus dem Gebüsch heraus, steht mir ohne Deckung völlig frei gegenüber. Er schaukelt seinen schweren Kopf einige Male hin und her, wedelt mit den großen Ohren, wirft mir noch einen prüfenden Blick zu, bevor er mit gemächlichem Schritt weiterzieht. Sein Körper ist völlig mit rotbrauner Erde bedeckt, in der er sich irgendwo gewälzt hat und die ihm wie Puder anhaftet.

Wie kann er in dieser staubtrockenen Umwelt überleben? Elefanten sind Tiere des Urwalds und der Savanne, die sich täglich vier bis fünf Zentner Grünfutter einverleiben und ausgiebige Schlammbäder lieben, um ihre empfindliche Haut zu pflegen. Die Wüstenelefanten Namibias sind keine spezielle Unterart, sondern die »üblichen« afrikanischen Elefanten, die sich an diesen extrem trockenen Lebensraum angepasst haben. Bleibt die Regenzeit einige Jahre aus, werden Elefanten mit den Unbilden der Natur sogar besser fertig als Springböcke und Oryxantilopen. Der verheerenden fünfjährigen Dürrezeit von 1979 bis 1984 fielen 80 Prozent aller Säugetiere zum Opfer, aber kein einziger Elefant. In Notsituationen bewährt sich die Solidarität untereinander. Junge, schwache und alte Tiere sind im Herdenverband geschützt, ihnen wird immer geholfen. Nie werden sie im Stich gelassen, solange noch ein Lebensfunke in ihrem Körper ist.

Mit ihrer hoch entwickelten Intelligenz erfassen Elefanten schnell eine für sie ungewohnte Situation. Sie denken sich Strategien aus, wie sie einen Mangel an Futter und Wasser beheben können, dabei hilft ihnen ihr enormes Gedächtnis. An Wasserstellen, wo sie in ihrer Jugend den Durst löschten, können sie sich noch Jahrzehnte später erinnern. Da sie ihr riesiges Territorium genau kennen, wissen sie auch, wann und wo etwas wächst. Tagesetappen von 70 Kilometern sind für Elefanten keine Besonderheit. Zwar trinken sie über 100 Liter täglich, aber zur Not können sie auch vier Tage ohne Wasser ausharren. Manchmal gelingt es ihnen sogar, in den trockenen Flussbetten erfolgreich nach Grundwasser zu graben. Mit der Nahrung sind Elefanten weniger wählerisch als andere Tiere. Sie fressen alles Pflanzliche, solange es sich zerkauen lässt. Obwohl sie saftige Blätter bevorzugen, verschmähen sie auch nicht Wurzeln, Äste und Rinde. Mit vier Metern Schulterhöhe und dem langen Rüssel erreichen sie alles, was wächst: am Erdboden die Gräser, auf hohen Bäumen die Blätter, und wenn nötig, stoßen sie den Baum einfach um, damit sie an die Krone herankommen.

Wie Nashörner sind auch viele Wüstenelefanten den Wilderern zum Opfer gefallen. Eine Zählung von 1983 alarmierte die Naturschützer, denn nur 70 Individuen hatten die Massaker überlebt. Dank des konsequenten Naturschutzes in Namibia hat sich der Bestand inzwischen wieder erholt. Eine nördliche Gruppe von 280 Individuen lebt im Trockengebiet des Kaokoveld, zur mittleren Gruppe gehören 100 und die westliche hat vermutlich 70 bis 100 Tiere.

Mein Elefant entfernt sich allmählich. Kein Laut ist zu hören, weder knirscht der Sand, noch klirren Kiesel. Wie ein Geist schleicht sich der Riese davon.

Etosha-Nationalpark

Der Löwin geht es schlecht. In regelmäßigem Rhythmus stößt sie klagende Laute aus: »Uok! Uok! Uok!« Das Fell ist abgeschabt wie ein alter Bettvorleger, der Bauch hängt tief, berührt fast den Boden, der Rücken ist weit durchgebogen. Fliegen umschwirren ihr Maul. Im Schutz meines Wagens scheint mich die Löwin nicht zu bemerken, unentwegt brüllt sie ihre Klageschreie heraus. Ich weiß nicht, was ich von der Szene halten soll. Löwinnen leben doch im Rudel. Wurde das kranke Tier von ihren Gefährtinnen aus der Gemeinschaft ausgestoßen? Warum jammert sie so grauenvoll? Ob Schmerzen sie plagen? Als ich meinen Blick von ihr abwende, mache ich eine Entdeckung: Gut versteckt unter einem Gebüsch liegt ein blutiger Tierkörper – ein Gnu, die Beute der Löwin! Dieselbe Szene stellt sich nun in einem völlig anderen Licht dar. Die Löwin hat sich satt gefressen, deshalb hängt ihr Bauch übervoll bis zum Boden, und der Blutgeruch an ihren Lefzen hat Massen von Fliegen angelockt. Aber warum brüllt sie? Will sie den Rudelmitgliedern ihren Jagderfolg signalisieren? Da nehme ich aus dem Augenwinkel eine Bewegung wahr: Hoch oben in einem Baum krabbelt ein plüschiges Etwas herum. Ich blicke durchs Fernglas – ein Löwenbaby! In gut sechs Meter Höhe hängt es dort wie eine reife Frucht. Da! Noch eins! Und ein drittes, ein viertes, ein fünftes! Fünf kleine Löwen! Jetzt wird mir alles klar. Bevor die Löwin zur Jagd aufbrach, hatte sie ihren Nachwuchs auf dem Baum in Sicherheit gebracht. Nun sitzen sie oben und trauen sich nicht mehr herunter.

Die Löwin ruft aus etwa 30 Meter Entfernung. Sie darf ihre Beute nicht ohne Aufsicht lassen, denn die Geier warten schon auf ihre

Chance. Die dunklen Vögel hocken ringsum im Geäst und beobachten wie ich die Szene.

Das erste Löwenjunge fasst Mut, hangelt sich tiefer von Ast zu Ast und rutscht schließlich am glatten Stamm hinab. Seinem Beispiel folgt das nächste, nicht ganz so geschickt, aber es gelangt auch heil nach unten. Inzwischen haben sich alle Geschwister zur Kletterpartie entschlossen, denn keines will allein oben bleiben. Wo am glatten Stamm keine Äste mehr als Stütze dienen, wird es besonders schwierig. Das Kleinste hat schlecht aufgepasst und sich nicht umgedreht. Kopfüber hängt es nun senkrecht am Stamm, mit seinen spitzen Krallen in der Rinde verhakt. Voller Angst miaut es. Niemand kann ihm helfen, wenn es sich nicht selbst hilft. Eine wichtige Lehre, die prägend für sein weiteres Leben sein wird. Vorsichtig löst es eine Tatze von der Rinde, schiebt sie ein Stück nach unten, hakt sie wieder fest. Dann die andere Tatze und nun mit beiden Hinterbeinen gleichzeitig. Das ging ganz gut. Gleich noch mal. Mühsam kämpft sich das Löwenkind Stück für Stück den Stamm hinab.

Die Geschwister sind inzwischen eins hinter dem anderen mit aufgerichteten Schwänzen zur Mutter marschiert, werden von ihr liebevoll knurrend begrüßt und beleckt. Das Kleinste will auch dabei sein. Noch immer hängt es kopfüber mehrere Meter über dem Boden. Mit dem Mut der Verzweiflung stößt es sich ab und springt, kugelt ins Gras, rappelt sich auf und tapst zur Mutter.

Es ist verführerisch, die gut ausgebauten Kiespisten des Etosha-Nationalparks zügig zu durchfahren. Die meisten Tiere sind zwar an Fahrzeuge gewöhnt, aber wer nicht extrem langsam fährt oder immer mal wieder anhält, wird nur selten eine Begegnung mit Tieren haben. Die ungeduldigen Besucher versammeln sich deshalb lieber an den Wasserlöchern, wo sich mit großer Wahrscheinlichkeit die meisten Tiere einfinden – besonders in der Trockenzeit.

Die Löwin hatte ich nur entdeckt, weil ich wegen einer farbenprächtigen Racke angehalten hatte. Der taubengroße Vogel schillerte violett, dunkelblau, türkis und saß im Wipfel einer Akazie; die Löwin darunter hätte ich übersehen, wenn sie sich nicht plötzlich erhoben und nach ihren Jungen gerufen hätte.

Das Erlebnis zeigt, wie wichtig die Anordnung ist, unter keinen Umständen den Wagen zu verlassen, nicht einmal, um etwas aus dem Kofferraum zu holen oder um kurz hinter einem Busch zu verschwinden. Wen die Blase drückt, der muss sich bis zu den löwensicher umzäunten Toilettenplätzen gedulden.

Dicht an den Boden gepresste Raubtiere sind im Gras nicht sichtbar, und nicht selten liegen sie direkt neben dem Fahrweg. Die scheinbar harmlose Buschsavanne verleitet aber immer wieder zu Unvorsichtigkeit. Es soll Touristen gegeben haben, die trotz Warnung ausgestiegen sind und erst zu Hause auf den Erinnerungsfotos feststellten, dass, hinter Gras versteckt, ein Löwenrudel auf der Lauer lag.

Der Park hat zwei Eingänge; ich bin über Outjo zur südlichen Pforte gefahren. Mit der vorgeschriebenen Genehmigung der Tourismusbehörde in Windhoek und der Reservierung für die Übernachtungen bin ich im Park willkommen und kann problemlos hineinfahren.

Die staatliche Verwaltung des Parks wirkt effektiv und straff organisiert – da wird modernes Management praktiziert. Tourismus und Naturschutz sind hier eine überzeugende Allianz eingegangen. Mit den afrikanischen Angestellten, die in freundlicher Dienstleistung geschult sind, unterhalte ich mich auf Englisch, der offiziellen Landessprache.

Das erste Lager heißt Okaukuejo und ist, wie auch alle anderen, wegen der Raubtiere umzäunt. Zelten würde mir hier kein Naturerlebnis bieten, deshalb entscheide ich mich zur Übernachtung in einem Bungalow, einer runden Hütte mit Binsendach im traditionellen Stil der Einheimischen. Kein Nagel und keine Schraube fanden Verwendung. Die Hölzer sind mit Lianen fest verbunden und stabil genug, um das schwere Pflanzendach zu tragen. Von unten blicke ich fünf Meter hinauf in die frei liegende Dachkonstruktion, die spitz zuläuft und mit ihren Rundhölzern, Querstützen und Schrägen ein kunstvolles Muster bildet. Zur Einrichtung gehören Kühlschrank und Herd; sogar Bettwäsche und Handtücher werden gestellt, alles zu einem erfreulich moderaten Preis.

Im Park wird auch Wildforschung betrieben. Als Biologin interessiere ich mich natürlich für die Arbeit der Wissenschaftler, deshalb habe ich mich mit einer Fachkollegin verabredet. Auf dem Weg von meiner Behausung zur wissenschaftlichen Station, die sich im Gebäude der Parkverwaltung befindet, werde ich vielfach abgelenkt. Zuerst von den Siedelwebern, sperlingsähnlichen Vögeln, die ein Gemeinschaftsnest bauen, wobei jedes Paar individuelle Eingangsröhren und Nestkammern benützt. Es hängt in einem knorrigen Kameldornbaum, der unter der Last ächzt, denn wie eine alte Strohmatratze überdeckt das riesige Nest die Äste und Zweige des Baumes. Ständig fliegen Vögel hin und weg, zwitschern und flattern, schlüpfen von unten in ihre Nesthöhlen, füttern die Jungen. Da könnte man Stunden verbringen, ohne sich zu langweilen.

Unter dem Baum der Webervögel wohnen Erdhörnchen in selbst gegrabenen Erdhöhlen. Neugierig kommen sie heraus und machen Männchen, während ich nur einen Meter entfernt vorbeigehe. Mit ihrem buschigen Schwanz, den sie schwungvoll aufgerichtet tragen, ähneln sie unseren Eichhörnchen. Dann begegnet mir noch eine Zebramanguste mit ihrer spitzschnäuzigen Kinderschar. Auch sie zeigen keine Scheu.

Die Gartenanlage vor dem Gebäude der Parkverwaltung ist sorgfältig gepflegt. Die vielen Pflanzen gedeihen dank reichlicher Wasserversorgung üppig. Im Zementboden vor dem Eingang hat man dekorativ die Spuren verschiedener Wildtiere eingeprägt. An den Wänden im Haus hängen Schautafeln, großformatige Fotos, Pläne und Karten. In Vitrinen sind präparierte Tiere ausgestellt, dazu Schädel von Nashörnern, Elefanten und Raubtieren. Schädel über Schädel, auch entlang des Ganges, an dem die Räume der Wissenschaftler liegen.

Maria empfängt mich in ihrem Büro, und wir machen uns bekannt. Sie trägt ein Safarihemd und knielange Shorts. Blond, groß und mit kühlblauen Augen lässt ihre Erscheinung darauf schließen, dass ihre Vorfahren von der Nordseeküste stammen. Mein Buchprojekt interessiert sie, und ich kann ihr meine erste Frage stellen: »Wie kam es eigentlich zur Gründung des Etosha-Nationalparks?«

Maria holt tief Luft und beginnt weit in der Vergangenheit: »Schon 1907 wurde das Gebiet, damals noch von der deutschen Kolonialverwaltung, als Wildschutzgebiet deklariert. Gouverneur Lindequist hatte sich dafür stark gemacht. Seine Absicht war, die Tierwelt Afrikas zu erhalten. Das war dringend nötig, denn durch die Großwildjagd war innerhalb nur weniger Jahrzehnte die Artenvielfalt stark gefährdet.«

»Hatte nicht auch das weiträumige Einzäunen der Farmen eine negative Wirkung?«, unterbreche ich ihren Exkurs.

»Und ob! Durch die Zäune waren die Wildtiere von ihren traditionellen Wanderrouten abgeschnitten. Und jeder Farmer schoss Löwen, Leoparden, Geparde so viel er konnte, weil die Beutegreifer sich ab und zu ein Opfer aus den Viehherden holten. Außerdem wurde aus Jagdlust alles erlegt, von Antilopen bis zu Elefanten«, sagt Maria heftig.

»Warum hat man gerade dieses Gebiet zum Nationalpark gemacht?«

»Weil hier die Tierwelt besonders artenreich ist. Wenn sich die Salzpfanne während der Regenzeit mit Wasser füllt, fallen riesige Vogelschwärme ein. Aber auch während der Trockenzeit sprudeln am Rand der Pfanne noch Süßwasserquellen; außerdem gibt es artesische Brunnen. Das Wasser zieht Tiere im weiten Umkreis an. Mit 100 000 Quadratkilometern war der Park damals das größte Naturschutzgebiet der Erde, das sich im Norden bis zur Grenze von Angola und im Westen bis zum Atlantik erstreckte.«

»Das ist ja riesig!«, rufe ich begeistert aus. »Schade, dass der Park verkleinert wurde, aber warum?«

»Die Regierung Südafrikas, die vom Völkerbund das Mandat über die ehemalige deutsche Kolonie Südwest-Afrika erhalten hatte, begann 1962 die Einheimischen in Homelands anzusiedeln, um sie besser unter Kontrolle zu haben, ganz im Sinne der Apartheidpolitik. Da es nicht mehr genügend freie Gebiete gab, verkleinerte man den Park. Den nördlichen Teil erhielten die Ovambo, den westlichen die Damara.«

»Wie groß war der Schaden für den Naturschutz?«

»Enorm! Vom Park blieb nur ein Rumpf von 22 000 Quadratkilometern übrig, und das Schlimmste war, dass die Tierherden plötzlich von ihren gewohnten Wanderrouten abgeschnitten waren, denn während der Trockenzeit hatten sie früher immer in den regenreichen Norden ausweichen können. Um die Tiere zu retten, mussten künstliche Wasserlöcher angelegt werden, aber dadurch entstand eine tödliche Gefahr.«

»Wieso das?«

»Der alkalische Boden begünstigt in stehenden Gewässern die Entwicklung des Milzbranderregers, der tausende Tiere dahinraffte.«

»Schrecklich! Und was hat man dagegen getan?«

»Nichts konnte man tun, außer der traurigen Aufgabe, die Kadaver einzusammeln und zu verbrennen. Die Gnus traf es am schlimmsten. Stellen Sie sich einmal vor: 90 Prozent von ihnen starben, und von den Zebras überlebten nur 5000 – gerade mal jedes dritte Tier.«

»Ist diese furchtbare Epidemie jetzt überwunden?«

»Inzwischen haben wir den Milzbrand recht gut im Griff. Die gefährlichsten Löcher wurden zugeschüttet. Die waren bei der Kiesaushebung für die Schotterpisten entstanden. Füllten sie sich während der Regenzeit, waren sie unweigerlich Brutstätten für die Bakterien. Aus Wasserlöchern werden nun regelmäßig Proben entnommen, um die Gefahr rechtzeitig zu erkennen.«

»Stimmt es, dass die Löwinnen mit Antibaby-Pillen gefüttert werden?«

Maria zieht etwas unwillig die Augenbrauen hoch. »In der Presse wurde unsere Aktion viel zu übertrieben dargestellt«, antwortet sie spitz. »Inzwischen ist dieses zeitlich begrenzte Projekt beendet und muss erst noch ausgewertet werden. Tatsache ist, dass der Löwenbestand im Park zu groß wird. Die sonst in der Natur herrschenden Regelmechanismen können in dieser geschützten Umwelt nicht greifen. Die Löwen vermehren sich ungebremst, weil sie jederzeit genug Beute machen können. Deshalb müssen wir auf die eine oder andere Weise regulierend eingreifen. Ich meine, es ist doch besser, es werden weniger Junge geboren, als dass man sie später gezwungenermaßen abschießen muss.«

»Wird im Park auch gewildert?«, stelle ich die nächste heikle Frage.

»Das ist kaum vermeidbar. Unsere Ranger versuchen zwar, Fallen und Schlingen zu entfernen, aber die Bewachung des 850 Kilometer langen Zauns ist trotz regelmäßiger Patrouillen unvollständig. Wilderer wissen das natürlich und dringen immer wieder in den Park ein. Bedenken Sie, der Park misst 295 Kilometer von Ost nach West und 110 Kilometer in Nord-Süd-Richtung.«

»Wie wichtig ist Ihrer Meinung nach der Etosha-Park für den Naturschutz?«, will ich als Nächstes wissen.

Maria muss für diese Antwort nicht eine Sekunde nachdenken: »Er ist die einzige Möglichkeit, die ursprüngliche Tierwelt zu erhalten. Der Bevölkerungsdruck steigt auch im dünn besiedelten Namibia. Würde der Zaun fallen, könnten nach und nach Menschen mit ihren Ziegenherden und Rindern eindringen. Wo Menschen siedeln, ist kein Platz für Wildnis. Uns ist bewusst, dass jeder Park ein künstliches Produkt ist, aber mit unseren regulierenden Eingriffen können wir verhindern, dass die Tiere ihren Lebensraum selbst zerstören. Deshalb ist der Etosha-Nationalpark mit seinen neun Vegetationszonen gewissermaßen eine Arche Noah. Hier leben 114 Säugetier-, 340 Vogel- und 50 Schlangenarten. Wir haben die zweitgrößte Nashornpopulation auf der Erde, außerdem 1300 Elefanten, 2000 Strauße, 20000 Springböcke und 250 Löwen. Mit wissenschaftlich orientiertem Management haben Wildhüter, Naturschützer und Biologen im Meer der menschlichen Zivilisation eine Insel für wilde Tiere geschaffen.«

»Wie lange kann denn die Insel der gefährlichen Brandung noch standhalten?«

»Solange das Interesse der Besucher an unserem Park anhält. Tourismus ist unser Lebenselixier, so paradox das klingen mag. Nur wenn sich das Tourismusgeschäft lohnt, wird die Regierung den Naturschutz fördern. Sie räumt ihm bis jetzt einen hohen Stellenwert ein und hat ihn sogar in der Verfassung verankert. Das ist schon mal eine gute Voraussetzung.«

Das Camp Okaukuejo verlasse ich am nächsten Tag bei Sonnenaufgang. Pünktlich um 7 Uhr wird das Tor geöffnet. Schilder informieren die Besucher, wann es geöffnet und geschlossen wird, eine Einrichtung, wie ich sie schon von Sossusvlei in der Namib-Wüste kenne. Bevor die Sonne untergeht, muss ich mich in diesem oder im nächsten Camp zurückmelden oder den Park verlassen. Nachts darf sich niemand außerhalb der raubtiersicheren Zäune aufhalten. Aber den ganzen Tag über kann ich unverfälschte Wildnis genießen, wie es sonst nur noch an wenigen Orten unserer Erde möglich ist.

Jenseits der weißen Fläche verschwimmen Himmel und Erde, fließen ineinander wie in einem Aquarell, und der Horizont löst sich auf im Nichts. Dunkle Gestalten schweben über dem Weiß. Im gleißenden Licht zittern und verzerren sich ihre Umrisse wie tanzende Spukgestalten. Sie kommen näher und werden größer, bis sie endlich klare Formen annehmen: Oryxantilopen. Der Anblick der Tiere versetzt mich in eine Zeit zurück, als der Mensch noch unbedeutend war und die wilde Natur die Erde dominierte. Wie lange noch werden Antilopen über die salzige Fläche ziehen? Die Etosha-Pfanne ist das Herzstück des Parks, ein fast 5000 Quadratkilometer großer, ausgetrockneter See, bestäubt mit feinen Salzkristallen, die im Sonnenlicht blendend weiß erstrahlen. In guten Regenjahren verwandelt sich die Salz-Ton-Pfanne in einen See. Dramatischer könnte man die Schöpfungsgeschichte kaum darstellen. Aus dem Nichts entsteht Leben, aus Wüste wird ein Paradies.

Dieses Jahr sind die großen Regenfälle im Januar und Februar ausgeblieben. Obwohl schon März ist, liegt der See noch immer trocken unter dem blauen Himmel. Die vereinzelten Gewitterregen haben ihn nicht zu füllen vermocht. Maria, die Wildbiologin, hatte mir gestern erzählt, dass sich die Salzpfanne nur noch selten in einen See verwandelt. Dann zieht es wie auf ein geheimes Signal tausende, zehntausende, hunderttausende Flamingos aus den entlegensten Gebieten Afrikas hierher. Mit ihren Körpern, dicht an dicht, bedecken sie den See wie mit einem einzigen rosa Federkleid.

Die Fülle an Mineralien im flachen, aufgeheizten Wasser ermöglicht ein rasantes Wachstum von Algen und winzigen Krebsen, und der See wird zu einer »nahrhaften Suppe«. Flamingos, Pelikane, Reiher, Enten und viele andere Wasservögel schwelgen im Überfluss, brüten und ziehen ihre Jungen groß. Aber manchmal endet der hoffnungsfrohe Beginn auch tragisch. 1969 war so ein Jahr. Die Sonne trocknete den See ungewöhnlich schnell aus, und mit dem Wasser verschwand auch die Nahrung. Die Flamingoküken waren aber noch nicht flügge. Ihnen stand ein qualvoller Hungertod bevor. Naturschützer wollten der Katastrophe nicht tatenlos zusehen, sammelten 20000 Jungvögel ein und setzten sie im Fisherlake beim Camp Namutoni wieder aus.

Zwei Jahre danach verdunstete das Wasser wieder zu früh. Diesmal griffen die Wissenschaftler nicht ein und beobachteten Ungeheuerliches: 30000 flugunfähige Küken machten sich zu Fuß auf den weiten Weg nach Norden, eskortiert von einigen Altvögeln. Graue Elendsgestalten mit struppigem Gefieder, durstig und hungrig, wankten über den in Schollen aufgesprungenen Seegrund. Watschelfuß vor Watschelfuß, fünf bis acht Schrittchen pro Meter, Kilometer um Kilometer. Entkräftet schleppten sich die Küken immer weiter. Würden sie je ankommen? Es schien ein Marsch ins Verderben zu werden. Unbarmherzig brannte die Sonne herab. Ein Vogeljunges nach dem anderen konnte das Tempo nicht mehr durchhalten, verlor den Anschluss, versuchte vergeblich den Abstand aufzuholen, gab schließlich auf und verendete. Andere blieben im zähen Schlamm stecken und blickten hilflos den Vorbeiziehenden nach. Grausame Bilder, die uns Menschen über die erbarmungslose Härte der Natur erschrecken lassen. Und doch war es letztlich ein Zug des Triumphes, ein Sieg des Lebens über den Tod: 25000 Jungvögel erreichten das 80 Kilometer entfernte Etuma-Delta und waren gerettet.

Die Sonne steht schon hoch am Himmel. Eine betäubende Stille hängt über dem gleißenden Weiß. Lange muss ich mich in meinen

Gedanken verloren haben. Luftspiegelungen holen mich in die Gegenwart zurück. Weit draußen glitzert es wie Wasser. Wellen scheinen sich zu kräuseln, und Bäume schweben in der Luft – trügerische Fata Morgana. Ins Unkenntliche verzerrt nähern sich wieder Gestalten. Zitternd verändert sich Form und Größe, bis ich sie als Zebras identifizieren kann. Mit nickenden Köpfen ziehen sie an mir vorüber.

Ich lasse mich weiter treiben, rolle fast in Schrittgeschwindigkeit schmale Kieswege entlang. Eine Straußenfamilie mit ihren Kindern verharrt unbeirrt dicht neben dem Wagen. Gierig schöpfen sie Wasser aus einer Lache. Ein Eber mit mächtigen Hauern erhebt sich aus einem Schlammloch. Tropfend trottet er gemächlich davon. Auf einmal verbreitet sich Unruhe unter den Springböcken. Da sehe ich sie schon – ein Trupp Tüpfelhyänen. Während die Gazellen in hohen, weiten Sprüngen flüchten, durchkämmen die fünf Hyänen die Savanne nach potentiellen Opfern. Sie müssen hungrig sein, denn der helle Tag ist absolut nicht ihre übliche Jagdzeit.

Die meisten Menschen empfinden eine starke Abneigung beim Anblick von Hyänen, mir sind sie genau so lieb wie alle anderen Lebewesen auch. Unwillkürlich erinnern mich diese fünf Tüpfelhyänen an eine kriminelle Gang, auch wenn ich sonst vermenschlichende Vergleiche gar nicht mag. Aber ich kann mir nicht helfen, ihr Verhalten und ihre Bewegungen lassen mich an Gangster denken, wie ich sie aus amerikanischen Filmen kenne.

Am Gamsboklake-Wasserloch blicke ich auf mein Thermometer und sehe, dass es 35 Grad im Schatten anzeigt. Trotz der Mittagshitze geht es lebhaft zu. Schwarzgesichtsgazellen tragen temperamentvolle Schaukämpfe aus, schlagen ihre Gehörne zusammen, drücken und rangeln, lösen sich voneinander, nehmen Anlauf und rammen erneut ihre Hörner mit hohlem Klang gegeneinander. Blind für ihre Umwelt torkeln zwei verhakte Gazellen gegen den

Kotflügel meines Wagens. Für sie kein Grund, voneinander abzulassen.

Neben mir interessiert sich eine Gruppe Kuhantilopen nebst ihren Kälbern für den furiosen Kampf. Die wenige Tage alten Jungen ahmen spielerisch das Geschehen nach, stämmen die Köpfe zusammen und versuchen, den Kontrahenten in die Knie zu zwingen. Mit affektiertem Machogehabe stakst der Bock auf die Weibchen-Kälber-Gruppe zu, beschnuppert gründlich eine Kuhantilope, trennt sie von den anderen, treibt sie vor sich her, bis beide hinter Büschen meinen Blicken entschwinden. Die Gefährtinnen warten. Mit erhobenen Köpfen blicken sie irgendwie ratlos, vielleicht auch besorgt in Richtung der Entschwundenen. Erst als diese nach einer Weile zurückkehren, äsen sie weiter, als sei nichts geschehen.

Es sind diese kleinen Geschichten, die den Besuch des Parks zu einem wahren Erlebnis werden lassen, und nicht die krampfhafte Suche nach Löwen, Leoparden, Elefanten und Nashörnern, den *big four*. Büffel, die in anderen Wildparks die *big five* vervollständigen, fehlen in Etosha.

Kurz vor Torschluss erreiche ich das Lager Halali. Es wurde im Jahr 1967 eröffnet und ist das jüngste der drei Camps. Benannt wurde Halali nach dem Jagdsignal »Jagd aus« – jetzt zählt nur noch die Hege und Pflege.

Wie im Lager Okaukuejo ist auch hier in Sichtweite eine Tränke angelegt. Nachdem ich tagsüber die Tiere verstreut im Gelände beobachten konnte, erlebe ich sie jetzt in einer Art Galavorstellung bis spät in die Nacht hinein. Vorsichtig sichernd bewegen sich Zebras auf die im Abendlicht glänzende Wasserstelle zu. Als sie sich zum Trinken niederbeugen, spiegeln sie sich wie auf einer antiken Bronzeplatte.

Immer neue Tiere erscheinen auf der Bühne: Kudus, Oryxantilopen, Gnus, Impalas, Springböcke. Sie äugen lange, wagen sich schließlich näher, trinken. Bleiben immer vorsichtig, heben zwischen einzelnen Schlucken die Köpfe, sichern. Die Friedlichkeit des Abends täuscht nur den Betrachter, die Herdentiere wissen es aus Erfahrung besser: An Wasserlöchern lauert fast immer die Gefahr.

Wie auf ein geheimes Kommando springen die durstigen Tiere auf einmal davon. Keines wagt sich mehr heran. Die Wasserstelle liegt leer und verlassen unter dem Sternenhimmel. Es ist spät. Schon will ich aufstehen und zum Schlafen in meinen Bungalow gehen, da erscheinen sie. Aus der Schwärze der Nacht tritt geschmeidig eine Gepardin, schreitet hochbeinig zur Tränke, und hinter ihr hoppelt wie ein Plüschtier ihr kaum einige Wochen alter Nachwuchs.

Nur noch an wenigen Orten unserer Erde kann man Tiere der Wildnis so nah beobachten. Der Blick auf die Gepardin, die in aller Ruhe mit ihrer Zunge das Wasser leckt, lässt mich eine Zeit nachempfinden, als Tiere noch ungestört von uns Menschen ihr Leben nach den Gesetzen der Natur führen konnten.

Am nächsten Tag steige ich früh morgens auf den Helio-Hügel, einen Fels aus Dolomitgestein mitten im Camp. Von oben reicht mein Blick über die golden flimmernde Savanne bis zum Horizont. Vor mir liegt das Lager, beschattet von üppigen Baumkronen, unter denen die Dächer der Hütten hervorlugen wie braune Pilzhüte.

Der Helio-Hügel bekam seinen Namen von der Sonne, die hier als Signalsender diente. Als Anfang 1900 die nördliche Grenze der deutschen Kolonie mit Posten gesichert wurde, konnten Nachrichten zunächst nur mit Reiterpatrouillen übermittelt werden. Für die damals schon übliche Telegrafie hätte man Drähte verlegen müssen unmöglich in diesem Wildgebiet und obendrein unbezahlbar. Da kam ein findiger Kopf auf eine geniale Idee und ließ auf dem Hügel einen Heliographen aufstellen. Mit Hilfe von Spiegeln sendete man

Lichtsignale nach Namutoni und Okaukuejo. Das soll recht gut geklappt haben. Und so standen bald überall im Land Heliosender und verbreiteten Nachrichten.

Der Wildreichtum und das natürliche Verhalten der Tiere lässt den Besucher nichts ahnen von den Problemen, die die Verantwortlichen des Parks zu lösen haben, von den Todesfällen durch Milzbrand, den Eingriffen zur Regulierung der Tierpopulationen durch Fang, Abschuss und Hormonpillen für Löwinnen. Bei der Größe des Parks mit mehr als 50 Wasserlöchern und abwechslungsreicher Vegetation wird kaum jemand vermuten, dass diese Fläche dennoch zu klein ist. Ein natürliches Gleichgewicht kann sich hier nicht einstellen, ein Dilemma, mit dem so gut wie alle Schutzgebiete zu kämpfen haben. Die Natur braucht mehr Raum, als wir ihr zur Verfügung stellen können, denn wir Menschen sind einfach zu viele.

Am Abend erreiche ich das dritte Camp, Namutoni. Hier begegne ich wieder einmal der deutschen Kolonialgeschichte. Schon 1903 errichteten die Deutschen bei einer sprudelnden Quelle das Fort, damals ein kleiner Außenposten mit vier Zimmern, einer Küche und einem Lagerraum. Eigentlich wollte man nur Präsenz zeigen gegen die im Norden lebenden Ovambo und sie an Grenzüberschreitungen hindern. Aber auch die Viehherden der deutschen Farmer galt es zu schützen, wenn wieder einmal die Maul- und Klauenseuche oder die Rinderpest bei den Tieren der Ovambo grassierten.

Im strahlenden Weiß hebt sich der mit Zinnen bewehrte Bau gegen das Blau des Himmels ab. Die vier langen Mauern, an den Ecken mit Wehrtürmen verstärkt, umschließen einen Innenhof. In schlicht eingerichteten Räumen kann man am historienträchtigen Ort übernachten. Mir sind die Zimmer zu stickig, eng und dunkel; ich entscheide mich lieber, wie zuvor in den anderen Camps, für eine Hütte im traditionellen afrikanischen Stil.

Doch für die Besichtigung des Forts nehme ich mir ausgiebig Zeit. Durch ein hufeisenförmiges Tor gelange ich in den Innenhof. Er wirkt gar nicht militärisch, sondern eher friedlich, sogar idyllisch mit schlanken Palmen und roten Bougainvilleen, die an weißen Mauern ranken. An einer Wand hängt eine Tafel. Ich trete näher und lese:

»*Am 28. Januar 1904 überfielen 500 Ovambo die Station Namutoni. Sieben tapfere deutsche Reiter schlugen den Angriff siegreich nieder*«.

Obwohl der Nationalpark staatlicher Obhut unterliegt und sowohl das Staatsoberhaupt als auch zahlreiche Regierungsmitglieder dem Volk der Ovambo angehören, wird diese provokative Heldenverehrung der einstigen Feinde erstaunlicherweise toleriert.

Auf einer Treppe steige ich in das oberste Stockwerk des Hauptturms hinauf. Dort ist ein Museum eingerichtet. Den Raum dominiert ein großer Kasten, in dem ein Modell aufgebaut ist, das den Angriff der Ovambo im Jahr 1904 nachstellt. Das war im gleichen Jahr, als sich die Herero zwei Wochen zuvor gegen die Kolonialherren erhoben hatten.

Umgeben von Savanne mit winzigen, täuschend echt geformten Bäumen, Büschen und Gräsern erhebt sich in der Mitte ein Wehrbau, der in seinen Ausmaßen viel kleiner ist als das heutige Fort. Zwei gegenüberliegende rechteckige Türme verbindet stegartig ein ebenerdiges Gebäude. Für einen Innenhof war damals kein Platz, deshalb sind die Tiere, von denen einige in Eile aus umliegenden Farmen hergetrieben wurden, und andere, die zum Fort gehörten, mit einem Dornenverhau geschützt. In diesem Kraal springen, laufen und liegen Pferde, Rinder, Schweine und Esel naturgetreu bemalt, sogar Strohballen und Heubündel wurden nicht vergessen. Aber dieses friedfertige Detail täuscht, denn in der dargestellten

Szene geht es um Leben und Tod: Braune halbnackte Figürchen haben das Fort eingekreist, von allen Seiten rücken sie vor, in den Händen scharfe Messer, lange Speere und den *kirri*, die gefährliche Kriegskeule aus eisenhartem Wurzelholz mit kugelförmig verdicktem Ende. Mit dieser meterlangen Keule konnte man einem Gegner mühelos den Schädel zertrümmern. Einige der Kämpfer liegen mit verrenkten und verbogenen Gliedern oder mit ausgebreiteten Armen am Boden, sie stellen die Gefallenen dar. Andere braune Krieger ducken sich hinter Steinen oder schieben abgehackte Büsche zur Tarnung vor sich her. Es muss bedrohlich auf die Überfallenen im Fort gewirkt haben, als dieser grüne Wald, wie von Geisterhand bewegt, immer näher kam.

Die Soldaten im Fort tragen graue Uniformen und liegen bäuchlings auf den Flachdächern der Türme, gedeckt durch die Zinnen, und halten Gewehre im Anschlag. Wenn ich mir die altertümlichen Waffen in den Vitrinen anschaue, kann ich mir vorstellen, dass es Nerven gekostet haben muss, diese Flinten zu handhaben. Nach jedem Schuss musste Pulver in die Kammer gestopft und ein Zündplättchen aufgelegt werden, das dann mühsam mit Funken gezündet wurde.

Sieben Mann gegen 500 Angreifer, ein ungleiches Verhältnis. Kaum zu glauben, dass die Besatzung des Forts der mit Todesverachtung anstürmenden Übermacht mehrere Stunden standhalten konnte. Doch die Soldaten hatten eben Feuerwaffen, und die Angreifer kamen nicht nah genug heran, um ihre tödlichen Nahkampfwaffen einsetzen zu können. König Nehale hatte das vorher gewusst, deshalb hatte er auf eine große Zahl gesetzt und den Tod vieler seiner Getreuen bewusst in Kauf genommen.

Am Abend waren 200 der Angreifer tot, so steht es in den Berichten der Kolonialbehörde. Folgt man aber dem finnischen Missionar Martti Rautanen, der sich seit Jahren bei den Ovambo aufhielt und sich als Ratgeber und Dolmetscher zur Verfügung gestellt hatte, waren es nicht ganz so viele; in einem Brief an seine Missionsgesellschaft berichtet er von 55 Opfern.

Die sieben deutschen Verteidiger flüchteten im Schutz der Dunkelheit nach Grootfontein, einer deutschen Siedlung. Als Nehales Kämpfer am nächsten Morgen das Fort stürmten, ließen sie ihre rasende Wut an dem verlassenen Gebäude aus und zerstörten es bis auf die Grundmauern.

Ein Jahr später, im Jahr 1905, befahl Graf Wilhelm von Saruma-Jeltsch, an gleicher Stelle einen Neubau zu errichten – das noch heute erhaltene Fort. Es wurde als größter und schönster Wehrbau deutscher Kolonien gerühmt, hatte eine eigene Quelle, ein Schwimmbad für die Besatzung und eine Tränke für Pferde und Kamele.

An den Wänden des Museums hängen historische Fotos. Sie zeigen junge Männer der Schutztruppe im Hof des neuen Forts auf ihren Pferden oder in bedeutsamer Pose aufgereiht für den Fotografen. Die Uniformen in den Vitrinen sind erstaunlich klein; in sie würde sich ein Jugendlicher von heute kaum hineinzwängen können. Zudem hatten die Jacken enge Stehkragen und waren aus dickem Flanell. Wie müssen die armen Kerle in dem warmen Zeug geschwitzt haben! Auch die Ausrüstung war alles andere als angemessen: Wasserflaschen, die gerade einmal einen halben Liter fassten, waren für ein Wüstenland völlig unzureichend.

Seltsam ist es für mich, in Afrika der bayerischen Monarchie zu begegnen. Auf einem Foto ist Prinzregent Luitpold von Bayern zu sehen. Der alte Herr in seinem unvermeidlichen Lodengewand war tatsächlich in Namutoni und wurde von begeisterten Soldaten jubelnd begrüßt.

1914, zu Beginn des Ersten Weltkriegs, wurde das Fort von General Coen Brits eingenommen, der mit einer Brigade der südafrikanischen Truppen in Gewaltmärschen über Okaukuejo und Dietfontein vorwärts stürmte, um den Deutschen die Flucht abzuschneiden. Ohne Schusswechsel ergaben sich 150 deutsche Soldaten und Offiziere dem britischen General.

Namutoni begann nach und nach zu zerfallen, erst 1950 besann man sich auf das historische Erbe und stellte es unter den Schutz der »Historical Monuments Commission«. Schließlich, nach der Restaurierung im Jahr 1956, wurde das alte Fort als Quartier für die Besucher des Etosha-Parks freigegeben.

Sossusvlei – hier saugt die Namib den letzten Tropfen Wasser aus der Erde.

Waterberg, Schicksalsberg der Herero

Blick vom Waterberg in die Sandsteppe der Kalahari

Namib, Wüste zwischen Buschland und Atlantischem Ozean

Fremde werden in Namibia schnell zu Freunden.

Abendröte in den Pontokbergen

Sossusvlei – die Spuren verlieren sich im Nichts.

Schlucht der Orgelpfeifen, Ergebnis abgekühlten Magmas

Versteinerter Wald – Millionen Jahre alte Überreste mächtiger Bäume

Spitzkoppe, Namibias »Matterhorn«

Nach heftigen Regenfällen gibt es im Etosha-Nationalpark reichlich Nahrung.

Etosha-Nationalpark – Überfluss gibt es nur an wenigen Wasserlöchern.

Wüsten-Chamäleon, klein aber furchtlos

Gepflegte Schotterstraßen, ein Zeichen des Fortschritts in Namibia

Der Gast aus dem All

Nach drei erlebnisreichen Tagen verlasse ich den Nationalpark durch das östliche Tor in Richtung Tsumeb. Sie ist die drittgrößte Ortschaft Namibias, hat aber nur 14 000 Einwohner. Die Stadt zeigt sich im freundlichen Garten-Look. In den Vorgärten duften Frangipani, ranken blaue Jacarandas und knallrote Bougainvilleen. An breiten Straßen, auf denen kaum Fahrzeuge zu sehen sind, reihen sich helle Holzhäuser mit Veranden. Ein gepflegter Ort, in dem ich nur auf wenige Menschen treffe. Seit die Mine geschlossen wurde, scheint Tsumeb in einen Dornröschenschlaf versunken zu sein.

Die Mine liegt an der Hauptstraße mitten im Ort. Besucher sind auf dem Gelände nicht zugelassen. Von der Straße aus sehe ich den Förderturm, Abraumhalden, Fabrikhallen. Das Erz, das hier gefördert wurde, ist von höchster Qualität. Es enthält eine Vielfalt verschiedener Mineralien, die sonst nie alle zusammen vorkommen: Blei, Kupfer, Zink, Silber, Arsen, Antimon, Cadmium, Kobalt, Germanium, Gallium, Eisen, Quecksilber, Molybdän, Zinn und Vanadium.

Lange bevor Erze industriell gefördert wurden, holten San Kupfer aus dem von ihnen geheim gehaltenen »Grünen Hügel«, und sie beherrschten auch damals die Technik des Schmelzens. Ihre Öfen wurden in Tsumeb gefunden. Die Buschmänner trieben regen Handel und tauschten ihr Kupfer gegen vielerlei Waren aus dem nördlich gelegenen Ovamboland ein.

Im Jahr 1893 wurde der Grüne Hügel von Weißen »entdeckt«, das heißt, sie eigneten sich das Gebiet einfach an. Bei der wirtschaftlichen Entwicklung der gesamten Region spielte diese Lagerstätte die wichtigste Rolle. Von 1905 bis 1996 wurde die enorme Menge von 25 Millionen Tonnen Erz gewonnen. Aber schließlich konnte die namibische Erzförderung mit den niedrigen Weltmarktpreisen nicht mehr mithalten. Bei abnehmenden Ressourcen überflügelten die Produktionskosten schließlich den Gewinn.

Konnte anfangs das Erz noch im Tagebau geschürft werden, musste man die Mine immer tiefer treiben, denn das erzhaltige Gestein füllte eine Röhre, die von der Oberfläche nach unten in eine Tiefe von 1800 Meter reicht. Dieses senkrechte Erzlager verdankt seine Eintstehung einer seltenen geologischen Situation: Durch Verkarstung entwickelte sich eine röhrenförmige Höhle, die bei späteren Gebirgsbildungen mit Erzen angereichert wurde.

Als die Sohle in einer Tiefe von 1500 Meter angelangt war, wurde die Arbeit für die Bergleute bei 45 Grad Celsius und 100 Prozent Luftfeuchtigkeit nahezu unerträglich. Und doch war es ein Schock, als die Mine 1996 endgültig stillgelegt wurde. 2300 Bergleute und Angestellte verloren von einem Tag auf den anderen ihre Arbeit. Eine Katastrophe für die Region und die Betroffenen, die kaum eine Chance haben, eine neue Arbeitsstelle zu finden.

Mit Donner und Feuer raste etwas auf die Erde zu. Mit gewaltigem Knall schlug das »Ding« auf dem Boden auf. Alles verglühte im weiten Umkreis der Einschlagstelle. Ob Menschen bei der Explosion ums Leben kamen weiß niemand, denn das Ereignis liegt mehr als 80000 Jahre zurück.

Jahrtausende ruhte der Gast aus dem All in der Erde, eingehüllt von einer dicken Kalkkruste. Entdeckt wurde der Brocken erst 1920 von Jacobus Hermann Brits auf seiner Farm Hoba. Ihm fiel dunkles Gestein auf, das aus der kalkigen Verkrustung herauslugte. Die Entdeckung erwies sich als Sensation: Was freigelegt wurde, ist der größte bekannte Meteorit auf unserer Erde.

Meteoriten und die kleineren Meteore sind an sich nicht selten. Tag und Nacht bombardieren sie die Erde, die meisten verglühen aber beim Eintritt in die Atmosphäre, des Nachts sehen wir sie als Sternschnuppen. So plötzlich wie sie aufleuchten, sind sie auch wieder erloschen. Beeindruckt von der Lichterscheinung, die von so kurzer Dauer ist, wollen wir gern glauben, der Himmel habe uns etwas mitzuteilen und könne unser Schicksal bestimmen. »Schnell, wünsch dir was Schönes!«, rief man mir zu, als ich ein Kind war. »Wenn du dir was wünschst, solange du die Sternschnuppe siehst, geht es in Erfüllung.« Ich war jedoch immer zu langsam. Bevor ich mir einen Wunsch überlegen konnte, war der Sternenblitz schon vorbei.

Sternschnuppen, so lernte ich bald, sind die Reste eines zerborstenen Planeten, der ehemals zwischen Mars und Jupiter um die Sonne kreiste. Daher ist dort die Konzentration der Bruchstücke besonders hoch. Aber viele schwirren auch kreuz und quer durch unser Sonnensystem. Wenn einer dieser Irrläufer in den Sog der Erdanziehung gerät und mit der Atmosphäre in Berührung kommt, erhitzt er sich und beginnt zu glühen. Je näher er der Erde kommt, desto stärker wird er in der immer dichter werdenden Luft ausgebremst. Dabei entsteht eine enorme Hitze, in der sich die meisten Meteoriten explosionsartig auflösen. Immerhin 500 von ihnen erreichen jährlich die Erdoberfläche, jedoch die wenigsten werden gefunden. Nur 2000 gesicherte Funde kennt man; der größte ist der Hoba-Meteorit. Mit seiner Länge von drei Metern und einer durchschnittlichen Dicke von einem Meter würde er 60 Tonnen auf die Waage bringen.

Hauptsächlich besteht er aus Eisen, nämlich zu 82,4 Prozent. Sein Nickelgehalt ist mit 16,4 Prozent ungewöhnlich hoch, deshalb wird er zu den Ataxiten gezählt. Dann enthält er noch Spuren von Kobalt, Gallium, Iridium, Germanium, Zink, Schwefel, Kupfer und Chrom. Der Nickel beziehungsweise die Halbwertzeit des radioaktiven Nickelisotops verrät uns auch den Zeitpunkt des Einschlags auf der Erde, eben vor 80 000 Jahren. Schwieriger ist es, das eigentliche Alter des schwergewichtigen Brockens zu bestimmen; hier variieren die Angaben zwischen 190 und 410 Millionen Jahren, und so ist er eigentlich ein Jüngling im Vergleich zur 4,5 Milliarden Jahre alten Erde.

Seit der Hoba-Meteorit 1987 den Status eines »National Monument« erhielt, ließ sich die Anzahl der Besucher nicht mehr mit einer geregelten Farmarbeit vereinbaren. Und so stellte der damalige Farmer Josef Engelbrecht sein Gebiet rund um den Meteoriten der Allgemeinheit zur Verfügung.

In einem Verkaufsladen, wo Bücher, Karten und Souvenirs angeboten werden, löse ich ein Ticket und wandere auf gewundenen Pfaden durch eine Parkanlage mit reicher Vogelwelt. Unvermittelt stehe ich vor einer Art Amphitheater und sehe ihn – den Himmelsboten. Still und geheimnisvoll liegt er dort, der fremde Gast, den es auf die Erde verschlagen hat und der nie mehr ins Weltall zurückgelangen kann, solange unser Planet existiert.

Seine Oberfläche ist dunkel, metallisch glänzend. Es ist die beim Fall der Erde zugewandte Seite, die sich bei der Abbremsung am stärksten erhitzte. In der Schmelzkruste sind zahlreiche Dellen, als hätte Pluto mit seinem Götterhammer das glühende Metall zu schmieden versucht. Diese Vertiefungen sind durch Ausbrennen des Minerals Tirolit, eines Eisensulfids, entstanden.

Ich lege meine Hand auf den Himmelsstein und fühle überrascht, wie kühl er ist, obwohl die Sonne auf ihn niederbrennt. Ich weiß, dass der hohe Eisengehalt mit seiner Wärmeleitfähigkeit diesen Eindruck hervorruft. Das Kältegefühl verstärkt in mir den fremdartigen Eindruck, der von dem Stein ausgeht.

Ein unerklärliches Geheimnis umgibt diesen Sendboten des Himmels. Bei dem Aufprall hätte sich nämlich ein Einschlagkrater bilden müssen. Aber es gibt keinen! Geologen konnten auch keine temperatur- und druckbedingten Veränderungen an den umliegenden Gesteinen feststellen, wie das bei einem Einschlag dieser Dimension eigentlich hätte sein müssen. Und warum zeigt seine Fallseite nach oben? Für diese Rätsel haben die Wissenschaftler bis jetzt keine Erklärung.

Als wäre er an Fallschirmen sanft herabgesegelt, liegt Hoba am Boden und gibt uns keinen Hinweis auf das Unerklärliche. Die Kalkverkrustungen, in die er eingebettet war, als man ihn fand, beweisen, dass er Jahrtausende an seinem Fundort gelegen sein muss. Auch eine Umbettung nach seinem Aufschlag scheint unmöglich. Vor 80000 Jahren konnten Menschen bestimmt keine 60 Tonnen schweren Findlinge transportieren, oder doch? Verehrt aber wurden Steine schon immer, vom Altertum bis heute. Auch im größten Heiligtum der Moslems, in der Kaaba von Mekka, ist ein Meteorit eingebettet.

Ein Schwirren in der Luft – ich schaue auf. Da ist sie schon auf dem Meteoriten gelandet, eine Wanderheuschrecke. Der dunkle, metallene Untergrund bringt ihre Farbe und Form voll zur Geltung. Irgendwie passen sie zueinander, will mir scheinen, zwei bizarre Wesen, die uns Menschen eigentlich fremd sind: das Insekt, von seltsamer Schönheit und doch verheerend, wenn es in ungeheuren Schwärmen auftritt, und der rätselhafte Stein, der einen weiten Weg durch das Weltall zurücklegt hat, um auf unserer Erde zu stranden.

Ein tragischer Unfall

Am Abend ziehen dunkle Wolken am Himmel auf, doch erst um Mitternacht entlädt sich das Gewitter mit Blitz und Donner. Regen stürzt herab, prasselt auf mein Zelt, das ich auf dem Campground bei der Ortschaft Otjiwarongo aufgebaut habe. Mein Zelt hält stand, der befürchtete Wassereinbruch bleibt mir erspart.

Mein Ziel am nächsten Morgen ist der Waterberg. Dort erwartet mich die Familie Rust auf ihrer »Wilderness Lodge«. Schon Tage zuvor habe ich mich telefonisch angemeldet, denn Unterkünfte in dieser Gegend sind begehrt.

Der Morgen ist trübe, der Himmel wolkenverhangen, und die Vegetation dampft vor Feuchtigkeit. Meine Augen brennen. Die durchwachte Gewitternacht liegt mir schwer auf den Lidern. Die Strecke kommt mir endlos vor, obwohl es auf der Karte nur ein kurzes Stück zu sein scheint. In ein, zwei Stunden hatte ich gehofft anzukommen. Aber unter dem Kiesbelag der Pad verbirgt sich eine gefährliche Lehmschicht, die nach dem Regen glitschig wie Schmierseife geworden ist. Wenn ich versuchsweise beschleunige oder aufs Bremspedal trete, beginnt der Wagen sofort zu schlingern und will ausbrechen wie ein scheuendes Pferd.

Von dem 46 000 Kilometer langen Straßennetz Namibias sind nur 4200 Kilometer asphaltiert, das hat seine Gründe. In dem dünn besiedelten Land lohnen sich teure Teerstraßen nicht. Zudem sind Wegeschäden nach Unwettern, mit denen man in Namibia häufig rechnen muss, bei Schotterstraßen leichter zu reparieren. Einmal drüber mit dem »Pad Schrapper«, wie man im Südwester Jargon zu der Maschine sagt, die frässt, hobelt und walzt, und schon ist alles wieder glatt. Seitdem Namibia unabhängig ist, sind die Schotterstraßen nicht schlechter geworden, einige sind sogar in besserem Zustand als unter der Verwaltung Südafrikas. Dem Staat entstehen dadurch erhebliche Kosten, aber gute Straßenpflege gilt den Namibiern als Beweis für die Tüchtigkeit der Regierung.

Schneller als 60 bis 70 Kilometer in der Stunde sollte niemand fahren, hatte ich bei Übernahme des Wagens und der Einweisung in die Tücken des Schotterbelags gelernt, nicht einmal auf einer schnurgeraden, gut gepflegten Pad, damit man auf Querrinnen, Löcher oder Wildtiere reagieren kann. Mit dem langsamen Fahren habe ich keine Probleme. Während ich dahinrolle, spähe ich nach allen Seiten, setze mich mit der Umgebung auseinander, sehe den Singhabicht unbeweglich auf einem Ast hocken oder Perlhühner aufgeregt wegtrippeln, bemerke das scheue Dikdik im Blättergewirr und die Gruppe ruhender Paviane. Meine Fahrgeschwindigkeit orientiert sich an der eines gut trainierten Radfahrers, zum Glück für das Chamäleon, das als Fußgänger die Straße überquert.

Es ist nur so groß wie meine Hand, aber das knallige Grün auf rotbraunem Untergrund sticht mir ins Auge. Sofort trete ich auf die Bremse. Zu hastig! Erschrocken spüre ich, wie der Wagen aus der Spur gleitet. Da ich langsam genug war, meistere ich die Gefahr für uns beide. Das Chamäleon ist gerettet. Nur eine Spanne vor dem Tier stehen die Vorderräder. Es hat die Gefahr natürlich mitbekommen und beeilt sich, den Straßenrand zu erreichen. Weit holt es mit seinen Füßen aus und legt ein tüchtiges Tempo vor.

Das Tier erinnert mich an seinen Verwandten, dem ich in der Namib-Kieswüste am Felsen Mirabib begegnete. Sie ähneln sich, und doch ist jedes an seinen Lebensraum ganz speziell angepasst und könnte in dem des anderen nicht überleben.

Das Chamäleon spielt Schicksal, denn bei dem Haltemanöver muss ich die Abzweigung zur Gästefarm übersehen haben. Erst nach einigen Kilometern bemerke ich den Irrtum. Gerade will ich umdrehen, da erblicke ich mitten auf der Straße, die schnurgerade auf den Horizont zuläuft, ein eigenartiges Hindernis. Genau kann ich es nicht erkennen, denn es ist zu weit entfernt, dort, wo Straße und Himmel ineinander übergehen. Ohne genau zu wissen warum, ergreift mich ein beklemmendes Gefühl und schnürt mir die Kehle zu. Mein Verstand weigert sich noch zu begreifen, da reagiert mein Körper schon auf das Unbekannte vor mir.

Ich fahre weiter, wundere mich beim Näherkommen über ein Fahrzeug, das seine vier Räder oben hat. Eine Sekunde später weiß ich, was geschehen ist. Ein Unfall! Das Fahrzeug, ein VW-Bus, hat sich überschlagen. Als Nächstes sehe ich Menschen am Straßenrand hocken und auf der Fahrbahn liegen. Während ich noch immer auf die Unfallstelle zurolle, dringen einzelne Bilder in mein Gehirn, verdichten sich bald zu einer schrecklichen Gewissheit: Bei dem Körper, der ausgestreckt auf der Straße und mit dem Kopf unter dem Wagen liegt, muss es sich um einen Toten handeln.

Mir ist eiskalt. Ein Gefühl, als sei das gar nicht Wirklichkeit. Ich halte an und steige langsam aus. Drei Menschen blicken mir wortlos entgegen. In ihren Blicken ist keine Hoffnung, nur ein wenig Erleichterung blinkt auf: Endlich ist jemand gekommen, jetzt sind sie nicht mehr ganz allein in ihrem Unglück. Gisela, eine Frau mit blondem Igelkopf, liegt apathisch am Boden. Sie weiß, ihr Schlüsselbein ist gebrochen, sonst habe sie keine Verletzungen, auch keine Schmerzen, versichert sie mir. Anita, die Freundin, kniet neben ihr. Sie hat Prellungen an der Hand. Detlef ist am Rücken leicht verletzt. Die körperlichen Blessuren sind unerheblich, stelle ich erleichtert fest. Nicht auszudenken, wie hilflos ich gewesen wäre, wenn ich eingeklemmte Verletzte vorgefunden hätte, die mich schreiend um Hilfe gebeten hätten. Für die tote Frau aber, deren Kopf vom Wagendach zerquetscht wurde, kommt jede Hilfe zu spät.

Detlef berichtet, dass ihre Mitfahrerin herausgeschleudert wurde und sofort tot war, ohne zu leiden.

Vor einer halben Stunde sei der Unfall passiert, und vor mir sei noch kein einziges Auto vorbeigekommen. Schnell gewöhnt man sich daran, auf Namibias Straßen fast immer allein unterwegs zu sein, doch wenn eine Notsituation eintritt, muss man oft lange, vielleicht zu lange, auf Hilfe warten. Ich biete an, mit meinem Wagen zur nächsten Farm zu fahren, um Polizei und Krankenwagen zu verständigen. Da erst erfahre ich, dass zwei weitere Mitfahrer, Axel und Dirk, bereits zu Fuß aufgebrochen seien. Ich will bei Familie Rust um Hilfe bitten, der einzigen Farm in der Nähe, die auf meiner Karte eingetragen ist, vorher aber die beiden Fußgänger auflesen, die in die entgegengesetzte Richtung gegangen sind.

Nach drei Kilometern habe ich sie eingeholt. Inzwischen hat sich die schützende Wolkendecke aufgelöst, und die Sonne knallt unbarmherzig herab. Voller Panik sind Axel und Dirk kopflos losgestürmt, ohne Wasser und ohne Sonnenhut. Erschöpft, schweißüberströmt, mit aufgesprungenen Lippen steigen sie in meinen Wagen und greifen gierig nach der Wasserflasche, die ich ihnen als Erstes anbiete. Sie bitten mich, die Richtung beizubehalten, sie seien schon so weit gegangen, jetzt müsse doch bald eine Farm kommen. Wenn wir umkehrten und in der anderen Richtung suchten, würden wir an der Unglücksstelle vorbeikommen, und das wollen sie nicht, ohne etwas bewirkt zu haben.

Tatsächlich, nach einigen Kilometern steht ein Schild an der Straße mit der Bezeichnung »Leu 75«, allerdings recht zerbeult und verrostet, die Buchstaben abgeblättert, kaum noch zu entziffern. Ich glaube nicht, dass es eine gute Idee ist, der Sandpiste zu folgen. Farmgebäude liegen oft sehr abgelegen, manchmal mehr als 30 Kilometer von der Straße entfernt. Falls die Farm aufgegeben wurde, haben wir kostbare Zeit verloren. Doch die beiden sind völlig verzweifelt und bedrängen mich, unbedingt hier reinzufahren. Sie sind überzeugt, dass die Telefonleitungen entlang dieses Seitenwegs uns automatisch zu einer Farm leiten werden. Da ich Fahrspuren sehe, wenn auch schon verweht, lasse ich mich schließlich überreden. Bevor ich in den sandigen Weg einbiege, blicke ich auf den Kilometerzähler meines Wagens.

Sandpassagen bin ich in meinem Leben bisher noch nicht oft gefahren, nur in Sossusvlei hatte ich einen ersten Vorgeschmack bekommen, dort konnte man aber auch nicht verloren gehen. Heute jedoch ist es ernst, und ich habe die Verantwortung für Menschen, die verletzt sind, unter Schock stehen und schnelle Hilfe brauchen. Wenigstens weiß ich theoretisch Bescheid: den Motor gleichmäßig auf Touren halten und möglichst nicht schalten, weil die Unterbrechung des Kraftflusses beim Kuppeln riskant ist. Die Räder dürfen sich auf keinen Fall eingraben, denn wenn wir in dem weichen Sand erst mal versackt sind, ist ein Rauskommen ohne fremde Hilfe nur schwer möglich. Höher als in den ersten Gang darf ich nicht gehen, da entwickelt der Motor die meiste Kraft, erhitzt sich allerdings auch stark. Vor Anspannung und Angst bricht mir der Schweiß aus, rinnt in kleinen Bächen an mir herab. Schon bald bereue ich, dieses Risiko eingegangen zu sein. An ein Umdrehen ist nicht zu denken. Die Piste ist tief in das Buschland eingegraben und so schmal, dass die Dornsträucher am Fahrzeug entlangschrammen. Nach jeder Kurve hoffen wir, endlich das Farmhaus zu sehen.

Bei Kilometer acht hängt die Telefonleitung zerrissen herab, weit und breit kein Hinweis auf ein Wohnhaus. Auch Fahrspuren habe ich schon lange keine mehr gesehen.

»Hier lebt niemand! Wir kehren um und fahren zur Pad zurück«, bestimme ich jetzt energisch.

Nur unwillig geben meine Mitfahrer auf, aber hier ist die einzige Stelle, wo der Hohlweg etwas breiter ist und der Untergrund fest genug zum Wenden. Im Stillen denke ich: Ihr ahnt nicht, was euch bei allem Unheil erspart geblieben ist. Hoffnungsvoll wärt ihr den Telefonleitungen gefolgt, stundenlang durch tiefen Sand gewatet und in der mörderischen Hitze zusammengebrochen.

Mehr als 30 Kilometer vom Unfallort entfernt – viel zu weit, als dass die beiden sie zu Fuß hätten erreichen können – gelangen wir endlich zu einer Farm, die von Lyda und Inni Taads bewirtschaftet wird. Das Farmerpaar mit holländischen Vorfahren lässt sofort die Arbeit ruhen und versucht zu helfen.

Axel ruft Polizei, Krankenhaus, Botschaft und den Autoverleiher an, leitet alles Notwendige in die Wege. Dirk hockt apathisch im Schatten der Veranda. Auf einmal beginnt er zu schluchzen. Lyda nimmt den jungen Mann tröstend in die Arme, und jetzt erfahren wir, dass die Tote seine Mutter war. Er selbst hat am Steuer gesessen und fühlt sich schuldig an ihrem Tod. Lyda streichelt ihn, wiegt ihn beruhigend in ihren Armen, spricht sanft auf ihn ein.

Die Farmerfrau gibt uns Wasser und Proviant mit auf den Weg, dann fahren wir zurück zum Unfallort. Dirk, ganz in sich zusammengesunken, fürchtet sich, mit dem Schrecklichen konfrontiert zu werden. Die Zurückgebliebenen liegen und hocken noch immer am Straßenrand, wie wir sie vor drei Stunden verlassen haben. Kein einziges Fahrzeug ist während unserer Abwesenheit vorbeigekommen. Der Unfall geschah kurz vor neun, jetzt ist es zwölf Uhr. Ein Blick auf die Karte zeigt: Die Stelle ist gar nicht so abgelegen, sondern liegt zwischen Grootfontein und Otjiwarongo, von beiden nur wenig mehr als 100 Kilometer entfernt. Aber dies ist eine Nebenstrecke, die parallel zur Hauptstraße Tsumeb – Otjiwarongo verläuft und deshalb nur selten benützt wird.

Die Sonne brennt unerträglich heiß auf uns herab. Auf dem Grünstreifen neben der Straße wächst kein Baum, deshalb baue ich mein Überzelt als Schattenspender auf. Endlich – gegen 14 Uhr kommt die Ambulanz aus Otjiwarongo. Die Sanitäter nehmen die Verletzten kurz in Augenschein, prüfen den Puls, dann steigen Anita, Gisela und Axel in den Krankenwagen. Die tote Frau muss liegen bleiben, bis die Polizei den Unfall aufgenommen hat. Dirk und Detlef wollen solange warten. Ich könnte mich jetzt verabschieden, mich wieder um meine eigenen Dinge kümmern, bringe es aber nicht fertig, sie allein hier ihrem Schicksal zu überlassen.

Dirk pflückt Blumen für seine tote Mutter, streut sie zärtlich über ihren Körper.

»Sie liebt Blumen.« Er kämpft erneut mit den Tränen und schafft es noch nicht, von ihr in der Vergangenheitsform zu sprechen. Sie habe sich so sehr gewünscht, nach Afrika zu reisen, erzählt er mir. Er war schon mehrmals in Namibia, für ihn das schönste Reiseland. Zu Hause habe er dann der Mutter die Bilder gezeigt und begeistert erzählt. Jedesmal habe sie sehnsuchtsvoll gesagt, das möchte sie auch einmal mit eigenen Augen sehen. Einmal im Leben nach Afrika! Bei seiner siebten Reise versprach er ihr, sie mitzunehmen ...

Dirk bricht ab. Sein Gesicht ist starr. Er presst seine Fäuste zusammen, dass die Fingerknöchel weiß hervortreten. Ich spüre, dass er eine Weile allein sein will, gehe die Straße entlang und schaue mir die Spuren an. Sie sind so aufschlussreich, dass der Unfall wie ein Film noch einmal vor mir abläuft: Ich sehe einen weißen VW-Bus. Innen sitzen sechs Menschen, entspannt und fröhlich. In Windhoek waren sie vor zwei Tagen angekommen, haben den Wagen gemietet und freuen sich jetzt auf die Naturerlebnisse im Etosha-Park.

Die Reifenspuren zeigen mir, dass sich der Fahrer korrekt an das Linksfahrgebot gehalten hat. An einer regennassen Stelle muss sein Wagen ausgebrochen und auf den lehmigen Seitenstreifen geraten sein. Hätte er die Nerven behalten und das Fahrzeug auf dem Seitenstreifen auslaufen lassen, wäre es vielleicht unbeschadet im Gebüsch gelandet, aber er hat es zurück auf die Pad gelenkt. Der Wechsel vom weichen zum harten Untergrund der Schotterstraße hebelte den Bus aus und ließ ihn sich überschlagen, einmal, zweimal, dreimal.

Dirks Freund Axel hat mir den Albtraum geschildert. Nach dem schrecklichen Quietschen, Poltern und Krachen herrschte für Sekunden eine unheilvolle Stille. Sie alle hingen in den Gurten, mit den Köpfen nach unten. Nur Dirks Mutter, die in der Mitte saß und vermutlich nicht angeschnallt war, wurde aus dem Fenster geschleudert und gelangte mit dem Kopf unter das aufschlagende Dach. Die anderen konnten sich aus ihren Gurten befreien, krochen durch die zerborstenen Fenster ins Freie und begriffen, dass in Sekunden das Leben eines Menschen ausgelöscht wurde und ihr eigenes nie mehr so sein würde wie zuvor.

Gegen 16 Uhr trifft der Autovermieter vom 280 Kilometer entfernten Windhoek ein. Zeitgleich mit ihm kommt der Abschleppwagen aus Otjiwarongo zusammen mit einer Leichenbestatterin. Jetzt warten alle noch auf die Polizei. Die Bestatterin, eine resolute, etwa 40-jährige, sympathisch wirkende Frau, ergreift die Initiative, fährt mit Dirk zur Farm von Inni und Lyda, um dort mit der Polizei zu telefonieren. Sie bekommt die Auskunft, dass ein Polizeifahrzeug unterwegs gewesen war, die Unfallstelle aber nicht finden konnte.

Die Leichenbestatterin bittet Detlef, ihr zu helfen, Dirks Mutter in ihren Wagen zu betten. Bei aller Routine, die ihr Beruf mit sich bringt, hält sie für einige Minuten inne, spricht vielleicht ein stilles Gebet. Dirk und Detlef fahren mit ihr nach Otjiwarongo, später werden sie die Tote mit Hilfe der Deutschen Botschaft nach Deutschland überführen.

Um 18 Uhr befestigt der Abschleppdienst ein Seil am Unfallwagen, dreht ihn krachend um, zerrt ihn auf die Ladefläche. Die Zeichen des Schreckens sind weggeräumt, nur die Spuren im Kiesboden werden bis zum nächsten Regen überdauern. Es beginnt zu dunkeln. Wie ein Vorhang senkt sich die afrikanische Nacht langsam über das furchtbare Drama dieses Tages.

Schwarz und Weiß am Waterberg

Ich habe mich entschieden, heute nicht mehr zur »Wilderness Lodge« am Waterberg zu fahren – meinem eigentlichen Ziel. Stattdessen werde ich nochmals auf die Farm von Lyda und Inni zurückkehren und dort die Nacht verbringen. Zu sehr beschäftigt mich noch das schockierende Erlebnis des Unfalls, und ich bin froh, mit dem Farmerpaar darüber reden zu können. Wir sitzen bei einem Glas südafrikanischen Rotweins vor dem Kamin, und ich lausche den Erzählungen aus alten Südwester-Zeiten.

Lydas Großvater war Ire und ihre Großmutter Französin. Die Vorfahren von Inni kamen aus Holland. Sein rotblonder Backenbart lässt keinen Zweifel daran, dass er von den Buren abstammt.

»In der Schule wurden wir Kinder in deutscher Sprache unterrichtet«, erklärt mir Lyda ihre guten Sprachkenntnisse, und durch den Kontakt mit deutschstämmigen Farmern in der Nachbarschaft habe sie diese Sprache nie verlernt. Außerdem kommen oft Gäste aus Deutschland zu Besuch auf ihre Farm.

Ihren Großvater verehrt Lyda sehr. Anschaulich beschreibt sie, wie er im Urwald Elefanten jagte, das Elfenbein auf Ochsenkarren nach Walvis Bay transportierte und dort auf Schiffe verlud. Niemand hat sich damals Gedanken gemacht, dass die Ausbeutung der Natur Folgen haben könnte. Die Wildnis schien unerschöpflich und unzerstörbar. Mitleid mit den getöteten Elefanten? Nein, die Jagd war ein einträgliches Geschäft. Großwildjäger galten als Helden, und Lyda sieht ihren Großvater noch heute so. Ein unerschrockener Mann, der Gefahren meisterte und sagenhafte Abenteuer bestand. Die Ochsenkarre, mit der er mühsam durchs Dornbuschland treckte, gebe es noch heute im Museum zu besichtigen, erzählt sie stolz. Als ich vor einigen Wochen die Karre in Swakopmund bewundert hatte, schien sie mir aus einer weit entfernten Zeit zu stammen. Ich hätte nicht gedacht, der Enkelin des Fuhrmanns schon bald gegenüberzusitzen. Es ist wirklich so, in Namibia ist die Vergangenheit oft zum Greifen nah.

Ihr Großvater war ein kluger Mann, bekräftigt Lyda. Er investierte nicht nur seine Jagdeinnahmen in Farmland, er fand auch ergiebige Wasserquellen auf seinem Gelände. Deshalb ist die Farm heute eine grüne Oase mit Kameldornbäumen, Palmen und blühenden Gärten. Auf saftigen Wiesen weiden Antilopen neben Rindern, und dazwischen führen Strauße ihre Jungen spazieren. 36 Angestellte sind bei Inni und Lyda beschäftigt, unter ihnen Buschmänner, die noch mit dem Großvater auf Jagd gingen.

Inni hat seine Pfeife angezündet, pafft still vor sich hin. Lyda kommt auf die unruhigen Zeiten zu sprechen, als die Swapo-Rebellen Farmen überfielen und weiße Siedler töteten. Im Jahr 1966 begannen die Kämpfe zwischen der afrikanischen Befreiungsorganisation und der südafrikanischen Armee. Die UNO und Südafrika hatten sich in den fünfziger Jahren nicht einigen können, in welcher Form das südafrikanische Mandat über Südwestafrika fortgesetzt werden sollte. Aufforderungen der Vereinten Nationen an Südafrika, die Herrschaft zu beenden, blieben unbeachtet. 1971 erklärte der internationale Gerichtshof das Mandat als illegal. Südafrika spielte auf Zeit, wollte angeblich nach einer Übergangsperiode Südwestafrika in die Selbständigkeit entlassen, was aber nicht geschah. Die Swapo hatte nicht so viel Geduld wie die UNO und versuchte gewaltsam, die Südafrikaner zu vertreiben. Sie operierte zuerst vom Ovamboland, dann von Angola aus. Ihre Waffen kamen vor allem aus der Sowjetunion und Kuba, die auch Ausbildungscamps finanzierten.

In Lydas Augen waren die Rebellen keine Freiheitskämpfer, sondern Terroristen, kaltblütige Killer, die unschuldige Siedler grausam erschlugen und in ihren Camps Folterzentren betrieben. Da ihre Farm im Norden liegt, gar nicht so weit von der Grenze nach Angola entfernt, frage ich Lyda, ob sie vor Angst noch habe schlafen können.

»Wer Angst hat, der ist für dieses Land ungeeignet«, sagt sie kühl. Nein, Angst habe sie nie gehabt, immer aber Besorgnis und Unruhe. Man wusste nie, was der nächste Tag bringen würde. Die Härte, mit der sie spricht, steht in eigenartigem Gegensatz zu ihrer äußeren Erscheinung: schlank, mittelgroß, blonde Haare und feminine Gesichtszüge, mit mädchenhaften Charme, wenn sie lächelt.

»Wie haben Sie sich denn geschützt?«, frage ich.

»Schutz?«, sie lacht. »Wie denn? Nein, wir haben so gelebt wie immer. Ich war absolut sicher, dass unsere schwarzen Angestellten zu uns halten würden. Nur wenn sie mit der Swapo gemeinsame Sache gemacht hätten, wären wir wirklich in Gefahr gewesen. Unsere Leute hätten uns aber nie verraten, uns eher mit ihrem eigenen Leben verteidigt, denn der Wahlspruch meines Großvaters war: ›Die Hautfarbe spielt keine Rolle. Unter der Haut sind alle gleich – aufs Herz kommt es an.‹ Nach diesem Motto leben wir, und das wissen unsere Leute zu schätzen. Jetzt ist die Situation eigentlich viel schlimmer als damals. Wenn uns die Regierung enteignet, kann uns niemand helfen. Unsere Angestellten sind dann ebenso Opfer wie wir. Aber ich gebe nicht kampflos auf! Das ist mein Land! Es ist das Erbe meines Großvaters, er hat es redlich erworben und mit eigenen Händen urbar gemacht. Ohne seine und unsere Arbeit wäre hier alles wilder Busch. Ich lasse mich nicht wegjagen! Sie verstehen das nicht, können Sie auch nicht. Niemand, der nicht hier geboren ist, kann verstehen, was es bedeutet, vertrieben zu werden. Dieses Land ist meine Heimat! Ich habe keine andere, hier will ich leben, sonst sterbe ich lieber.«

Der Waterberg ist kein Berg, sondern ein Bergmassiv und erstreckt sich von Südwest nach Nordost. Wie ein Riegel liegt er vor der Wüste Kalahari. Aus großer Entfernung betrachtet, wirkt er wie eine Insel im Meer. Den Namen verdankt der Berg seinen ergiebigen Wasserquellen. Die Niederschläge versickern im porösen Sandstein, bis sie im Untergrund auf eine undurchlässige Schicht Tonerde treffen und als Quellwasser wieder ans Tageslicht sprudeln. Das hatte sich unter Siedlern schnell herumgesprochen, und nicht wenige bewarben sich um das begehrte Land. Es gab nur ein Problem: Das Gebiet gehörte den Herero.

Meine besondere Beziehung zum Waterberg verdanke ich einem Buch, das ich las, als ich zwölf Jahre alt war. Wieder einmal stand ich vor dem Bücherrregal meines Vaters und suchte nach Abenteuerbüchern, die mir die weite Welt näher bringen würden. Mein Blick fiel auf einen schwarzen Buchrücken mit weißen Lettern: »Schwarz und Weiß am Waterberg«. Auf die Idee, dass damit die Hautfarbe von Menschen gemeint sein könnte, kam ich nicht, aber meine Neugier war sofort geweckt. Mit atemlosem Schrecken identifizierte ich mich mit den Opfern, den Herero. Mit ihnen litt ich quälenden Durst, hoffte zu überleben, aber die Wasserlöcher waren ausgetrocknet oder vergiftet. Die Mütter öffneten ihre Adern, um mit eigenem Blut die Kinder zu retten. Einzelne Menschen, die mit letzter Kraft der Wüste entkamen, wurden aufgespürt und befehlsgemäß erschossen. Damals als Zwölfjährige begriff ich nicht, dass ich der Nation angehörte, die für das Massaker verantwortlich war.

Jetzt will ich den Berg endlich mit eigenen Augen sehen, denn was sich vor 100 Jahren hier ereignete, hat mich in einer sensiblen Phase meiner Kindheit tief getroffen und geprägt.

Als ich nun aber vor ihm stehe, löscht der Berg alle Gedanken an die Vergangenheit aus meinem Bewusstsein. Der Kontrast zwischen dem Rot der senkrechten Wände des Plateaus, dem Grün der Vegetation und dem Blau des Himmels wirkt überwältigend auf mich, und er schlägt mich augenblicklich in seinen Bann.

Die Farm Otjosongombe, »Platz der Rinder«, liegt in einer Schlucht mitten im Herzen des Waterbergs. Viehzucht wird nur im Südteil der Farm betrieben, das größere Gebiet ist reine Wildnis.

Von Caroline und Joachim Rust werde ich herzlich begrüßt, als würden wir uns schon lange Jahre kennen. Sie wissen bereits, was mir gestern widerfahren ist, denn ich habe sie angerufen und erklärt, warum ich erst einen Tag später komme. Caroline, eine Frau Anfang dreißig mit blonden, sportlich kurzen Haaren, wirkt tatkräftig und energiegeladen, eine, die anpacken kann. Obwohl sie nicht gerade klein ist, wird sie von ihrem Mann Joachim um gut einen Kopf überragt. Beide sind das geborene Farmer-Ehepaar.

Caroline stammt aus der Schweiz, aber sie behauptet: »Namibia ist meine neue Heimat, ich will nie mehr weg. Ein einziges Mal war ich vor fünf Jahren zu Besuch in der Schweiz, weil meine Mutter ihren 60. Geburtstag feierte und ich keinen Grund wusste, ihr abzusagen.«

Im Gartenpavillon serviert mir Caroline frisch gepressten Orangensaft, während sie mir die Geschichte der Farm erzählt. Die wurde 1911 von Friedrich von Flotow gekauft, dem Enkel des gleichnamigen Komponisten, der die Oper »Martha« schrieb. Der Enkel wanderte nach Südwest aus und züchtete Rinder. Seine Schwester Martha, nach der der Großvater seine Oper benannt hatte, kam ihn besuchen. Der begeisterte Bericht des Bruders hatte ihr Mut gemacht, die weite Reise zu wagen. Es sollte nur ein Besuch werden, doch dann erging es ihr wie vielen Deutschen: Sie verliebte sich in das Land, blieb da, heiratete und bewirtschaftete mit ihrem Mann in der Nähe die Farm Hohenfels, bis sie mit 84 Jahren starb.

»Mein Mann ist in direkter Linie mit den Flotows verwandt«, berichtet Caroline. »Doch die Farm geriet bereits vor Jahrzehnten an fremde Besitzer, die dann aus wirtschaftlichen Gründen verkaufen mussten. Jetzt war die Gelegenheit gekommen, auf die wir jahrelang gehofft hatten – die Farm unserer Familie erneut zu erwerben. Sie können sich aber nicht vorstellen, in welchem Zustand wir sie übernehmen mussten. Die Gebäude waren verfallen, die Weiden durch zu viele Rinder ruiniert, andere von Dornbüschen überwuchert. Dennoch bezahlten wir mehr, als wir für unsere eigene solide Farm bekommen hatten, denn Otjosongombe ist groß und gilt wegen seiner ständig fließenden Quelle als besonders fruchtbar. Für uns aber war das Wichtigste, sie wieder in Familienbesitz zu haben.«

Caroline und Joachim haben den Hügel, auf dem das Farmhaus und die Lodge liegen, in eine tropische Oase verwandelt mit Avocadobäumen, Palmen, einem Bambushain, Apfelsinen-, Zitrus-, Guave- und Papayabäumen. Ihre drei Kinder können die Idylle nur an den Wochenenden und in den Ferien genießen, denn sie besuchen ein Internat in Windhoek.

Caroline zeigt mir die hellen Gästezimmer, die geschmackvoll eingerichtet sind. Als ich aber von ihr erfahre, dass es auch einen kleinen Campingplatz gibt, entscheide ich mich fürs Zelten. Der Platz liegt gut drei Kilometer vom Farmhaus entfernt, einsam und versteckt am Fuß des roten Kliffs in einem zauberhaften Wald zwischen Lianen, Farnen und knorrigen Bäumen. Der rote Waldboden ist vom Gestrüpp freigeräumt und frisch geharkt. Ein Dach auf sechs Holzpfosten schützt vor Sonne und Regen, ein Toiletten- und Duschhäuschen vervollständigt die Einrichtung.

Ein verwunschener Ort und die seltene Gelegenheit, die wildreiche Natur am Waterberg hautnah zu erleben. Bevor ich mein Zelt aufbauen kann, muss ich warten, bis ein Skarabäus seine Kugel davongerollt hat. Der Pillendreher, dessen Chitinpanzer in sattem

Braun glänzt, hat die Länge meines Zeigefingers. Die Kugel ist ungewöhnlich groß, drei bis vier Zentimeter im Durchmesser. Sie schimmert kostbar, als sei sie aus seltenem Metall gegossen, dabei besteht sie nur aus Dung. So lange hat der Käfer den Kot einer Antilope, Giraffe oder eines anderen Pflanzenfressers mit seinen Vorderbeinen geknetet und mit dem Kopfschild geglättet, bis die perfekte Kugel entstanden ist. Diese Kunstfertigkeit erregte die Aufmerksamkeit der Menschen seit altersher. Im Reich der Pharaonen galten Skarabäen als heilige Tiere und ihre Kugeln als Symbol der Sonne und des sich ständig erneuernden Lebens. So hoch achtete man diese kleinen Mistkäfer, dass ihre Abbilder in Stein gemeißelt oder als Amulette getragen wurden.

Der Skarabäus stutzt sich nur auf die Vorderbeine, das mittlere und hintere Beinpaar umklammern die Dungkugel. Mit dem Kopf nach unten und dem nach oben gerichteten Hinterteil rollt er die Kugel im Ruckwärtsgang. Erstaunlich schnell rennt er mit ihr dahin, dabei muss man bedenken, dass er bei dieser Gangart nichts sehen kann. Ab und an hält er deswegen kurz inne, ortet die Richtung – und fix geht es weiter. Nicht zum Spaß und Zeitvertreib schiebt der Pillendreher seine Kugel durch die Gegend, sondern weil das Weibchen später daraus eine birnenartige Pille formt und ein Ei darauf ablegt. Damit der Brutballen nicht austrocknet, vergraben sie ihn gemeinsam tief in der Erde. Aus dem Ei schlüpft eine Larve, einem Engerling ähnlich. Sie ernährt sich von dem Dung, bis sie sich verpuppt. Monate später kriecht ein junger Skarabäus aus der Erde und beginnt sogleich, eine neue Kugel zu formen. Kann es ein besseres Symbol für das nie endende Leben geben?

Mein Zelt steht. Mit überkreuzten Beinen sitze ich auf dem Waldboden und will gerade in ein Käsebrot beißen, da blicken mich zwischen Farnwedeln große, dunkle Augen an. Meine Hand mit dem Brot erstarrt auf halben Weg zum Mund. Was ist das? Langsam, ganz langsam, scheu und zugleich neugierig, trippeln zwei Tierchen hervor, wie das verwunschene Brüderchen und Schwesterchen aus Grimms Märchen: ein Pärchen Dikdiks, reizende Zwergantilopen. Sie stöckeln, ohne den Blick von mir zu wenden, quer über die Lichtung, als wollten sie die Wirkung ihres Auftritts prüfen.

Caroline hat mir Lukas als *guide* empfohlen. Wie die meisten Farmangestellten versteht er recht gut Deutsch und führt mich auf das Waterberg-Plateau. Nie hätte ich es für möglich gehalten, dass man ohne gefährliche Felskletterei hinaufgelangen könnte, doch es scheint zu gehen. Unter schattigen Feigenbäumen wandern wir zunächst durch ein üppig bewachsenes Tal, vor uns die Felsen in leuchtendem Rot. Ein unwirklicher Anblick, der noch verstärkt wird durch giftgrüne Flechten.

Ab und zu bleibt Lukas stehen. Er ist ein hoch gewachsener, vielleicht 20-jähriger Mann, bekleidet mit einem sandfarbenen Ranger-Overall und festen Bergschuhen. Lukas zeigt mir Spuren. »Kudu«, sagt er knapp, oder »Giraffe! Springbock! Pavian!«

An einer sprudelnden Quelle vorbei, beginnt der Aufstieg in die Felsregion. Der Steig, gesäumt von blühenden Büschen, ist ohne Schwierigkeiten begehbar. Die Rufe der Falken begrüßen uns, als wir nach gut einer Stunde oben auf dem Plateau ankommen. Ein Schwarm Bergstare, schwarz mit hellbeigen und rostbraunen Flügeln, kurvt rasant um die Klippen und lässt den Wind durch die Federn pfeifen. Die Stare landen auf einem Felsvorsprung und zwitschern leise, als würden sie sich uralte Geheimnisse verraten.

Das rote Kliff glüht im Abendlicht. Wie eine uneinnehmbare Festung ragt es aus dem nuancenreichen Grün heraus. Dunst steigt aus den bewaldeten Schluchten, und ein goldener Schimmer liegt über der baumlosen Kalahari. Der Blick von oben ist phantastisch. Erst jetzt erschließt sich mir die wahre Größe des 1500 Meter hohen Waterbergs.

Das gewaltige Plateau ist eine Welt für sich. In felsigen Senken hat sich Regenwasser gesammelt. Wasserlinsen dümpeln auf der Oberfläche, und Binsen wachsen an den Ufern. Anderes Leben kann ich in den Tümpeln nicht entdecken, weder Wasserläufer noch Schnecken, Molche oder Frösche. Wahrscheinlich trocknen die Lachen unter der Sonne zu schnell aus. Doch zeugen Spuren im Ufersand, dass zahlreiche Tiere zur Tränke kommen.

Lukas geht voran, führt mich gewundene Pfade entlang. Meist wird die Sicht von hohen Gräsern oder dichten Büschen versperrt. Manchmal hören wir Zweige brechen. »Büffel!«, sagt Lukas oder »Nashorn!« Zum Beweis zeigt er mir Spuren und Kothaufen.

Längst habe ich die Orientierung verloren, als wir endlich wieder die Abbruchkante erreichen. Rot wie Blut schimmern die Felsen, und weit reicht der Blick hinaus in die flirrende Kalahari, wo einmal so viele Menschen den Tod fanden.

Was mag Lukas denken über die Gräuel, die vor 100 Jahren hier geschahen? Es fällt mir schwer, ihn unbefangen danach zu fragen. Da er schlank und groß ist, nehme ich an, dass er Herero ist. Es muss doch alte Wunden aufreißen, wenn ihn eine Deutsche daran erinnert, was ihr eigenes Volk dem seinen angetan hat. Scham bemächtigt sich meiner, aber was kann ich dafür? Schließlich geschah das Unrecht lange bevor ich geboren war!

Es muss diese Scham sein, die Menschen daran hindert, sich mit schuldbeladener Vergangenheit zu befassen. Schuld macht ohnmächtig. Schnell schlägt sie um in Aggressivität, und so breitet man lieber einen Mantel des Schweigens über vergangene Verbrechen. Aber so gärt der Morast im Untergrund weiter und treibt unversehens neue Sumpfblüten. Besser man spricht nicht von Schuld, sondern von Verantwortung. Ganz gleich, wann ich geboren wurde, immer bin ich Mitglied eines Kollektivs und muss mich mit seiner Geschichte auseinander setzen, und zwar mit der ganzen Geschichte. Ich kann mir nicht die besten Stücke herauspicken, denn wenn ich einen Teil der Vergangenheit totschweige, mache ich mich mitschuldig. Obwohl ich mich bemühe, wie immer zu sprechen, klingt meine Stimme dennoch angespannt, als ich den jungen Mann frage: »Lukas, wissen Sie, dass hier deutsche Soldaten gegen Ihr Volk gekämpft haben?«

»Nicht gegen uns Damara«, klärt mich Lukas auf. »Sie meinen die Herero!«

Oh, wie peinlich! In meinem Eifer, die Vergangenheit aufzuarbeiten, habe ich mein Gegenüber für meine eigenen Gedankengänge benützt. Aber nun bin ich schon einmal beim Thema und frage weiter: »Und – was denken Sie darüber?«

»Ach, das ist doch alles ganz schön lange her. Ich weiß nur, dass die Herero heute immer noch stolz und hochnäsig sind, sich für die Klügsten und Besten halten. Auf uns Damara blicken sie wie eh und je herab.«

Schade, da bin ich mit meinem Bemühen um Völkerverständigung wohl an den Falschen geraten. Trotzdem bin ich erleichtert, denn es wäre mir doch ziemlich schwer gefallen, mit einem Herero über die Vergangenheit zu sprechen. Da ist er wieder, dieser klebrige Schuldkomplex, der niemals zu etwas Gutem führt, der nur das Miteinander vergiftet. Wie schwer er zu überwinden ist, spüre ich erstmals am eigenen Leibe – mitten in Afrika.

»Sie wollten doch etwas über den Aufstand der Herero wissen«, ruft mir Joachim Rust entgegen. »Hier habe ich einen Experten für Sie, meinen Freund Hanns Hermann.« Er stellt mir einen drahtigen, hoch gewachsenen 50-Jährigen vor, mit buschigen Brauen über blaugrauen Augen.

Nachdem wir uns bekannt gemacht haben, setzen wir uns auf die Terrasse unter Avocadobäumen mit Blick auf den Bambushain.

»Der Hererokrieg wird mystifiziert«, beginnt Hanns Hermann unvermittelt.

»Wie meinen Sie das?«

»Die einseitige Darstellung, meine ich, die uns Deutsche in ein falsches Licht stellt. Ich habe mich intensiv mit den Ereignissen beschäftigt, sie sind mir ein persönliches Anliegen, denn mein Urgroßvater ist im Kampf gegen die Herero gefallen.«

Nach dieser Einleitung mache ich mich auf ein Streitgespräch gefasst und kann einen ironischen Unterton nicht vermeiden, als ich frage: »Was hat sich denn Ihrer Meinung nach abgespielt?«

»Zuerst will ich Ihnen sagen, was es nicht war. Es war kein Völkermord und kein Vernichtungskrieg! Das Hererovolk wurde nicht absichtlich in die Wüste gejagt.«

»Was denn sonst?«

»Die Herero waren durch deutsche Truppen fast vollständig eingeschlossen. Nur im Osten war eine Lücke frei geblieben, durch die sie entkommen konnten, ganze Familien mit ihren Herden. Sie wollten die Kalahari durchqueren und im englischen Protektorat Bechuana, heute Botswana, Zuflucht suchen. Ihrem Oberhaupt Samuel Maharero und seinem Anhang gelang dies ja auch. Andere schafften es nicht, denn es herrschte Dürre, und die Wasserlöcher waren ausgetrocknet.«

»Warum kam es denn überhaupt zum Krieg?«, frage ich. Mein Gegenüber lehnt sich zurück und holt tief Luft zu einer ausführlichen Erklärung: »Alles schien ruhig an diesem 12. Januar 1904. Niemand ahnte, dass die Herero losschlagen würden. Plötzlich rotteten sie sich zusammen, überfielen Farmen, Eisenbahnstationen und Polizeiposten, raubten und mordeten. 123 Menschen wurden erschlagen!«

»Hatten denn die Herero nicht allen Grund aufzubegehren, weil die Siedler ihnen immer mehr von ihrem Land wegnahmen?«, wende ich ein.

Hanns Hermann schüttelt unwillig den Kopf, seine blaugrauen Augen blitzen zornig, und er erwidert scharf: »Die Einheimischen haben das Land aus freien Stücken an die Farmer verkauft.«

»Das kann man doch nicht freiwillig nennen«, widerspreche ich. »Zuallererst wurden sie von gewissenlosen Händlern verführt, Waren auf Kredit zu kaufen. Sie konnten doch nicht wissen, was der Kauf auf Pump für Folgen haben würde. Sobald die Herero hoffnungslos verschuldet waren, forderten skrupellose Händler die Rückzahlung, und wer nicht zahlen konnte, dem pfändeten sie rücksichtslos ihr Land. Hinzu kam, dass 1886 die Rinderpest ausbrach und 95 Prozent ihrer Tiere verendeten. Ist es nicht verständlich, dass die Herero den einzigen Ausweg aus ihrer verzweifelten Lage darin sahen, einen Aufstand gegen die weißen Eindringlinge zu wagen?«

Kaum habe ich geendet, legt Hanns Hermann richtig los und versucht, seine Ansicht zu rechtfertigen: »Das ist mir alles wohl bekannt, gnädige Frau. Ungerechtigkeiten wird es immer geben. Damals prallten zwei unterschiedliche Lebensformen aufeinander. Mit der verschwenderischen Wirtschaftsform der Leute hier konnte es so nicht weitergehen. Es war doch völlig uneffektiv, mit riesigen Herden auf der Suche nach Futter durchs Land zu ziehen! Alte Traditionen werden immer und überall durch moderne abgelöst, das ist nun mal so. Fortschritt ist durch niemanden und nichts aufzuhalten. Wir Farmer wirtschafteten besser, uns gehörte die Zukunft. Niemand aber wollte die Herero vernichten, im Gegenteil, sie sollten ihr eigenes Reservat bekommen. Es war schon alles geplant. Gouverneur Leutwein hätte sich mit Häuptling Maharero gewiss geeinigt. Er war auf dem besten Weg, den Aufstand ohne größeres Blutvergießen durch Verhandlungen zu beenden.«

»Da haben Sie Recht«, unterbreche ich ihn. »Theodor Leutwein hatte einerseits den Aufbau der deutschen Kolonie vorangetrieben, ließ aber gleichzeitig die Positionen der afrikanischen Führer unangetastet. An der Verständigungspolitik des Gouverneurs mit den Oberhäuptern der Herero hatten sich aber nicht nur weiße Siedler gestört, auch das Kolonialamt in Deutschland hatte Leutwein kritisiert. Man erwartete und befahl eine härtere Gangart.«

Mein Gesprächspartner nickt zustimmend. »Ja, schon im Februar, einen Monat nach Beginn des Aufstands, verbot Kaiser Wilhelm II. Leutwein alle Friedensverhandlungen mit den Herero und teilte ihm mit, der Generalstab in Berlin habe nun selbst die Leitung des Feldzugs übernommen.«

»Das heißt doch, man wollte in Deutschland gar keinen Frieden, oder?«

»Selbstverständlich wollte man Frieden, aber einen für Deutschland vorteilhafteren. Der Kaiser setzte dann Generalleutnant Lothar von Trotha als Befehlshaber ein. Als der am 11. Juni in Swakopmund landete, übernahm er sofort den Oberbefehl über die Schutztruppen, ohne sich mit Ex-Gouverneur Leutwein überhaupt zu besprechen oder Informationen auszutauschen.«

Ich hole tief Luft. »Ja, dieser Trotha! Da hatte sich der Kaiser den Richtigen ausgesucht! Ich kenne Fotografien, die zeigen, wie er sich geschwollen in Pose wirft. Nach allem, was ich über ihn gelesen habe, muss Trotha ein eitler, geltungssüchtiger, kleingeistiger, kaltherziger Militär gewesen sein. Bei der grausamen Niederwerfung des Boxeraufstands in China hatte er sich schon hervorgetan und viel Blut vergossen. Dieses rücksichtslose, unmenschliche Vorgehen war für Kaiser Wilhelm II. wohl ausschlaggebend für seine Ernennung!«

»Allerdings, in China hatte von Trotha sich zweifelhafte Lorbeeren erworben, und von Südwest hatte er keine Ahnung. Die Verhältnisse hier interessierten ihn nicht. Er wollte nur mit militärischen Operationen glänzen. Wir Deutsch-Namibier sind uns fast alle einig, dass von Trotha unserer Sache keinen guten Dienst erwiesen hat.«

»Aber wie lange hat denn der Kampf am Waterberg dann gedauert?«, frage ich.

Hanns Hermann blickt hinüber zu den roten Felsen, greift dann nach seinem Glas, trinkt einen Schluck und antwortet schließlich: »Einen Tag! Verstehen Sie, nur einen Tag. Ein einziger Tag hat so viele Opfer gekostet. Es war der 11. August. Fast auf den Tag genau sieben Monate nach Beginn des Aufstands. Maharero hatte den Großteil seines Volkes am Waterberg versammelt, denn nur dort gab es genug Wasser und Futter für die großen Viehherden. Den Deutschen blieben die Aktivitäten der Herero nicht verborgen, woraufhin von Trotha plante, den Gegner am Waterberg einzukesseln und zu vernichten.«

»Und die Herero haben ruhig abgewartet, bis sie in der Falle saßen?«

Mein Gesprächspartner runzelt die Stirn, meine Unterbrechungen scheinen seinen Gedankengang zu stören, dennoch antwortet er geduldig: »Vielleicht hoffte Maharero auf Verhandlungen, wie er es von Leutwein gewohnt war.«

»Wie viele Deutsche standen denn wie vielen Herero gegenüber?«

»Die deutschen Schutztruppen hatten 2000 Mann mit Gewehren, 12 Maschinengewehre und 31 Kanonen. Die Anzahl der Herero-Kämpfer kennt niemand. Missionare schätzten das Volk der Herero auf 80000 Menschen, aber das war Jahrzehnte früher, vor dem großen Viehsterben und der Typhus-Epidemie.«

»Ich kann mir gar nicht vorstellen, wie man in dieser unübersichtlichen Landschaft zwischen Dornbüschen kämpfen soll. Man kann den Gegner doch gar nicht sehen.«

»Deswegen war dieser Krieg auch ein Chaos. Die Front verlief südlich vom Waterberg auf einer Länge von 40 Kilometer. Die Einkesselung, wie sie von Trotha angeordnet hatte, gelang nicht, weil sich eine ganze Abteilung im Busch verirrte und gar nicht an den Kampfhandlungen teilnehmen konnte. Die anderen wurden von den Herero so heftig angegriffen, dass sie sich schon verloren glaubten. Am Abend zählten sie über 170 Tote und zahlreiche Verletzte. Am folgenden Morgen war allerdings die Überraschung groß – der Gegner war kopflos geflohen, in die wasserlose Omaheke, die Kalahari. Eine verhängnisvolle Entscheidung, die Unzähligen das Leben kostete. Mehrere hundert Meter breit war der niedergetretene Fluchtweg. Verzweifelt, in heilloser Hast, hatten die Leute ihre Habseligkeiten von sich geworfen und sich nicht einmal Zeit genommen, die ausgetrockneten Wasserlöcher zu vertiefen. In panischer Angst waren sie immer tiefer hinein in die Wüste gerannt. Es war aber keine absichtsvolle Vernichtung, nicht von uns Deutschen strategisch geplant und gelenkt. Aber von Trotha hat es vor dem Kriegministerium so darzustellen versucht, um sein militärisches Desaster zu verheimlichen und doch noch als Kriegsheld zu glänzen. So entstand der Mythos vom Völkermord.«

Caroline ruft. Sie bittet uns, das Gespräch zu unterbrechen. Das Abendessen sei fertig.

Später blättere ich in der Bibliothek von Joachim Rust in einem Buch, »Befunde und Berichte zur Deutschen Kolonialgeschichte«, und entdecke Trothas Proklamation, die er am 2. Oktober erlassen hatte:

»Ich, der große General der deutschen Soldaten, sage: Herero sind nicht mehr deutsche Untertanen. Sie haben gemordet, gestohlen, haben verwundeten Soldaten Ohren und Nasen und andere Körperteile abgeschnitten und wollen jetzt aus Feigheit nicht mehr kämpfen. Innerhalb der deutschen Grenzen wird jeder Herero mit oder ohne Gewehr, mit oder ohne

Vieh, erschossen. Ich nehme keine Weiber und Kinder mehr auf, treibe sie zu ihrem Volk zurück oder lasse auf sie schießen.
Unterzeichnet: Ich, der große General des mächtigen deutschen Kaisers, v. Trotha.

Den Schießbefehl auf Frauen und Kinder wollte er später so verstanden wissen, dass seine Soldaten über die Köpfe der Fliehenden hinwegschießen sollten, um ihnen »Beine zu machen«.

Dass von Trotha mit seinen unmenschlichen Anordnungen vor dem Kaiser und der Öffentlichkeit überhaupt Eindruck schinden konnte, zeigt aber, welcher Geist damals in Deutschland und Südwestafrika herrschte.

Die Überlebenden mussten eine Kontrollmarke tragen, durften kein Großvieh und keine Reittiere mehr halten und ihren Wohnort nicht ohne Genehmigung verlassen. Ihr gesamtes Land gehörte jetzt den Weißen; sie durften auch für diese arbeiten, mehr auch nicht.

Vom Gesichtspunkt aller Kolonialmächte waren Unterdrückung und Ausbeutung ein sinnvoller und gerechtfertigter Beitrag für den Fortschritt, ein folgerichtiger Prozess der Entwicklung von »niederen« zu »höheren« Kulturen. Der von Kaiser Wilhelm II. abgesetzte Gouverneur Theodor Leutwein formulierte schon 1896 die Tatsachen erstaunlich hellsichtig:

»Colonialpolitik ist überhaupt eine inhumane Sache, denn sie kann schließlich doch nur auf eine Beeinträchtigung der Rechte der Ureinwohner zu Gunsten der Eindringlinge hinauslaufen. Wer das nicht akzeptieren wolle, müsse jede Form des Colonialismus ablehnen.«

Nach nur 30 Jahren endete 1915 die deutsche Kolonialherrschaft in Südwest. In nur drei Jahrzehnten hatte sich das Leben der Afrikaner tiefgreifend verändert: Farmen wurden umzäunt, Brunnen gebohrt, Geschäfte eröffnet, Eisenbahnen, Straßen und Städte gebaut, Bodenschätze aus der Erde geholt. Die Weißen waren überzeugt, es geschehe zum Vorteil des Landes. Sie fühlten sich als Kulturbringer. Mit Erfolg bewirtschafteten sie das Land, das sie den Stämmen abgenommen hatten. Die Afrikaner aber mussten die tägliche Arbeit in Bergwerken, auf dem Bau oder als Dienstmädchen und Dienstburschen verrichten.

Als die Deutschen nach dem Ersten Weltkrieg von den Siegermächten entmachtet wurden, änderte sich für die Afrikaner so gut wie nichts. Im Gegenteil – es wurde schlimmer denn je. Jetzt waren es die Machthaber Südafrikas, von denen sie ausgebeutet wurden und die sie mit ihrer Apartheidpolitik ausgrenzten. Auch nach Jahrzehnten durfte Samuel Maharero nicht in seine Heimat reisen, nicht einmal, als er schon sterbenskrank war. Fern der Gräber seiner Vorväter starb er am 14. März 1923.

Raubkatzen

Mein letzter Tag am Waterberg. Zum Abschied will ich noch einmal auf das Plateau steigen. Hinter meinem Lager habe ich zwischen Gestrüpp einen Steig entdeckt. Vorsichtig pirsche ich den Waldpfad entlang, vermeide es, auf trockene Äste zu treten. Meine Dikdiks müssen den gleichen Weg gegangen sein. Ihre filigranen Hufspuren, kaum größer als ein Daumenabdruck, zieren den weichen Boden.

Das Kreischen der Paviane hallt schaurig aus dem Wald. Caroline Rust hat mich gewarnt, Paviane seien reizbar und wehrhaft: »Versuche bloß nicht, sie mit Steinen zu verjagen. Sie machen es dir sofort nach und treffen besser.«

Frischer Wind weht mir beim Aufstieg entgegen. Hinter einem Steinblock entdecke ich die Spur einer Katze, nur ist der Tatzenabdruck so groß wie mein Handteller. Ein Leopard! Neben der Fährte liegt ein Kotwürstchen, umhüllt von einer feucht glänzenden Haut. Sogar der Urinfleck ist noch nass.

Vor wenigen Minuten muss die Raubkatze hier gewesen sein. Womöglich liegt sie hinter dem nächsten Felsen auf der Lauer.

Vor Leoparden hatte mich Caroline nicht gewarnt. »Es leben einige auf unserer Farm. Sie sind scheu, man sieht sie nur selten. Menschen greifen sie nicht an«, hatte sie mich beruhigt. »Es sei denn, man treibt sie in die Enge oder schießt sie an, dann allerdings ist die Überlebenschance gleich Null. Die Raubtiere springen ungeheuer weit, und der Aufprall wirft ihre Opfer zu Boden. Dann gibt es vor den mächtigen Prankenhieben kein Entkommen.«

Ängstlich blicke ich mich um. Wo mag sich der Leopard verstecken? Ob er gereizt ist, weil ich ihn beim Koten gestört habe?

Hoffentlich schneide ich ihm nicht unwissentlich den Fluchtweg ab.

Begegnet man einem Leoparden, soll man ihm nicht direkt in die Augen blicken. Er würde das als Aggression empfinden, und es könnte ihn zum Angriff reizen. Das Schlimmste wäre Wegrennen; besser ist es, langsam nach hinten auszuweichen. So jedenfalls die klugen Ratschläge von Wildhütern, die ich mir jetzt ins Gedächtnis rufe.

Um den Leoparden nicht zu provozieren, halte ich den Kopf gesenkt und schiele nur aus den Augenwinkeln. Langsam gehe ich weiter, umdrehen wäre genau so riskant. Wer weiß, ob er sich nicht hinter mir versteckt. Die Möglichkeit, dass sich wenige Meter von mir entfernt eine gefährliche Raubkatze an den Boden schmiegt und jede meiner Bewegungen mit scharfen Augen beobachtet, jagt mir einen Schauer über den Rücken. Beim Gehen merke ich, wie weich meine Knie geworden sind.

Ich schlüpfe zwischen einem Felsentor hindurch und bin oben auf dem Waterberg angekommen. Die Landschaft öffnet sich zu einem übersichtlichen Plateau. Ich atme durch. Die Gefahr ist gebannt. Auf der freien Fläche kann der Leopard nach allen Seiten ausweichen und wird sich nicht von mir bedrängt fühlen.

Die Sonne steigt über den Horizont. Mit ihren Strahlen vergoldet sie die Landschaft. Hoch am Himmel kreist ein Adler. Felstauben gurren, Bergstare zeigen ihre kunstvollen Flugmanöver, und ein Nektarvogel schwirrt vorbei. Es ist still, nur ab und zu erklingt ein Vogelruf. Ich setze mich an die Felskante und blicke hinaus in die Weite.

Und wie so oft bei meinen Erkundungen in Namibia bewegt mich wieder die Frage, was Europäer an dieses harte, unwirtliche Land gefesselt hat. Sollte nicht besser jeder Mensch dort bleiben, wo ihn seine Geburt ins Leben entlässt? Daran aber haben sich Menschen, in welchen Zeiten auch immer, nie gehalten, und in unserer überfüllten und mobilen Welt wäre eine derartige Forderung reine Utopie. Fest steht aber, dass bis heute niemand eine Antwort darauf hat, wie es für das Unrecht, das der einheimischen Bevölkerung durch die Weißen zugefügt wurde, einen gerechten Ausgleich geben könnte. Auch ich kann mir keine Lösung denken. Zu hoffen ist, dass es keine blutige Antwort sein wird, bei der es auf beiden Seiten nur Verlierer geben kann.

Mein innerer Blick öffnet sich, als läge mir ganz Afrika zu Füßen, dieser unermessliche Kontinent mit seinen geheimnisvollen Mythen und seinem Reichtum, zugleich geschunden durch Armut, Krankheit und grausame Kriege.

Beim Abstieg alarmiert mich wüstes Kreischen und Gescheppern. Das Lärmen kommt aus der Richtung meines Lagers. Ich stürze den Pfad entlang – und da sehe ich sie auch schon. Schwarze, zottige Gesellen: Paviane! Sie haben mein Camp entdeckt und in Besitz genommen. Einer wirbelt eine Pfanne durch die Luft, ein anderer schlägt meinen Teetopf gegen einen Baum, wieder andere zerfetzen mein Handtuch. Ohne zu überlegen, greife ich nach einem dicken Ast und stürze wie ein Berserker auf die Lichtung. Mein Auftritt scheint die Bande zu beeindrucken. Augenblicklich ergreifen sie die Flucht. Als ich meine Ausrüstung inspiziere, fehlt nichts. Einziger Schaden ist mein kaputtes Handtuch. Noch einmal Glück gehabt. Sie waren nahe daran, mein Zelt zu zerreißen.

Caroline ist nicht erschrocken, als ich ihr von der Fast-Begegnung mit dem Leoparden berichte. Leichthin meint sie: »Er wird dich gehört haben und hat sich davongeschlichen.«

Aber die Auseinandersetzung mit den Pavianen hätte böse enden können, warnt sie mich nachträglich. Einmal gereizt, sei ihr Verhalten unberechenbar, und mit ihren Reißzähnen könnten sie einen Menschen schlimm verletzen.

»Gut Pad«, wünschen mir Joachim und Caroline, wie es sich in Namibia gehört, wenn man einen guten Bekannten verabschiedet.

Noch am gleichen Tag erreiche ich mein nächstes Ziel, die Farm Düsternbrook im Khomas-Hochland. Vom Haupttor sind es über zwölf Kilometer bis zum Farmhaus. Auf der Zufahrt bekomme ich einen ersten Eindruck vom Wildreichtum der Farm: Gleich zu Beginn versperrt mir eine Rotte Warzenschweine mit Frischlingen die Weiterfahrt, dann begegnen mir Kudus, Giraffen, Zebras und Springböcke auf meinem Weg.

Eine sehr junge, zierliche Frau heißt mich willkommen und zeigt mir zuerst die Unterkünfte in den Luxus-Safari-Zelten. Die Zelte sind wie Zimmer mit Möbeln und Teppichen ausgestattet, aber die Luft ist etwas stickig. Dann führt sie mich zu den Bungalows. Vor den breiten Terrassen öffnet sich ein tiefes Tal mit dahinter liegenden Bergen. Trotz der Bequemlichkeit in den stilvoll eingerichteten Bungalows, entscheide ich mich dafür, wieder mein eigenes Zelt aufzubauen, obwohl diesmal der Platz nahe beim Haus liegt und nicht mitten in der Wildnis wie am Waterberg.

Susanne hat mich auf die Veranda zum Tee eingeladen. Auch von hier blicke ich weit über Buschsavanne, Hügel, Berge und tief hinab in das große Rivier. Am Ufer, klein wie Spielzeugtiere, erkenne ich grasende Antilopen.

»Es ist schön hier«, sage ich zu Susanne.

Sie bestätigt: »Ja, schön ist es schon.« Ein besonderer Ton in ihrer Stimme lässt mich aufhorchen. Sie klingt resigniert, als meinte sie: Schönheit reicht nicht, da fehlt so vieles!

Sie ist anders als die selbstbewussten, robusten, tatkräftigen Farmerfrauen, denen ich bisher begegnet bin. Susanne wirkt wie ein eingesperrter Vogel, den auch der herrlichste Käfig nicht erfreuen kann.

Alles ist perfekt ringsum. Die Farm, eingebettet in die Berge des Khomas-Hochlands. Die traumhafte Lage auf dem Hügel über dem Flusstal. Das historische Farmhaus im Kolonialstil aus Natursteinen, umgeben von einem gepflegten Park, dessen Bäume mit mächtigen Kronen Schatten spenden. Jedes Detail stimmt, seien es die runden, afrikanischen Tonkübel, in denen prachtvolle Kakteen und Agaven gedeihen, oder die mit Steinen eingefassten, gewundenen Pfade. Eine Oase mitten in der afrikanischen Wildnis – ein Traum, hier zu leben, aber wohl nicht für jeden.

»Susanne, Sie sind noch nicht lange in Namibia, nicht wahr?«, frage ich aufs Geratewohl.

»Drei Jahre«, antwortet sie.

»Und haben Sie Heimweh?«, versuche ich sie zum Erzählen zu motivieren.

»Ziemlich.« Sie bleibt wortkarg.

»Was werden Sie tun?«, wage ich noch einen Vorstoß.

»Das ist schwierig. Ich möchte wieder nach Deutschland, aber ich kann doch meinen Mann nicht im Stich lassen, wir haben ein kleines Kind. Aber ich – was kann ich hier tun?«

In diesem Moment hören wir den Motor eines Geländewagens. Ihr Mann Johann mit seinem Helfer Elisias und dem zweijährigen Sohn treffen ein. Der Farmer, ein kräftiger, stattlicher Mann, ist mit über fünfzig Jahren bedeutend älter als seine zarte Frau.

Er begrüßt mich freundlich und fragt, ob ich an der Wildfütterung teilnehmen möchte. Eine Wanne mit blutigen Fleischstücken wird auf den Wagen gehievt. Unterwegs erzählt mir Johann, dass er seinen Rinderbestand stark verringert habe, weil die niedrigen Weltmarktpreise die Zucht nicht mehr lohnen. Stattdessen will er Wildtiere ansiedeln, die es in vorkolonialer Zeit hier in großer Zahl gegeben hat: Bergzebras, Giraffen, Strauße und verschiedene Antilopenarten. Wirtschaftlich versucht er, seine Farm auf drei Beine zu stellen: Rinder-, Gäste- und Jagdfarm. Geparde und Leoparden dürfen bei ihm aber nicht geschossen werden, denn die sind die Hauptattraktion für seine Gäste. Die Raubkatzen werden in Freigehegen gehalten. Obwohl diese Gehege sehr weitläufig sind, reichen die Beutetiere zu ihrer Ernährung nicht aus, deshalb muss zugefüttert werden.

Zuerst geht es zu den Geparden. Auf steiniger Piste fahren wir durch die Dornbuschsavanne und halten auf einem Hügel.

»Sie sind schon da«, sagt Elisias.

Suchend schaue ich mich um. Endlich entdecke ich ein geflecktes Fell. Im lichten Schatten einer Akazie ruht graziös eine Gepardin. Kaum fünf Meter vom Wagen entfernt, nimmt sie scheinbar keine Notiz von uns, hat die Lider gelangweilt halb geschlossen. Aber in Wahrheit ist sie hellwach. Am Funkeln ihrer Pupillen erkenne ich, dass sie uns angespannt beobachtet. Wir sind näher, als es ihr Sicherheitsbedürfnis normalerweise gestattet, deshalb muss sie durch »Wegschauen« die fehlende Distanz ausgleichen.

Furchtlos steigt Elisias aus. Inzwischen habe ich unter einem Busch zwei weitere Geparde entdeckt. Der vierte, ein Männchen, das bisher versteckt im Gras lag, springt elegant auf einen Stein, streckt sich und markiert mit Urin.

Elisias trägt die Wanne ein paar Meter abseits, greift hinein und hält ein Fleischstück in die Höhe. Geduckt schleichen sich die zwei jungen Geparde an. Wenige Meter vor Elisias springen sie auf und machen einen Satz auf ihn zu, umringen ihn, hüpfen wie Hunde in die Höhe, miauzen wie Katzen und schnappen nach dem Fleisch. Ein fünftes Tier taucht auf, faucht die beiden, die schnell noch nach einem Brocken haschen und sich dann mit eingezogenen Schwänzen verziehen, wütend an. Jetzt holt sich das Weibchen seinen Anteil und wird gleich darauf von dem kräftigen Männchen abgedrängt. Die Gepardin grollt, es klingt wie ein fernes Gewitter, aber sie fügt sich widerwillig.

Geparde leben nicht im Rudel, sondern einzeln in einem riesigen Territorium. Von der Mutter entwöhnte Geschwister bleiben allerdings noch eine Weile zusammen und jagen gemeinsam, bis schließlich jeder sein eigenes Revier erobert hat. Nur zur Fortpflanzung treffen sich Weibchen und Männchen, dann gehen sie sich wieder aus dem Weg.

Besonders weil ich weiß, dass in freier Wildnis eine derartige Szene niemals möglich wäre, genieße ich fast andächtig, diesen schönen Katzen so nah zu sein. Dann fahren wir weiter. Im nächsten Freigehege wartet schon Cäsar, der Leopard, auf uns oder genauer auf das Fleisch, das wir ihm bringen. Wie unter natürlichen Bedingungen lebt er für sich allein. Einmal, so erzählt Johann, kam eine frei lebende Leopardin »auf Besuch«. Er zeigt auf eine knorrige Akazie, die dicht am Zaun steht und mit ihren Ästen weit hinüber in die Anlage reicht. »Dort ist sie rauf und dann mit einem Satz hinein. Nach der heißen Zeit der Liebe ist sie wieder nach draußen abgehauen. Cäsar hätte mit ihr fliehen können, wenn er gewollt hätte. Aber er kam als Baby in Menschenhand und kennt das Leben in der Wildnis nicht, deshalb bleibt er lieber hier, wo er regelmäßig gefüttert wird.«

Ich strenge mich an, den Leoparden zu entdecken. Meine Augen sind sonst hervorragend auf Tiere trainiert, aber hier in Afrika funktioniert es nicht wie gewohnt. Zwischen Dornbüschen und im hellen Licht sind selbst große Tiere fast unsichtbar.

Da ist er! Nur zwei Meter entfernt! Geduckt liegt er im dürren Gras. Erst als er sich bewegt, sehe ich ihn. Das hell-dunkle Fleckenmuster seines Fells ist in der sonnendurchfluteten Vegetation mit seinem Licht und Schattengeflirr eine perfekte Tarnung.

Geschmeidig folgt Cäsar dem Wagen. Das mächtige Tier, mehr als zwei Meter lang, hat einen breiten Schädel, ein mörderisches Gebiss und gewaltige Pranken. Kaum zu glauben, dass diese kampfstarken Tiere den Menschen normalerweise nicht angreifen. Nachträglich schaudert mich, wenn ich mir vorstelle, heute morgen am Waterberg beinahe einem solchen Raubtier begegnet zu sein.

Wir halten an. Aber diesmal steigt Elisias nicht aus. Er zieht es vor, dem Leoparden das Fleisch vom Wagen aus vors Maul zu werfen. Lässig fängt Cäsar die Happen im Flug. Ein großes Stück trägt er im Fang zu einem Baum, um es in der Astgabel zu deponieren. Ich kenne keine andere Katzenart, bei der sich Anmut und Kraft so vollkommen vereinen wie beim Leoparden – ein ästhetischer Hochgenuss.

Nachdem die Fütterung beendet ist, schlägt Johann vor, mir auf einer Rundfahrt sein Farmland zu zeigen. Er nimmt Wildhüter Albert mit, um bei dieser Gelegenheit das Wild zu zählen. Alberts Augen sind so scharf, wie ich es nie zuvor bei einem Menschen erlebt habe. Sogar während der rasanten Fahrt entdeckt er bewegungslos stehende oder liegende Tiere, die mindestens 300 Meter entfernt sind. Als Signal zum Anhalten klopft er kurz an das Metall der Karosserie, sagt: »Kudu! Oryx! Zebra!«, und weist dabei mit ausgestreckter Hand in die Landschaft. Johann und ich greifen nach unseren Ferngläsern, erst dann, zehnfach vergrößert, erkennen wir das Wild.

Albert, ein drahtiger, unauffälliger Mann mit hohen Wangenknochen amüsiert sich über mein Erstaunen. Für ihn ist es naturgegeben, dass er besser sehen kann als ich. Mein Ehrgeiz ist geweckt. Ich möchte ihm gerne beweisen, dass ich ebenfalls scharfe Augen habe. Wenigstens einmal will ich ein Tier vor ihm entdecken. Da kommt mir eine Manguste zu Hilfe. Wieselflink huscht sie durchs Gras. Aufgeregt schlage ich mit der flachen Hand auf das Autoblech. Mit quietschenden Bremsen stoppt der Wagen. Staub wirbelt auf. Die Männer blicken mich fragend an. Triumphierend rufe ich: »Manguste!« Die kleine Schleichkatze hat sich aufgerichtet, macht neugierig Männchen. Albert lächelt nachsichtig. In seiner Miene lese ich: Das ist kein Wild, für das sich anzuhalten lohnt. Aber niemand sagt ein Wort, wir fahren einfach weiter.

Als wir schon eine ganze Menge Jagdwild gesehen haben und es schwer wird, sich alles zu merken, zieht Albert ein Messer heraus und schneidet Zeichen in einen Stock. Breite Einschnitte für Kudu, kurze Kerben für Warzenschweine, lange Schnitte für Giraffen, schräge für Bergzebra, Kreuze für Oryx. Eine simple Methode, wie ein steinzeitliches Jagdritual.

Die Farm, 12000 Hektar groß, ist für namibische Verhältnisse zu klein, um Gewinn bringend Rinder zu züchten, aber ihre landschaftlichen Reize sind ein wertvolles Kapital und Voraussetzung für einen rentablen Gästebetrieb. Bis in 2000 Meter reicht die Farm in die Khomas-Berge hinauf, durchzogen von Schluchten und Tälern, wo viele Tiere leben. Die Berge aus Tonschiefer und Glimmer sind auffallend hell-dunkel gebändert, und wo Bergbäche den Felsen glatt poliert haben, zeigen sich besonders eindrucksvolle Gesteinsmuster. Mit Erddämmen wird Wasser gestaut. An diesen künstlichen Seen wuchert üppige Vegetation, und zahlreiche Wasservögel finden Nahrung und Unterschlupf.

Johann zeigt mir, wo zur Ochsenwagenzeit der alte *bayway* entlangführte, der ehemals Windhoek mit Swakopmund verband. Der Treckpfad ist nur mit viel Fantasie wahrzunehmen. In diesem trockenen Land wächst zwar alles sehr langsam, doch die Zeit von über hundert Jahren hat ausgereicht, den Einschnitt fast wieder zu schließen.

Mit Karacho steuert Johann den Geländewagen eine Böschung hinab über Wurzeln, Löcher, Steine. Ich werde hinten auf der Ladefläche in die Luft geschleudert und hin und her gewirbelt. Schon jagen wir weglos durch ein Rivier, Schlamm und Wasser spritzen hoch, und wieder geht es mit Vollgas den jenseitigen Abhang hinauf. Ich weiß nicht, was ich mehr bewundern soll, die fahrtechnische Leistung oder die Stabilität des Geländewagens samt seiner Federn und Achsen.

Erst nach Sonnenuntergang kehren wir zum Farmhaus zurück. Susanne erwartet uns mit dem Abendessen. Gedeckt ist in der *boma*, einem Bungalow im afrikanischen Stil, den Johann selbst entworfen hat. Kunstvoll sind Stämme, Rundhölzer, Balken verzahnt und verschränkt. Ihre Aufgabe ist es, das schwere Rieddach zu tragen, aber gleichzeitig zeigen die Hölzer ein ornamentales Muster.

Susanne überrascht mich mit einem typisch deutschen Gericht: Rouladen, Blumenkohl und Petersilienkartoffeln, dazu gibt es bunten Salat. Das Essen genieße ich um so mehr, als ich mich die letzten Tage nur eintönig mit Brot und Suppe verpflegt habe.

»Warum haben Sie denn Ihre Farm Düsternbrook genannt?«, will ich vom Hausherren wissen.

»Früher hieß sie Otjihorongo, das bedeutet in der Sprache der Herero Platz des Kudu«, antwortet er. »So wurde das Gebiet auf den alten Karten von 1861 bezeichnet. Ein Farmer mit Namen Mathiessen erwarb dieses Land und nannte die Farm nach einem Vorort von Kiel: Düsternbrook. Aus dieser Zeit stammen auch die historischen Grundmauern des Farmhauses.«

»Wann hat denn Ihre Familie die Farm übernommen?«

»Mein Vater hat sie kurz vor dem Zweiten Weltkrieg gekauft. Er stammte ursprünglich aus Russland, ging zunächst nach Deutschland und 1933 schließlich nach Namibia. Zuerst hat er in einer Zinnmine geschuftet, bis er genug Geld gespart hatte für eine eigene Farm.«

»Und Ihre Mutter?«

»Meine Mutter ist hier geboren und auf einer Farm groß geworden. Ihre Eltern waren früher in Norddeutschland daheim. Meine Mutter habe ich bewundert, sie war sehr tüchtig, eben eine echte Südwesterin. Gleich zu Beginn ihrer Ehe musste sie die Farm allein bewirtschaften, denn mein Vater wurde bei Ausbruch des Krieges, wie alle deutschstämmigen Männer, im Internierungslager der Engländer eingesperrt.«

»Hat er darüber gesprochen?«

»Nicht viel. Aber es muss für die Männer deprimierend gewesen sein, Frau und Kinder allein zu lassen. Wir können heute gar nicht mehr ermessen, was es für die Frauen im afrikanischen Busch bedeutet hat, jahrelang den Farmbetrieb ohne ihre Männer bewältigten zu müssen, und wie viel Mut und Willenskraft dazu gehörten, in der unwirtlichen Natur zu bestehen.«

»Über diese Zeit ist fast nichts bekannt. Ich weiß nur, dass sich zwei Geologen im Kuiseb-Canyon versteckten, um der Internierung zu entgehen«, sage ich.

»Eine legendäre Robinsonade, die kennt hier jeder. Es war gewiss hart, in der Wüste zu überleben, aber sie waren frei. Für die eingesperrten Familienväter dagegen war es grausam. Mein Vater war in einem Lager, das hieß Andalusia. Sechs Jahre seines Lebens hat er dort verloren. Und immer die Sorge um die Farm und die Familie. Er sagte mir, das Nichtstun sei das Schlimmste gewesen. Das sinnlose Warten von einem Tag auf den anderen hätte ihn fast um den Verstand gebracht.«

»Sechs Jahre! Nur deswegen, weil man von Geburt zufällig Deutscher war?«

»Durch die Kriegspropaganda aus dem Reich war die Stimmung in Südwest angeheizt. Die Südafrikaner und mit ihnen die Engländer wollten keine Feinde im Rücken haben. Vorsichtshalber sperrten sie alle ein: Farmer, Handwerker, Kaufleute, Wissenschaftler – eben alle Deutschen.« Susanne, die inzwischen das Geschirr in die Küche getragen hat, setzt sich zu uns und hört schweigend zu.

»Was denken Sie, Johann, gibt es eine Zukunft für deutsche Farmer in Namibia?«

»Warum nicht?«

»Weil es Bestrebungen gibt, die Weißen zu enteignen, wie im Nachbarland Simbabwe.«

Mit dieser Bemerkung habe ich ein brisantes Thema berührt. Der Farmer antwortet betont ruhig: »Davor fürchte ich mich nicht. Wenn man hier lebt, kann man sich Angst nicht leisten, zumal ich auch keinen Grund dazu habe. Meine Eltern haben die Farm rechtmäßig erworben. Sie haben sie vom deutschen Vorbesitzer gekauft – einem Einheimischen wurde hier nichts weggenommen.«

Alle Farmer, mit denen ich bisher gesprochen habe, verweigern die Einsicht, dass Menschen hier lebten, bevor die Europäer kamen, und dass man denen sehr wohl das Land weggenommen hat. Sie glauben, der Anfang sei gewesen, als ihre Eltern, Großeltern oder Urgroßeltern mit dem Farmbetrieb begannen. Für das Unrecht, das davor geschah, fühlen sie sich heute nicht mehr verantwortlich.

Ich versuche die Debatte anzuheizen und argumentiere: »Mugabe, der Diktator in Simbabwe, hat sich über die Besitzrechte der Weißen einfach hinweggesetzt, und es heißt doch, er sei ein Vorbild für Sam Nujoma, den Präsidenten Namibias. In Interviews jedenfalls hat Nujoma schon öfters verkündet, eine Landreform sei unumgänglich. Es könne doch nicht angehen, dass die Weißen, die nur fünf Prozent der Bevölkerung ausmachen, über den Großteil des nutzbaren Landes verfügen, hat er gesagt.«

»Das alte Schwarz-Weiß-Denken muss aufhören, das wird auch Nujoma einsehen. Er braucht uns Weiße, um eine stabile Wirtschaft aufrecht zu halten und weiter auszubauen. Irgendwann werden wir das Misstrauen zwischen den verschiedenen Völkern und Hautfarben überwunden haben, darauf hoffe ich. Mein Leben ist nur in Namibia möglich, hier bin ich geboren, hier ist meine Heimat.«

Heimkehr in ein fremdes Land

Palmen beschatten architektonische Überbleibsel aus der Kolonialzeit: schmucke Fachwerkhäuser, steile Dächer, Geschäfte mit deutschen Namen. Daneben unterstreichen Hochhäuser mit spiegelverglasten Fassaden ein großstädtisches Ambiente, das sich Windhoek in den letzten Jahren zugelegt hat. Darunter blieb es gemütlich, trotz Shopping-Center und Boutiquen. Ein vertrauter und zugleich exotischer Mix.

Am 18. Oktober 1890 soll der Hauptmann der deutschen Schutztruppen, Curt von François, die Stadt gegründet haben; die Bastion »Alte Feste« steht noch immer auf dem Hügel. Heute ist Windhoek mit gerade einmal 160000 Menschen die kleine Hauptstadt eines großen Landes. Aber die Deutschen waren natürlich nicht die Ersten hier. Schon früher war das wasserreiche Tal ein beliebter Lagerplatz. Wegen der warmen Quellen, die in dem 1800 Meter hoch gelegenen Talkessel sprudelten, nannten die Herero das Gebiet in ihrer Sprache Otjomuire. 1840 gründete der Namaführer Jonker Afrikaner hier eine erste Siedlung. Sein Volk, die Orlam-Nama, war von den Weißen aus Südafrika verdrängt worden. In Erinnerung an seine Heimat in Südafrika nannte er dieses Gebiet auf Kapholländisch »Winterhoek«.

In Windhoek kreuze ich zum letzten Mal den Lebensweg Margarethe von Eckenbrechers. Durch den Aufstand der Herero hatte sie ihre Farm verloren, ihr Mann erlitt schwere Typhusanfälle, die sein Herz dauerhaft schädigten. Entmutigt fuhren sie mit dem gerade geborenen Sohn nach Deutschland. Doch schon auf dem Schiff, das sie in die Heimat bringen sollte, sehnte sie sich zurück nach Afrika.

Sie schrieb:

»Ich stand an der Reling, und das Herz war mir zum Springen schwer. Südwest, du Land unserer Ideale und Träume, wie schmählich hast du uns betrogen! Mit wie viel Liebe und Hoffnung kamen wir zu dir. Enttäuschung über Enttäuschung hast du uns gebracht. Gegeizt hast du mit deinen Gaben, das Letzte uns genommen. Mit leeren Händen und wehem Herzen verlasse ich dich. Und doch, ich habe dich lieb wie kein anderes Land. In meinem Herzen, da wacht jetzt schon die Sehnsucht. Wollte Gott, ich könnte bald deine trotzigen Felsen wiedersehen mit den tiefen, blauen Schatten, wo die Paviane wohnen und die Klippdachse. Ich möchte bald wieder dem eintönigen Gesang der Einheimischen lauschen, wenn sie am Lagerfeuer sitzen, und dem Schrei des Schakals in dunkler Nacht. Ich möchte hinausschauen auf die endlos gelbe Namib, wenn die Mittagsglut darüber brütet, oder wenn der silberne Mond durch die Hackidorns scheint. Ich möchte ... Ich möchte ...«

Es verwundert nicht, dass sie sich im engen Korsett Deutschlands nicht mehr einleben konnte. Nachdem ihre Ehe zerbrochen war, hielt sie nichts mehr in der alten Heimat. Mit ihren beiden Söhnen, inzwischen zehn und acht Jahre alt, bestieg sie ein Schiff, das sie zurück in ihre wahre Heimat Südwest brachte. Allein, ohne Mann, konnte sie keine Farm führen, aber in Windhoek fand sie schließlich ein Haus am Berghang und eine Anstellung als Lehrerin. 21 Jahre lang unterrichtete sie Kinder und führte ein selbstbestimmtes, mutiges und freies Leben.

Ich genieße die vertraute und zugleich exotische Atmosphäre Windhoeks, lasse mich in Cafés und Restaurants verwöhnen, spaziere durch Straßen – doch bald genügt mir das nicht mehr. Ich will mehr wissen. Zum Beispiel: Wie war das mit Katutura? Ein Begriff aus der Herero-Sprache, der bedeutet: »Hier haben wir keine Bleibe.«

Auskunft könnte ich im staatlichen Tourismusbüro bekommen, sagt man mir. Es residiert in einem alten Kolonialgebäude und überrascht mich über seinem Eingang mit der Aufschrift: »Kaiserliche Landvermessung«.

»Katutura ist ein Vorort von Windhoek, dafür brauchen Sie doch kein *permit*, da können Sie einfach so hingehen«, meint der Beamte mit einem Schulterzucken.

»Darum geht es mir nicht. Ich möchte mit jemandem sprechen, der mir sagen kann, was damals passierte, als viele Schwarze dorthin zwangsumgesiedelt wurden.«

Nach einigem Nachdenken hellt sich das Gesicht des Mannes hinter dem Schalter auf. »Ja, natürlich – Mutumba! Keiner weiß besser Bescheid als er. Dass mir Traugott Mutumba nicht gleich eingefallen ist! Er war doch damals Lehrer in Katutura. Ich werde ihn rufen lassen.«

Wenig später begrüßt mich Traugott Mutumba mit lebhaften Gesten, als wären wir alte Bekannte. Seinem temperamentvollen Auftritt widerspricht aber der melancholische Blick seiner Augen, als würde sich hinter seiner fröhlichen Fassade Traurigkeit und Resignation verbergen.

Erfreut über mein Interesse, beginnt er zu erzählen: »Früher lebten alle Schwarzen, die für die Weißen arbeiteten, in einer wild gewachsenen Siedlung am Rande von Windhoek. Wir nannten sie Alte Werft. Werft ist ein Begriff aus der Kolonialzeit für alle Siedlungen von Einheimischen, und unsere Chiefs waren die Kapitäne. Wieso man gerade Bezeichnungen aus der Seefahrt verwendete, kann ich mir auch nicht erklären, vielleicht weil die ersten Fremden mit Schiffen zu uns kamen. Die Alte Werft also war ein elendiger Slum:

Hütten aus Pappkarton, Sperrholz, Sackleinen, flach gepressten Ölfässern. Die Behausungen klebten so eng beieinander, dass man durchs eigene Fenster das benachbarte Haus berühren konnte. Jeder Streit, der sich hinter diesen dünnen Wänden abspielte, wurde von allen Nachbarn mit angehört.«

»Das muss ja furchtbar gewesen sein!«

Lächelnd quittiert Traugott Mutumba meinen spontanen Ausruf. »Es hatte auch seine Vorteile. Wer vom Land zur Arbeit in die Stadt kam, blieb nicht lange allein, und für die Polizei war es in dem Chaos unmöglich, jemanden aufzustöbern. Für diejenigen, die keine Aufenthaltsgenehmigung für Windhoek besaßen – und die bekam nur, wer eine Arbeitsstelle bei den Weißen nachweisen konnte, – war die Alte Werft der ideale Zufluchtsort. Trotz der großen Not herrschte eine merkwürdige Zufriedenheit, als hätte uns die Mühsal zu einer großen Familie zusammengeschweißt.«

Das breitflächige Gesicht des alten Lehrers scheint aufzuleuchten, die Erinnerung an Vergangenes tut ihm sichtlich wohl.

»Sie haben selbst in der Alten Werft gelebt?«

»Ich kam 1959 als Junglehrer in die Siedlung.«

»Wie war das denn damals für Sie?«

»Sehr verwirrend. Ich war in einer Missionsschule aufgewachsen, hatte dort auch mein Examen zum Lehrer gemacht, war an Pünktlichkeit, Ordnung und Sauberkeit gewöhnt. Plötzlich steckte ich bis zum Hals im wahren Leben, war ihm ausgeliefert mit all seinem Schmutz, seiner Ungerechtigkeit und Grausamkeit, aber auch seiner Schönheit, seiner Menschlichkeit. Es berührte mich tief, wie die Menschen sich gegenseitig halfen und beistanden. Hier lernte ich, was christliche Nächstenliebe wirklich bedeutet.«

»War es da noch wichtig, welchem Volk man angehörte?«

»Kaum. In der Alten Werft waren solche Unterschiede nicht mehr so gravierend wie früher, obwohl man schon eher mit seinesgleichen befreundet war, allein wegen der gemeinsamen Sprache. Aber man kannte Angehörige anderer Völker. Heute würde ich sagen, es hatte ein Prozess der Integration begonnen.«

»Das hat den Machthabern gewiss nicht gefallen. Wollten sie deshalb die Siedlung räumen?«

»Die Weißen hatten natürlich Angst vor unserer wachsenden Kraft, unserer Solidarität. Sie konnten uns dort auch nicht so gut kontrollieren, wie sie es gern gewollt hätten. Und stellen Sie sich den Anblick eines wild wuchernden Slums vor, nur einen Steinwurf von Windhoek entfernt! Das störte sie gewaltig. Wer will schon gerne das Elend vor Augen haben, während er selbst im Luxus schwelgt?«

»Und deshalb hat die südafrikanische Regierung die neue Siedlung Katutura ziemlich weit entfernt von Windhoek bauen lassen.«

»Ja, mitten in der Einöde, so weit weg, dass wir nicht mehr zu Fuß zur Arbeit gehen konnten und vom ohnehin kargen Lohn teure Busse bezahlen mussten. Aber der Name Katutura, der stammt von uns Schwarzen. Er bedeutet: ›Hier wollen wir nicht bleiben‹, denn Katutura war ein Getto aus Fertighäusern, in denen wir nicht mehr unentgeltlich wohnen konnten wie in unseren selbst gebastelten Hütten. Die Häuser waren mit Kanalisation, Strom und Wasseranschluss versehen, alles gut und schön, aber das Einkommen reichte ja ohnehin kaum fürs Leben.«

»Was passierte, wenn jemand Miete, Strom und Wasser nicht mehr bezahlen konnte?«

»Langsam, eins nach dem anderen! Wir weigerten uns vehement, überhaupt umzusiedeln, deshalb auch der Name Katutura, weil wir wussten, wer nicht zahlen kann, wird in die Homelands, die Reservate, deportiert. Das waren die steinigsten und trockensten Gebiete Namibias, wo nichts wuchs und man sich höchstens ein paar Ziegen halten konnte. Jeder, der noch Kraft dazu hatte, floh vor diesem Elend. Doch nur wer eine Arbeit nachweisen konnte, durfte sich außerhalb der Reservate aufhalten. In der Alten Werft waren viele ohne diese Aufenthaltsgenehmigung untergeschlüpft, in Katutura würde das nicht mehr möglich sein, das wussten wir genau.«

»Ein Umzug brachte also nur Nachteile?«

»So war es. Deshalb wehrten wir uns auch mit aller Kraft und vereinbarten einen Boykott. Keiner ging mehr in die Bierhallen, zuvor unser einziges Vergnügen am Wochenende. Aber die Einnahmen vom Alkoholausschank gingen an die Weißen – und die hatten nicht schlecht an uns verdient! Unser schwer erarbeiteter Lohn war zum größten Teil an sie zurückgeflossen, weil die meisten von uns nur mit Alkohol das elende Leben ertragen konnten.«

»Was geschah dann?«

»Der Boykott war so erfolgreich, dass die Machthaber bald zu einer Reaktion gezwungen waren und uns zu einer öffentlichen Versammlung zusammenriefen. Zum ersten Mal wollten Staatsbeamte des Apartheid-Regimes direkt zu uns sprechen. Ein Zeichen, dass wir Menschen waren und keine Putzlappen, die man benutzen und wegwerfen konnte.«

»Ein erster Erfolg.«

»Leider nein. Wir hatten uns getäuscht. Unsere Argumente prallten wie gegen eine Wand. Polizeichef Lombard, ein stämmiger Weißer mit rotem Gesicht, trat vor das Mikrofon und bellte hinein: ›Nigger!‹ Mit einem einzigen Wort hatte uns Lombard wieder zurück in den Dreck getreten. Er sagte: ›Entweder ihr zieht nach Katutura um, oder wir werden euch dazu zwingen.‹ Noch heute habe ich seine brutale Stimme im Ohr: ›*Wie nie wil hoor nie, sal voel!*‹ – sagte er auf Afrikaans. ›Wenn ihr nicht hört, werdet ihr fühlen!‹«

»Was habt ihr daraufhin getan?«

»Wir hatten nicht einmal Zeit, uns zu beraten. Noch am gleichen Abend waren wir von Soldaten umzingelt. Die Menschen strömten auf dem Gemeindeplatz zusammen, sie schrien vor Empörung und schwangen wütend ihre Fäuste. Eine Doppellinie Bewaffneter stand vor ihnen, aber die Leute drängten sie Schritt um Schritt zurück. Da legten die Verbrecher ihre Gewehre an und schossen in die wehrlose Menge.«

»Sie waren dabei?«

»Ich war zu Hause, hörte den Tumult und machte mich mit einem Freund auf den Weg. Wir wollten nur nachschauen, was los war. Auf dem Platz sahen wir dann die Soldaten. Gerade als wir ankamen, hörten wir: ›*Gereed en ... skiet!* Legt an! ... Feuer!‹ Drei Salven zerrissen die Luft. Wir duckten uns, warfen uns zu Boden, versuchten, aus dem Bereich der Schusswaffen zu robben. Die Menge wich zurück. Leute stolperten übereinander, stürzten zu Boden, schrien. Sie schossen weiter in die Rücken der Flüchtenden. Es war unwirklich und zugleich ganz real. Ein Massaker! 13 Menschen wurden ermordet, 54 schwer verwundet, unsere Häuser angezündet und mit Bulldozern plattgewalzt. Das war am 10. Dezember 1959. Nie in meinem ganzen Leben werde ich diesen Tag vergessen.«

Traugott Mutumba blickt mich wie durch einen Schleier an. Langsam taucht er aus der Vergangenheit auf, lächelt schwermütig.

»Unser Widerstand war gebrochen. Sie hatten das Feuer auf unbewaffnete Menschen eröffnet. Unser Leben war ihnen nichts wert. Bis dahin hatte ich mich bemüht, ein guter Lehrer zu sein, und mich aus politischen Sachen herausgehalten. Trotzdem wäre ich beinahe erschossen worden. Da sagte ich mir: Wenn ich schon sterben muss, so will ich wenigstens kämpfend sterben. Ich trat der ›Ovamboland People's Organization‹ bei, aus der später die Swapo wurde.«

»Inzwischen hat sich alles grundsätzlich verändert, aber Katutura gibt es noch immer«, gebe ich zu Bedenken.

»Das stimmt! Deswegen sind viele unserer Leute unzufrieden. Sie dachten, nach dem Sieg über die Weißen würden sie in die Villen ihrer ehemaligen Herren einziehen, was nicht geschehen ist. Dennoch – seit Namibia unabhängig ist, hat sich auch in Katutura manches zum Guten gewendet: Straßen wurden asphaltiert, Straßenbeleuchtung installiert, Schulen und ein modernes Krankenhaus gebaut. Am besten, Sie machen sich selbst ein Bild. Wenn Sie wollen, begleite ich Sie nach Katutura. Seit längerem wollte ich dort wieder einmal nach dem Rechten sehen, habe es aber immer wieder aufgeschoben.«

Wir nehmen den Bus und fahren gar nicht so lange, wie ich dachte. Windhoek hat sich ausgedehnt und ist näher an die Siedlung herangerückt, und auch Katutura ist inzwischen nach allen Seiten gewachsen. 80000 Menschen sollen hier leben, die Hälfte der Einwohner Windhoeks, und täglich werden es mehr.

Zuerst führt mich Mutumba durch den ältesten Teil der Siedlung, und der ehemalige Lehrer wird nicht selten erkannt und respektvoll gegrüßt. Wir gehen durch schnurgerade Straßen, die wie auf dem Reißbrett gezogen wirken. In monotoner Reihenbauweise wurden die Schachtelhäuser aneinander gesetzt. Es sind sehr kleine, ärmliche Häuser aus Ziegelsteinen, ebenerdig mit Flachdach. Ursprünglich hatten sie keinen Wandputz, auch Innentüren zwischen den Zimmern fehlten. Ein Haus bestand nur aus den rohen Ziegelwänden und einem Dach, alles andere mussten sich die Zwangsumgesiedelten selbst herstellen. Den versprochenen Strom erhielt nur, wer eine Kaution hinterlegen konnte. Auf menschliche Bedürfnisse war von den Erbauern keine Rücksicht genommen worden, erst recht nicht auf das traditionelle Leben in Großfamilien. Die Behausungen waren nur als Schlafplätze für Arbeitssklaven gedacht, die den ganzen Tag für die Weißen schuften sollten. Dass die Ausgebeuteten mit ihren Familien zusammenleben wollten, wurde ignoriert. So waren die Wohnungen bald hoffnungslos überfüllt.

Mutumba spricht eine Frau auf der Straße an, und wir dürfen einen Blick in ihr Haus werfen. Zwischen abgeblätterter Farbe sieht man die rohen Ziegel, notdürftig überdeckt mit Kalenderblättern und Heiligenbildern.

»Wir wohnen hier zu acht!«, antwortet die Frau auf meine Frage, wie viele Personen auf den 45 Quadratmetern Wohnfläche leben.

An den Haustüren sind noch Reste von Buchstaben zu erkennen. Sie standen für D – amara, H – erero, N – ama.

»Das Apartheid-Regime hat nicht nur Weiße von Schwarzen getrennt, sondern uns auch klassifiziert und gezwungen, nur mit den Angehörigen der amtlich definierten ethnischen Gruppe zusammenzuleben. Kein Ovambo durfte im Viertel der Herero ein Haus beziehen und umgekehrt. Heute kann natürlich jeder leben, wo er will. Dafür haben sich andere Ungleichheiten herausgebildet, abhängig von Lohn und Ausbildung.«

Was er meint, verstehe ich, als wir in die neueren Viertel kommen. Hier liegt viel weniger Müll herum, die Häuser sind größer, individueller gestaltet, und die Straßen sind nicht mehr von zerlumpten Kinderscharen bevölkert.

Am Markt von Katutura setzen wir uns in ein Café, und ich frage Mutumba nach den sozialen Unterschieden, die sich unter den Schwarzen herausgebildet haben.

»Es gibt Schwarze, die sind inzwischen Millionäre«, antwortet er. »Wichtig ist aber doch, dass wir die Apartheid besiegt haben, dass niemand mehr wegen seiner Hautfarbe gedemütigt werden darf. Unterschiede zwischen Menschen wird es immer geben, das ist von Natur aus so. Die Aufgabe einer Regierung aber ist es, alles zu versuchen, dass die soziale Schere nicht immer weiter auseinander klafft. Deshalb müssen Menschen auf den unteren sozialen Stufen mit Hilfsprogrammen unterstützt werden.«

Plötzlich leuchtet das Gesicht des Lehrers auf, seine Augen glänzen freudig. Eine junge Frau tritt an unseren Tisch. Sie ist mir vom ersten Moment an sympathisch. Es ist nicht nur ihre Schönheit, die mich beeindruckt, sondern mehr noch die warmherzige Ausstrahlung und ihr Lächeln.

»Maria Namupara, meine Schülerin«, stellt Traugott Mutumba sie vor.

Maria lacht und sagt auf Deutsch: »Einmal Schülerin, immer Schülerin, nicht wahr?«

Mit Traugott hatte ich mich auf Englisch unterhalten. Inzwischen bin ich es aber gewöhnt, in Namibia immer wieder unverhofft mit der deutschen Sprache konfrontiert zu werden. Dennoch überrascht mich ihr Dialekt, und das sage ich auch.

Traugott klärt mich auf: »Maria ist in Mecklenburg aufgewachsen.«

»Weißt du, ich bin eines der DDR-Kinder«, fügt Maria hinzu.

Da erinnere ich mich, was ich vor Jahren darüber gehört hatte. Die DDR hatte die Swapo nicht nur mit Waffen unterstützt und militärische Ausbilder geschickt, sondern auch Waisenkinder aufgenommen. Die Begegnung mit der jungen Frau ist eine gute Gelegenheit, mehr darüber zu erfahren. Ich erzähle Maria, dass auch ich während meiner Kindheit in der DDR gelebt habe. Maria springt auf und umarmt mich spontan. »Glaub mir, trotz allem ist die DDR noch immer meine Heimat.«

Und dann höre ich Marias Geschichte: Die südafrikanischen Militärs machten keinen Unterschied zwischen der Zivilbevölkerung und den Kämpfern. Das Reservat Ovamboland war zur »Operationszone« erklärt worden. Das bedeutete Krieg. 23 Jahre lang, von 1966 bis 1989, erlitten nicht nur die Männer, sondern auch die Frauen und Kinder Folter, Vergewaltigung, Verstümmelung und Tod. Wenn die berüchtigte Sicherheitspolizei »Koevoet« – das heißt bezeichnenderweise »Brechstange« – in den Dörfern keine Männer vorfand, fielen die Soldaten über wehrlose Frauen her und begannen mit Gewalt Informationen aus ihnen herauszupressen. Tausende versuchten, über die Nordgrenze in Sicherheit zu gelangen, auch Marias Mutter mit ihren Kindern. Sie überlebten die Strapazen der Flucht und fanden in Angola Zuflucht – in einem Flüchtlingslager. Maria war sieben Jahre alt, als am 4. Mai 1978 südafrikanische Militärflugzeuge das Lager bombardierten – in Angola, jenseits der Grenzen ihres Mandats.

»Es war im Morgengrauen.« Maria schließt für einen Moment die Augen, wie um sich vor der grauenvollen Erinnerung zu schützen. »Wir schliefen alle. Plötzlich riss uns eine fürchterliche Explosion aus dem Schlaf. Menschen schrien. Splitter, Erde, Steine flogen herum. Blut. Zerrissene Körper. Es war so schrecklich. Ich werde es nie vergessen können.«

Mehr als 600 Menschen wurden getötet, vor allem Kinder und Frauen. Auch Christian, Marias kleiner Bruder, starb. Die Mutter war schwer verletzt. Unter den Überlebenden verbreitete sich Panik, denn die Flugzeuge konnten jederzeit wiederkommen. Die Kinder aber sollten unbedingt gerettet werden und wurden in befreundete Länder evakuiert. Die DDR nahm 500 namibische Kinder auf. So kam Maria im Jahr 1979 ins Kinderheim nach Güstrow.

»Meine Mutter, der es inzwischen wieder besser ging, war stolz, dass ich ausgewählt wurde. Sie wollte, dass ich etwas lernte. Mit guten Leistungen könnte ich ihr die größte Freude machen, gab sie mir mit auf den Weg in ein fremdes Land.«

Maria vergaß die Ermahnungen der Mutter nicht. Sie wurde eine der Besten in der Schule. Allmählich verblassten die Erinnerungen an die Heimat, und nach elf Jahren in der DDR sprach sie besser Deutsch als Oshiwambo, ihre Muttersprache.

»Mir gefiel es in der DDR. Heimweh hatte ich nur am Anfang, später nicht mehr. Wir wurden gut betreut, machten Ausflüge und Spiele, Musik und Theater. Es war eine neue Welt für mich, in der ich mich allmählich heimisch fühlte.«

Während Ost- und Westdeutsche enthusiastisch feierten, wurde Marias Glauben an Gerechtigkeit mit dem Fall der Mauer in Berlin zutiefst erschüttert. Die namibischen Kinder waren mit einem Mal unerwünscht. Niemand fühlte sich für sie verantwortlich. Sie waren überflüssig und mussten fort, zurück in ihre alte Heimat, nach Afrika!

»Meine Heimat war aber doch die DDR oder zumindest Deutschland! Was sollte ich in Namibia? Nichts verband mich mehr mit diesem Land. Nicht einmal die Muttersprache beherrschte ich noch. Ich war eine Deutsche geworden. Ich sprach deutsch, dachte deutsch und träumte deutsch. Nur durch meine Hautfarbe unterschied ich mich von den Mädchen meines Alters. Aber das störte mich nicht, ich sah halt etwas anders aus. Plötzlich sollte ich zurück nach Namibia. Wohin dort? Meine Mutter war inzwischen tot, erschossen von südafrikanischen Militärs, mein Bruder war tot, und meinen Vater habe ich erst gar nicht kennen gelernt.«

Für Maria war nicht nur die Rückkehr, sondern der Zeitpunkt besonders hart. Ein Jahr noch, dann hätte sie ihren Schulabschluss gehabt. Sie bat, sie bettelte, sie weinte – wenigstens ein Jahr, damit sie die Schule beenden könnte! Nichts half, niemand stand ihr bei. Sie musste zurück, erbarmungslos.

»Für mich brach eine Welt zusammen. Alles, woran ich geglaubt hatte, wofür meine Eltern ihr Leben gegeben hatten, war wertlos geworden, existierte nicht mehr. Nie werde ich den August 1990 vergessen. Ich saß im Flugzeug, zusammen mit anderen ausgewiesenen Kindern und heulte und heulte, ich konnte nicht aufhören. Da kam ein Mädchen zu mir, legte den Arm um mich und sagte: »Wir steigen einfach nicht aus. Sie können uns nicht zwingen, dort zu leben.« Da ging es mir besser, nicht weil ich dachte, unsere Weigerung könnte einen Sinn machen, sondern weil ich begriff: Ich war nicht allein, den anderen erging es genauso wie mir.«

Als das Flugzeug in Namibia gelandet war, weigerten sich tatsächlich alle Kinder, auszusteigen. Die wenigen, deren Angehörige noch lebten und die sich jahrelang nach einem Wiedersehen gesehnt hatten, waren immer mehr entsetzt, je tiefer sich das Flugzeug auf das braune, ausgedörrte Land herabsenkte. Sie waren Grün gewöhnt, grüne Wiesen, grüne Wälder und Flüsse, in denen Wasser floss. Nein, in diesem wüsten Land wollten sie nicht bleiben.

Natürlich stiegen sie dann doch alle aus. Sie waren Kinder. Sie hatten keine Wahl. Vom Flughafen brachte sie der Bus nach Windhoek, und da kam ein wenig Freude auf. Sie konnten die Plakate über den Geschäften lesen und die Straßenschilder: Mozart-, Schubert-, Brahmsstraße, Bahnhofstraße, Luisen-Apotheke, Thüringer Hof. Das war ja wie zu Hause! Vielleicht würde es doch nicht so schlimm werden.

Doch, es wurde schlimm! Viel schlimmer, als sie es sich hatten vorstellen können. Der Bus fuhr nämlich durch Windhoek hindurch und brachte sie nach Katutura. Der Wechsel für die Kinder war so krass, als habe man sie aus dem Paradies in die Hölle gestoßen.

Man hatte sich Mühe gegeben, Angehörige der Waisen und Halbwaisen ausfindig zu machen. Jetzt wurden Mädchen und Jungen, die jahrelang wie Geschwister füreinander da gewesen waren, auseinander gerissen und verschiedenen Familien zugeteilt. Am härtesten traf es diejenigen, die in den Norden ins Ovamboland mussten. Trinkwasser aus der Leitung? Fehlanzeige. Aus kilometerweit entfernten Wasserlöchern mussten sie Wasser selbst herbeischleppen. Dann das Essen – statt Spaghetti mit Ketchup oder Pizza gab es *miliepap*, einen Maisbrei, der so schmeckt wie das Wort klingt. Das wirklich Schlimme für die Kinder waren aber nicht die schlechten Wohnverhältnisse, das ungewohnt eintönige Essen, das Fehlen jeglichen Komforts, sondern das Zusammenleben mit Angehörigen, die ihnen fremd waren, deren Sprache sie nicht verstanden, deren Traditionen und Moralvorstellungen sie sich unterwerfen mussten.

»Ich war zum Glück schon 18 Jahre alt, deshalb ging es mir vergleichsweise gut, denn ich musste nicht lange bei der mir zugeteilten Familie bleiben. Für die Kleinen aber war es brutal. Stell dir das mal vor: Du wirst plötzlich in ein Entwicklungsland geschleudert und zwar für immer, mit allen Konsequenzen.«

Maria ist Lehrerin geworden, arbeitet aktiv in der Frauenbewegung und hält Kontakt mit anderen Ossi-Kindern, wie sie sich ironisch selbst bezeichnen. Für viele hat sich das Leben in Namibia nach dem traumatischen Anfang positiv entwickelt. Mit ihren exzellenten Deutschkenntnissen, ihrer besseren Schulbildung bekamen sie gute Stellenangebote. Einige Unglückliche aber wissen bis heute nicht, wohin sie gehören.

»Wir sind«, sagt Maria, »außen schwarz und innen weiß.«

Wildes Namibia

Schon der erste Eindruck überzeugt mich, dass ich mich richtig entschieden habe. »Melrose« ist eine Farm im Khomas-Hochland mit der Tradition aus alten Pioniertagen. Das Land hatte Jonker Afrikaner, der Chief der Nama-Omag, seinem Freund Bassingthwaighte im Jahr 1841 geschenkt. Ein äußerst großzügiges Geschenk. Es war zu der Zeit noch nicht abzusehen, zu welchen Konflikten es einmal zwischen Europäern und Afrikanern kommen würde. Der Engländer Bassingthwaighte betrat eines Tages in Walvis Bay afrikanischen Boden und blieb für immer. Die Gunst von Jonker Afrikaner erwarb er sich, weil er ein geschickter Wagenbauer war, aber mehr noch durch seine Schnapslieferungen. Als ich diesen Satz in der Chronik lese, ist mir mit einem Mal klar, warum Jonker Afrikaaner so viel Land »verschenkt« hat. Von wegen »Freund«! Er musste wahrscheinlich seine Alkoholschulden bezahlen.

In den folgenden 150 Jahren hatte die Farm eine ganze Reihe sehr unterschiedlicher Besitzer. Als Namibia unabhängig wurde, befürchteten viele Weiße, enteignet zu werden, deshalb wurde die Farm wieder einmal verkauft. Max, der jetzige Besitzer, ist Österreicher. Ihm sieht man an, dass er sich vor nichts und niemandem fürchtet. Mit seiner bärenhaften Statur, dem schwarzen Vollbart und den wilden Haaren könnte er Modell stehen für ein Denkmal des Tiroler Freiheitskämpfers Andreas Hofer. In seinem 50-jährigen Leben hat Max viele Abenteuer erlebt. Als wir mit dem Landrover zu einer Erkundung über sein Land fahren, skizziert er mir seinen Lebenslauf: Studium der Holzwirtschaft in Österreich, anschließend Arbeit in Kamerun für eine Holzfirma, später im Kongo.

Zehn Jahre lang im mörderischen Klima, bis genug Geld beisammen war, um ein eigenes Sägewerk in Liberia zu kaufen. Florierende Geschäfte. Dann der Bürgerkrieg in Liberia, die Flucht und der Verlust seines Betriebs. Wieder Lohnarbeit. Noch einmal Neuanfang auf der Farm in Namibia.

Die Rinderzucht hat Max inzwischen ganz eingestellt. Erstaunlich und beruhigend für mich ist die Erkenntnis, wie schnell die Wildnis wieder Oberhand gewinnt, wenn sie sich frei entfalten kann. Ein Meer aus Gräsern wiegt seine Rispen hüfthoch im Wind. Gelbe, rote und blaue Blumen leuchten zwischen Felsgestein. Die Vegetation ist vielfältiger, die Tiere zahlreicher als auf Farmen, wo Rinder gehalten werden.

Wir erreichen die Kuppe eines Hügels. Von oben überblicken wir das weite Land bis zum Horizont. Max macht eine kreisende Armbewegung, und in seinen Augen leuchten Stolz und Freude, als er sagt: »Das alles gehört mir!« Ein breites Rivier, tief eingeschnitten mit steilen Ufern, windet sich malerisch durch die Savanne. Täler und Hügel wechseln sich ab. Nirgendwo ist eine Straße zu sehen, keine Siedlung, keine Strommasten oder andere Zeichen menschlicher Eingriffe in die Natur.

Von unserem Aussichtspunkt erblicken wir erstaunlich viel Wild: Giraffen, Springböcke, Zebras, Warzenschweine. Über 600 Oryx und Kudu hat Max auf seinem Farmgelände gezählt.

Am Abend wird es spät. Jagderzählungen machen die Runde. Ich sitze im Kaminzimmer mit Max und Tina, seiner Geschäftsführerin. Malik, ein Jagdgast aus Ungarn, und Simeon leisten uns Gesellschaft. Simeon, ein Nama, wurde von Max als Verwalter eingestellt – zum Entsetzen der benachbarten weißen Farmer. Simeon beherrscht außer der Namasprache noch drei weitere Sprachen: Deutsch, Afrikaans und Englisch, wobei sein Deutsch so perfekt ist, als sei er mit dieser Sprache aufgewachsen. Er ist der einzige Schwarze in Namibia, versichert mir Max, der eine Lizenz als Berufsjäger besitzt. Sie erlaubt ihm, Jagdgäste eigenverantwortlich zu begleiten. »Erzähl doch, wie das mit dem Leoparden war«, fordert Tina ihn auf.

Simeon lächelt bescheiden. »Ach, ich war mir gar nicht sicher, ob ich den Mann retten könnte. Ich hätte daneben schießen, oder noch schlimmer, meine Kugel hätte den Mann selbst treffen können. Aber er wäre sowieso verloren gewesen, da habe ich den Schuss riskiert. Es war seine letzte Chance, zu überleben.«

»Wieso, was war denn passiert?«, will ich wissen.

»Der Gast hatte viel Geld an die Regierung bezahlt für die Erlaubnis, einen Leoparden zu schießen, und er war wild entschlossen, das Fell dieser Raubkatze als Trophäe mit nach Hause zu nehmen. Nacht für Nacht waren wir draußen und haben vergeblich versucht, den alten Leoparden vor die Flinte zu kriegen. Ich wusste, dass es ein sehr erfahrenes Tier war. Als der Leopard spürte, dass wir es auf ihn abgesehen hatten, wurde er noch vorsichtiger. Er hielt sich so lange versteckt, bis wir nach durchwachter Nacht übermüdet den Ansitz verließen.«

»Simeon, offenbar kannten Sie den Leoparden doch sehr gut. Hatten Sie denn keine Skrupel, das seltene Tier zum Abschuss freizugeben?«, will ich wissen.

»Einerseits schon, andererseits ist der Abschuss eines alten Männchens oft die einzige Chance für junge Leoparden, ein eigenes Territorium zu besetzen. Zahlreiche junge Tiere mit besten Anlagen verhungern auf der vergeblichen Suche nach einem freien Gebiet. Wir schießen unsere Leoparden nicht willkürlich. Es sind Hegeabschüsse. Wir unterstützen sanft, was in der Natur sowieso passiert, ersparen aber dabei den Alten tödliche Kämpfe mit jungen Rivalen und sorgen so rechtzeitig für einen Generationenwechsel.«

»Erzähl doch weiter!«, drängt Tina, obwohl sie die Geschichte längst kennt.

»Durch unsere nächtlichen Ansitze kam der Leopard nicht mehr dazu, genug Beute zu machen. Der Hunger verleitete ihn, leichtsinnig zu sein. Im Mondlicht sah ich, wie er am Flussufer auftauchte. Ein Anblick, den ich bis heute nicht vergessen habe. Silbern leuchtete sein Fell. Geschmeidig schlich er auf uns zu. Der Jagdgast hob die Waffe, zielte und schoss. Millisekunden vor dem Schuss muss der Leopard die Gefahr gewittert haben und hat sich im Sprung weggedreht. Im Mündungsfeuer sah ich, wie der Leopard auf den Jäger zuflog, ihn mit seinen Pranken umklammerte und niederriss. Ohne zu überlegen oder eine günstigere Schussposition abzuwarten, schoss ich in die verknäulten Körper.«

»Simeon hat natürlich den Leoparden getroffen«, ergänzt Tina. »Es war knapp, äußerst knapp. Gut, dass Simeon den schnellen Schuss riskiert hat. Mit einem Prankenhieb hatte das Raubtier den Mann bereits skalpiert, als Nächstes hätte er ihm die Halsschlagader zerfetzt. Ich musste den Verletzten ins Krankenhaus nach Windhoek bringen, fuhr wie der Teufel, dachte, er stirbt mir unterwegs. Die Ärzte nähten ihm die Kopfhaut wieder an und versorgten die tiefen Wunden am ganzen Körper. Er war furchtbar zugerichtet, aber er hat überlebt. Eine Umarmung von einem Leoparden sollte sich niemand wünschen.«

»Vom Jagdfieber ist er aber nicht geheilt, im Gegenteil«, lacht Max. »Er schrieb mir kürzlich, er wolle bald wiederkommen und diesmal seinen Leoparden selber erlegen.«

Malik, der ungarische Gast, der gebannt zugehört hat und etwas blass geworden ist, meint erleichtert: »Da bin ich aber froh, dass ich mir die teure Abschussprämie für einen Leoparden gespart und mich stattdessen für eine Antilope entschieden habe.«

Die Einladung, am nächsten Morgen mit auf Pirsch zu gehen, nehme ich mit gemischten Gefühlen an. Oryx, oder besser Gämsböcke, wie sie im südlichen Afrika heißen, stehen auf dem Programm. Mit einer Gams haben diese Antilopen aber nun wirklich nicht die geringste Ähnlichkeit. Ein anderer gebräuchlicher Name ist Spießbock, wegen der spitzen Hörner, die bis anderthalb Meter lang werden. Oryx klingt geheimnisvoll und passt am besten zu ihrer erstaunlichen Erscheinung; vielleicht waren sie sogar das Vorbild für die Geschichten vom sagenhaften Einhorn.

Es herrscht noch Dunkelheit, als Simeon, Malik und ich ins Jagdrevier aufbrechen. Die Sterne funkeln. Von keiner Lichtquelle überstrahlt, glitzern sie in überirdischer Schönheit. Aus der Tiefe der Nacht hallt das Lachen einer Hyäne zu uns herüber. Einer hinter dem anderen pirschen wir einen Pfad entlang. Ab und zu verharrt Simeon und lauscht in die Dunkelheit.

Langsam weicht die Nacht einem diffusen Grau. Wir erkennen die Konturen der Landschaft. Simeon macht uns auf eine Herde Kudus aufmerksam. Die Antilopen mit den gedrehten Hörnern weiden halb verdeckt zwischen Akazien. Die auffallend großen Ohren der Weibchen leuchten rot geädert im Morgenlicht. In weitem Halbkreis schleichen wir an der Herde vorbei. Wenn die Kudus uns wittern und abspringen, wären andere Tiere gewarnt.

»Oryx«, flüstert Simeon. Weit am jenseitigen Hang hat er sie entdeckt. Die hellen Punkte verschmelzen mit der Landschaft, erst im Fernglas kann ich sie identifizieren. Simeon erklärt uns seinen Plan: Versteckt hinter Büschen sollen wir warten. Er selbst will einen Bogen schlagen und die Herde in unsere Richtung treiben. Etwa eine Stunde veranschlagt er, bis er mit dem Treiben beginnen kann. Fast lautlos macht sich Simeon davon. Malik und ich bauen uns aus Zweigen eine Art Tarnschirm, entfalten unsere Hocker und setzen uns schweigend nieder. Diese Situation ist mir seit meiner frühen

Kindheit vertraut. Schon als Neunjährige saß ich neben meinem Vater auf dem Ansitz, stolz, dass ich an seinem Jagdabenteuer teilnehmen durfte.

Jetzt, da ich zusammen mit dem ungarischen Jagdgast auf die Antilopen warte, erinnere ich mich lebhaft an damals, als würde es noch einmal geschehen: Seit Stunden sitzen mein Vater und ich auf dem Hochsitz, umgeben vom lichtgrünen Blätterdach einer Birke. Allmählich breitet sich die Dämmerung aus. Die Flötentöne der Amseln beherrschen die Stille. Lautlos taucht er am Waldrand auf – ein Rehbock. Im Abendlicht schimmert sein Fell goldrot, und sein Haupt ziert ein schwarz geperltes Gehörn mit drei blendend weißen Enden. Es ist der Abschussbock, auf den Vater so oft vergeblich gewartet hat. Ich sehe nur die Schönheit des Tieres und vergesse, dass wir hier sind, um zu töten. Plötzlich bemerke ich, wie Vater das Gewehr hebt und zielt. Was soll ich jetzt tun? Den Rehbock warnen, damit er am Leben bleibt, oder meinem Vater die Daumen drücken, damit sich sein Wunsch erfüllt und er seinen Bock erlegt? Im Widerstreit der Gefühle bin ich wie erstarrt.

Da knallt schon der Schuss. Mit klopfenden Herzen steige ich die Leiter hinunter, kann kaum erwarten, das Tier aus der Nähe zu sehen, und bin doch voller Scheu. Der Rehbock ist tot, nur noch ein lebloser Körper. Er fühlt sich warm an, als ich meine Hand auf sein Fell legte, aber er atmet nicht mehr.

Die Antilopen kann ich jetzt schon ohne Fernglas erkennen. Simeons Plan scheint aufzugehen. Zwölf Tiere ziehen in unsere Richtung. Mit anderthalb Metern Schulterhöhe sind Oryxantilopen größer als Hirsche. Unverwechselbar ist nicht nur die clownartige Gesichtsmaske, sondern auch ihre nach hinten gebogenen, degenspitzen Hörner, gefährliche Waffen, mit denen sie sich gegen Raubtiere verteidigen. Wenn sie untereinander die Rangordnung ausfechten, vermeiden sie tödliche Stöße. Dennoch kommt es bei diesen ritualisierten Kämpfen immer wieder zu tödlichen Verletzungen.

Ungewöhnlich ist, dass bei den Oryx nicht allein die männlichen, sondern auch die weiblichen Tiere Hörner tragen, und ihre sind nicht weniger lang. Früher glaubte man sogar, die Jungen würden bereits mit Spießen geboren. Das hat sich als falsch erwiesen. Allerdings, wenn die Kleinen nach einigen Tagen ihr Versteck verlassen und sich der Herde anschließen, sind die Hörner schon sichtbar gewachsen.

Die stattlichen Tiere haben sich inzwischen fast auf Schussweite genähert, und bestimmt hat sich Malik schon eine Antilope aus der Herde auserwählt. Ich halte den Atem an. Bald wird der Schuss fallen. Aus dem Augenwinkel nehme ich plötzlich eine Bewegung wahr, wende vorsichtig den Kopf zur Seite: In langer Reihe ziehen Zebras von schräg hinten heran. Sie werden uns wittern. Schon bleibt der Leithengst stehen, nimmt den Kopf hoch, sichert und bläht die Nüstern. Ruckartig wirft er sich herum und galoppiert davon. Die Herde folgt ihm. Staub wirbelt auf. Der Boden dröhnt vom Schlag ihrer Hufe.

Die Oryx bemerken die wilde Flucht. Ohne sich weiter zu besinnen, brechen sie seitwärts aus. Keine Chance mehr, noch einen sicheren Schuss anzubringen. Malik ist enttäuscht. »So geht das schon seit Tagen!«, klagt er.

Bei der Rückfahrt, während wir uns auf ein kräftiges Frühstück freuen, erzählt uns Simeon: »Von allen Antilopen kann die Oryx am besten extreme Hitze und eisige Nachtkälte ertragen, sie ist eben ein richtiges Wüstentier. Andere Säugetiere sterben, wenn sich ihr Körper auf 42 Grad Celsius erhitzt. Die Oryx kann sogar bei 45 Grad Körpertemperatur überleben, aber nur deshalb, weil sie an der Halsschlagader ein Aderngeflecht besitzt, das wie ein Wärmetauscher funktioniert. Dabei bewirkt das in der Nase abgekühlte Blut eine weitere Kühlung der Schlagader, bevor das Blut zum Gehirn strömt. Trotzdem können Oryx an Hitzschlag sterben, dann nämlich, wenn sie sich bei großer Hitze zu lange schnell bewegen müssen, irgendwann ist dann der Kühleffekt nicht mehr ausreichend. Meine Vorfahren wussten das. Ohne Waffen haben sie gejagt, indem sie die Tiere so lange hetzten, bis diese tot umfielen.«

»Konnten denn nicht auch die Menschen an Hitzschlag sterben?«, gibt Malik zu bedenken.

Simeon schüttelt den Kopf. »Nein, da gab es nie Probleme. Die Jäger haben sich einfach abgewechselt, wie bei einem Staffellauf.«

Ich bin verwundert, wie gut es Simeon gelingt, wissenschaftliche Detailkenntnisse überzeugend darzustellen. Dann erinnere ich mich, gelesen zu haben, dass es gerade unter den Nama, die von den Kolonialisten verächtlich Hottentotten genannt wurden, außerordentlich begabte Menschen gibt. Dazu gehörte auch Hendrik Witbooi. Ich frage Simeon, ob er weiß, wer Hendrik Witbooi war.

Überrascht von dieser Frage antwortet er fast belustigt: »Wie sollte ich das nicht wissen? Er ist doch der Held unseres Volkes. In unserer Erinnerung ist er unsterblich.«

»Was war er denn für ein Mensch? Ich würde gern mehr über ihn erfahren«, fordere ich Simeon zum Erzählen auf.

»Hendrik Witbooi war mutig und klug. Niemals gab er auf. Er kämpfte für unsere Rechte, dabei er war ein friedliebender Mensch, noch höher jedoch schätzte er die Freiheit. Prägend für sein ganzes Leben war seine Beziehung zu den Missionaren der Rheinischen Mission. Er ließ sich nicht nur taufen, sondern verinnerlichte den christlichen Glauben wie kaum ein anderer. Auf Gott hat er mehr gehört als auf die Menschen, und Gott sandte ihm eine Vision und sprach: ›Es ist vollbracht! Der Weg ist geöffnet! Ich gebe dir einen schweren Auftrag!‹ Für Hendrik Witbooi bestand kein Zweifel, dass er Gottes Stimme gehört hatte. Die Botschaft deutete er so, dass er auserwählt sei, sein Volk, die Nama-Witbooi, in die Freiheit zu führen, ähnlich wie Moses, der die Israeliten aus der ägyptischen Gefangenschaft ins gelobte Land geleitet hat.«

»Wohin wollte er denn?«, fragt jetzt Malik.

»Er glaubte, im Norden sei noch freies Land. Hendrik hatte als Kind erlebt, wie sein Großvater, der damals Führer der Witbooi war, von den Weißen aus Südafrika verdrängt wurde. Die Witbooi wanderten, wie die anderen Nama auch, immer weiter nordwärts, aber überall, wohin sie kamen, waren die Weißen schon da. Deshalb hoffte Hendrik, er müsste nur weit genug nach Norden ziehen, um einen freien Platz für sich und seine Leute zu finden.«

»Aber es ist ihm nicht gelungen, oder?«, werfe ich ein.

»Nein, leider nicht. Zuerst versperrten ihm die Herero den Weg. Zehn Jahre lang bekämpften sich Nama und Herero, bis es Hendrik endlich gelang, mit ihnen Frieden zu schließen. Bevor er aber seinen Auswanderplan verwirklichen konnte, erhoben sich die Herero gegen die deutsche Kolonialmacht, und dann wurden auch die Nama in diesen Krieg hineingezogen.«

In Melrose ist jedes Gästezimmer einem anderen afrikanischen Tier gewidmet. Ich habe mir das Elefantenzimmer ausgesucht, in dessen Tür ein Elefant geschnitzt ist. Der Raum selbst ist mit afrikanischem Design geschmackvoll eingerichtet. Geflochtene Lampen, Stühle aus Lianen, Gardinen aus Batikstoffen. Überall ist das Elefantenmotiv zu finden, ob als Skulptur oder auf Bildern, eingewebt in Teppiche, Decken und Handtücher.

Simeon bringt mir ein Buch über Hendrik Witbooi, in dem auch Briefe von ihm abgedruckt sind. Selbst mit Deutschland hat der Nama-Chief korrespondiert. Der Empfänger dort war sein Lehrer, der Missionar Johannes Olpp, der ihn getauft hatte und dem er in lebenslanger Freundschaft verbunden blieb. Die Briefe berühren mich durch ihre poetische Sprache, ihre Klarheit und Kraft. Einen seiner letzten schrieb er im Juli 1905 an den Bezirksamtmann Schmidt in Keetmannshoop im damaligen Südwest-Afrika:

> »Sie prahlen nur mit Ihrer Macht, die ich ja zu gut kenne. Sie erwähnen auch den Preis, den man für meinen Kopf zahlen will. Ich bin also ein Geächteter. Ihre ernsthafte Sorge um mein Volk nehme ich Ihnen nicht ab. Weder ich noch Sie haben die Menschen geschaffen, sondern Gott allein. Also bin ich nun in Ihrer Hand. Es wird Frieden sein, aber zu gleicher Zeit auch mein Tod und der Tod meines Volkes, denn ich weiß, dass für mich keine Herberge mehr ist unter Ihnen. Zu Ihrer Bemerkung über den Frieden antworte ich so: Belehren Sie mich nicht wie ein Schulkind über Ihren Frieden. Sie wissen sehr wohl, dass ich viele Male immer wieder stille gehalten habe während der Zeit Ihres Friedens, aber ich musste erkennen, dass er nichts anderes als die Zerstörung aller meiner Leute zur Folge hatte. Sie haben mich kennen gelernt und ich habe Sie kennen gelernt durch bittere Erfahrungen in meinem Leben. Hier schließe ich. Kapitän Hendrik Witbooi.«

Den Witbooi gelang es immer wieder, mit ihrer Guerilla-Taktik die deutschen Schutztruppen anzugreifen und blitzschnell zu verschwinden, aber drei Monate nachdem Hendrik den Brief an Bezirksamtmann Schmidt geschrieben hatte, wurde er am 29. Oktober 1905 tödlich getroffen und erlag nach wenigen Tagen seinen schweren Verletzungen. In den letzten Stunden seines Lebens ermahnte er seine Leute, den Krieg zu beenden: »Meine Kinder sollen Frieden haben«. Die Getreuen folgten seinem Wunsch, ergaben sich freiwillig. Aber die Sieger kannten kein Erbarmen. Sie verbannten sämtliche Männer, Frauen, Kinder seines Volkes auf die Haifischinsel vor der Küste Namibias. Ungeschützt dem kalten und nassen Wetter des Atlantiks preisgegeben, verloren dort fast alle ihr Leben.

Im bleichen Mondlicht glänzt das Gras silberweiß. Unter den Bäumen zeichnen sich Schatten ab, schwarz und wirr, wie Ungeheuer. Ein aufgeschreckter Vogel flattert davon. Dann ist alles wieder still. Ich höre nur das Geräusch meiner Schritte und den säuselnden Wind. Ich gehe schnell. Bei Sonnenaufgang will ich weit draußen in der Savanne sein, einen Tag lang Wildnis erleben. In meinem Rucksack habe ich Proviant und Wasser verstaut – ausreichend bis zum Abend.

Langsam wird es hell, die morgendliche Kühle lässt mich erschauern. Ich folge einem Wildwechsel. Dornbüsche spreizen ihre Äste wie tastende Finger, verhaken sich an meiner Kleidung oder ziehen mir den Hut vom Kopf. Die ersten Strahlen der afrikanischen Sonne schlagen Lichtschneisen ins Grau der Savanne. Der Himmel ist klar wie blaues Glas.

Auf einmal stehen sie vor mir, riesig groß. Drei saurierartige Köpfe überragen die Kronen der Bäume: Giraffen. Nur fünf Meter sind sie von mir entfernt. Im Dickicht habe ich sie erst bemerkt, als es zu spät war, ihnen auszuweichen, und sie konnten mich nicht wittern, da ich mich ihnen gegen den Wind näherte. Im Vergleich zu ihnen komme ich mir winzig vor wie ein Zwerg. Wahrscheinlich könnte ich aufrecht zwischen ihren Beinen hindurchgehen. Doch ich werde mich hüten, mich ihnen noch weiter zu nähern. Mit treffsicheren Schlägen ihrer Hufe können sie selbst einem Löwen den Schädel zertrümmern.

Aus ihrer Höhe von vier Metern blicken sie auf mich herab. Keiner von uns bewegt sich. Die Szene scheint wie eingefroren. Gefährlich für mich, denn die Fluchtdistanz ist längst überschritten. Wenn ein Tier nicht mehr ausweichen kann, flüchtet es meist nach vorn. Die Giraffen werden mich überrennen, schießt es mir durch den Kopf. Langsam will ich rückwärts gehen, befürchte aber, Panik auszulösen, sobald ich die erste Bewegung mache. Um die Situation zu entspannen und weil mir nichts Besseres einfällt, begrüße ich die Giraffen betont unbeschwert: »Guten Morgen, ihr Schönen!« Einen Schritt zurück. »Das Frühstück schmeckt wohl heute besonders gut?« Wieder ein Schritt. In heiterem Ton plaudere ich weiter. Endlich ist die Distanz groß genug. Die Giraffen lösen sich aus ihrer Starre, wenden sich um und eilen im schwingenden Passgang davon.

Ich atme durch. Noch einmal gut gegangen! Danach brauche ich eine Weile, bis sich mein Herzschlag beruhigt. Gleich drei Giraffen Aug in Aug gegenüberzustehen, hat schon etwas Aufregendes. Sie sind die größten Landtiere auf unserem Planeten und übertreffen dank ihres langen Halses selbst den Elefanten.

Die Luft ist nun erfüllt vom Gezirpe der Zikaden. Fedrige Wolken segeln am Himmel, verschmelzen nach und nach zu flauschigen, weißen Kissen. Die Sonne brennt unerbittlich herab. In der flirrenden Luft sehe ich nur noch weit entfernte Herden von Antilopen. Fast alle Tiere suchen jetzt Schattenplätze und verdösen den Rest des Tages.

Am Ufer eines Trockenflusses finde ich den idealen Rastplatz unter der mächtigen Krone eines Anabaumes. Ich mache es mir im Sand bequem und schreibe die morgendlichen Beobachtungen in mein Tagebuch. Auf einmal erschreckt mich ein Geräusch, es klingt unheimlich. Da sehe ich sie: eine schwarze Mamba!

Normalerweise freue ich mich, wenn ich eine Schlange entdecke. So lange ich denken kann, haben mich Schlangen fasziniert. Der Mamba sieht man nicht an, dass sie eine der gefährlichsten Giftschlangen Afrikas ist. Ihr glattschuppiger Körper schimmert mattschwarz, der Kopf ist mit wenigen großflächigen Schildern gepanzert. Die Augen sind auffallend groß und die Pupillen rund, wie bei harmlosen Nattern. Davon darf man sich aber nicht täuschen lassen, um so weniger als auch Kobras diese Merkmale haben. Was die Mamba so gefährlich macht, ist ihre Aggressivität. Andere Giftschlangen warten mit dem Biss, und man hat gute Chancen, sich zu retten. Klapperschlangen rasseln warnend, und Kobras richten sich drohend auf, die Mamba aber stößt meist ohne Vorwarnung zu.

Und ein dermaßen aggressives Reptil kommt zielgenau auf mich zu. Immer wieder fährt ihre gespaltene Zunge züngelnd aus dem Maul. Die meisten Schlangen sehen nicht gut, orientieren sich mit dem Geruchssinn, außerdem nehmen sie feinste Bodenerschütterungen wie ein Seismograf wahr. Wenn ich mich nicht rühre, übersieht sie mich vielleicht. Doch darauf will ich lieber nicht vertrauen. Ich raffe meine Sachen zusammen und springe hoch.

Jetzt richtet sie den vorderen Teil ihres zwei Meter langen Leibes auf, züngelt und zischt, bereit zum Angriff. Ich renne los, wie ich noch nie in meinem Leben gerannt bin. Als ich mich angstvoll umschaue, gefriert mir das Blut vor Schreck: Sie verfolgt mich! Wenn sie mich einholt, bin ich verloren. Ihr Gift lähmt die Muskulatur und damit das Atemzentrum. Drei Stunden mindestens sind es zurück zur Farm, das würde ich niemals schaffen, und nur dort könnte ich gerettet werden, falls zufällig ein Gegengift im Kühlschrank liegt.

Ich sehe nur einen Ausweg: die Uferböschung. Im Pflanzengewirr kann sie mir nicht so gut folgen, hoffe ich. Voller Panik haste ich den Hang hinauf, komme schweißüberströmt oben an. Mein Herz rast. Ich schnappe nach Luft. Schaudernd schaue ich zurück. Keine Schlange ist zu sehen. Nichts bewegt sich, nirgendwo ein schwarzer Leib, als sei alles nur ein Spuk gewesen.

Jetzt kann ich darüber nachdenken, was sie veranlasst haben könnte, mich anzugreifen und zu verfolgen. Kein Tier tut etwas ohne Grund, jede Aggression hat auch eine Ursache. Nach einigem Überlegen fällt mir eine Erklärung ein: Vielleicht saß ich nichtsahnend an einer Stelle, wo die Mamba ihre Eier im feinen Sand vergraben hatte. Mambas lassen das Gelege von der Sonne ausbrüten, bewachen es aber vor Feinden. Die fürsorgliche Mutter muss mich für einen Eierdieb gehalten haben. Beinahe hätte sie mich getötet, aber nun, da ich mir ihr Verhalten erklären kann, verfliegt auch meine Angst.

Der Pfad senkt sich in Täler hinab, erklimmt Hügel und Berge. Eine Rotte erschrocken quiekender Warzenschweine kreuzt meinen Weg. Mit kerzengerade in die Höhe gereckten Schwänzen verschwinden sie im Steppengras.

Bevor ich den Rückweg einschlage, steige ich auf die höchste Kuppe. Mit einem Rundumblick will ich Abschied nehmen von Afrika. Weit breitet sich das Panorama vor mir aus. Ein sanft gewelltes Hügelmeer gesprenkelt mit Dornbüschen und bedeckt mit gelbgrünem Gras. Wieder ergreift mich die eigentümliche Schönheit der kargen Landschaft, die mit ihrer Weite der Fantasie freien Flug verleiht.

Im Westen versinkt die Sonne in orangerot glühenden Wolkenschleiern. Tief atme ich die trockene Luft ein. Da bewegen sich einzelne Gräser, teilen sich wie ein sich öffnender Vorhang, und zwei fuchsnäsige Köpfe schieben sich heraus. Es sind Schakale. Beide springen mit einem Satz auf den Pfad. Ohne mich zu bemerken oder zu beachten, balgen sie sich wie junge Hunde. Sie sind so nah, dass ich ihre Augen blitzen sehe. Sie stoßen helle Laute aus, wenn ihre Fangzähne einmal tiefer ins Fell kneipen.

Ermattet hocken sich die Tiere schließlich nieder und belecken sich gegenseitig die Schnauzen. Nur wenige Meter entfernt sitze auch ich auf der Erde, fühle mich wunderbar eins mit der Wildnis und wünsche, dieser Augenblick möge nie vergehen.

Anhang

Geologie und Geschichte

Vor rund 800 Millionen Jahren
Im Norden und Süden Namibias bilden sich zwei Becken, in denen sich über 200 Millionen Jahre lang Sedimente ablagern.

500 Millionen
Die Ablagerungen in den Becken geraten bei gewaltigen Erdbewegungen unter Druck und werden zu Gebirgen aufgetürmt, die durch Erosion längst abgetragen sind.

300 Millionen
Aus versteinerten Wüstensanden entsteht das Waterberg-Plateau.

280 Millionen
Eine Flutkatastrophe verwüstet riesige Waldgebiete, die später als versteinerte Relikte wieder auftauchen.

130 Millionen
Magmamassen quellen aus dem Erdinneren. Spitzkoppe, Brandberg und die Erongo-Berge werden durch die Erosion geformt.

120 Millionen
Die heute als »Orgelpfeifen« bekannten Basaltsäulen bei Twyfelfontein sowie der »Verbrannte Berg« und diverse Erzlagerstätten entstehen.

80000 v. Chr.
Der Hoba-Meteorit schlägt un-weit Grootfontein ein. Er wird 1920 entdeckt und ist der größte bisher bekannte Meteorit.

40000 v. Chr.
Die Felsmalereien in der »Apollo-11-Höhle« bei den Hunsbergen entstehen, werden aber erst 1969 entdeckt. Geschaffen wurden sie wahrscheinlich von Vorfahren der San (»Buschmänner«).

5000 v. Chr.
Felsgravuren bei Twyfelfontein

4000 v. Chr.
Felsmalereien am Brandberg, (Bilderwand mit der »Weißen Dame«), an der Spitzkoppe und in den Erongo-Bergen.

500 v. Chr. bis zur Zeitenwende
Aus dem Norden wandern die Khoe ein, die von der Viehzucht leben und als Vorfahren der Nama gelten. Auf dem Gebiet des heutigen Namibia treffen sie auf die San und die Damara, über deren Ursprünge nur sehr wenig bekannt ist. Es entsteht eine nomadische Wirtschaftsform in der zentralen Namib-Wüste. Die Jäger- und Sammlergemeinschaften werden immer weiter zurückgedrängt.

1200 v. Chr.
Von Menschen angelegte Wege in der Hungorob-Schlucht und örtliche Siedlungen zeugen von der Wechselwirkung zwischen der nomadischen Wirtschaftsform und der natürlichen Umwelt.

Um 1400
Die ersten Ovambo wandern in Namibia ein.

1485
Diego Cao segelt an der westafrikanischen Küste entlang und errichtet steinerne Wappen-Kreuze zum Zeichen der Besitzergreifung für Portugal. Das Kreuz von Kap Cross befindet sich heute im Meeresmuseum in Berlin.

1487
Bartolomeo Diaz umsegelt als Erster das Kap der Guten Hoffnung an der Südspitze Afrikas und stellt in der Lüderitz-Bucht ein Kreuz auf.

Um 1600
Mit ihren Rinderherden wandern die bantusprachigen Herero aus dem Norden in Namibia ein.

1723
Buren (in Südafrika angesiedelte Holländer) erreichen den Orange-Fluss.

1760
Als erster Europäer überschreitet, Jakob Coetzee Jansz den Orange-Fluss, die Südgrenze des heutigen Namibia.

Um 1800
Aus der Kapkolonie wandern Orlam-Nama nach Namibia ein. Sie verfügen über Pferde und moderne Schusswaffen; überdies sind sie teilweise christianisiert und vertraut mit europäischen Sprachen und Denkweisen.

1830–1860
Jonker Afrikaner etabliert eine »Orlam-Hegemonie« im Namaland und in Zentralnamibia. Seine Herrschaft basiert auf einer Raub-

und Tributökonomie. Orlam-Kommandos unternehmen Raubzüge bis in das Herero-Land und machen Herero-Chiefs zu ihren Vasallen. Die Orlam treiben regen Handel mit der Kapkolonie und tauschen vor allem Rinder gegen Schießpulver und Pferde.

1836
Der Landvermesser James Alexander erforscht im Auftrag der britischen Krone Namibia und »entdeckt« die heißen Quellen bei Windhoek.

1842
Missionare der Rheinischen Missionsgesellschaft gründen erste Stationen. Die Missionsstationen entwickeln sich zu bedeutenden Wirtschaftszentren.

1863
Der Herero-Chief Maharero beendet im sogenannten »Freiheitskampf der Herero« die Vormachtstellung der Orlam in Zentralnamibia. Unterstützt wird er von europäischen Händlern und Missionaren. Die Herero züchten riesige Viehherden. Es beginnt das »Goldene Zeitalter« der Herero-Viehhalter.

1866
Die britisch verwaltete Kapkolonie (heute Südafrika) annektiert alle Inseln vor der namibischen Küste.

1868
300 Baster (Nachkommen von Buren und Nama) ziehen nach Namibia und gründen den Ort Rehoboth, der noch heute das Zentrum der »Baster-Gemeinschaft« ist.

1878
Großbritannien annektiert Walvis Bay.

1880
Kämpfe zwischen Herero und Nama um Weidegründe.

1883
Heinrich Vogelsang hisst die deutsche Flagge an der Küste des heutigen Namibia. Im Auftrag des Bremer Kaufmanns Adolf Lüderitz soll er mit den Afrikanern Handel treiben und Land erwerben. Für einige Gewehre kauft er Joseph Fredrichs, einem Nama-Chief, fünf Meilen Land an der Küste ab. Bei einem zweiten Geschäft steht im Kaufvertrag statt der englischen Meile (1,6 km) die geografische Meile (7,4 km). Der Nama-Chief bemerkt diesen Schwindel nicht und lässt sich so ein riesiges Stück Land für 500 Pfund und 60 Gewehre abhandeln.

24. April 1884
Die südwestafrikanischen Besitzungen des Kaufmanns Adolf Lüderitz werden offiziell unter den Schutz des Deutschen Reichs gestellt. Deutschland wird somit Kolonialmacht. Auf der Berliner »Kongo-Konferenz« werden Deutschlands Ansprüche auf Südwestafrika international anerkannt. Beim Versuch, das erworbene Gebiet zu erschließen, geht Adolf Lüderitz fast bankrott. Bei einer Bootsfahrt auf dem Orange-Fluss verschwindet er im Jahr 1886 spurlos.

1885
Die »Deutsche Colonial-Gesellschaft für Südwest-Afrika« wird gegründet. Heinrich Göring wird erster Reichskommissar. Es gelingt ihm, mit den Herero einen »Schutzvertrag« abzuschließen.

1888
Die koloniale Erschließung Südwestafrikas gestaltet sich überaus schwierig. Nach Unruhen im Herero-Land muss Reichskommissar Göring mitsamt den Vertretern der Kolonialgesellschaft ins britische Walvis Bay fliehen. Die Herero kündigen den 1885 geschlossenen »Schutzvertrag« auf.

1889
Das Deutsche Reich entsendet eine Schutztruppe von 21 Freiwilligen unter Major Curt von François, um die Sicherheit der Siedler und Kaufleute zu gewährleisten. Bei Windhoek wird eine Feste errichtet.

1890
Nach dem Tode des alten Maharero wird dessen Sohn Samuel Oberhaupt der Herero. Sein Herrschaftsanspruch ist indessen nicht unumstritten. Samuel Maharero ist auf die Unterstützung der deutschen Kolonialmacht angewiesen, um seine Herrschaft zu sichern. Deshalb erneuert er den Schutzvertrag mit dem Deutschen Reich.

1892
Gründung der Hafenstadt Swakopmund. Windhoek im Landesinneren wird Verwaltungszentrum. Der Nama-Chief Hendrik Witbooi und Samuel Maharero schließen Frieden, um sich besser gegen den deutschen Herrschaftsanspruch wehren zu können.

12. April 1893
Hendrik Witbooi raubt fast alle Pferde der deutschen Schutztruppe, an die 150 Tiere. Daraufhin überfällt Curt von François das Lager des Nama-Chiefs und richtet ein Massaker an. Dem Überfall folgt ein zweijähriger Guerillakrieg.

1894
Der deutsche Reichskanzler entsendet Theodor Leutwein nach Südwestafrika. Dieser soll das »Schutzgebiet« als Gouverneur mit geringen finanziellen und personellen Mitteln befrieden. Leutwein kann Witbooi besiegen und verpflichtet ihn, Hilfskräfte für seine Schutztruppen bereitzustellen.

1897
Nach Ausbruch der Rinderpest verendet ein Großteil der Herden, und das zwingt die Herero, bei den europäischen Siedlern um Lohnarbeit nachzusuchen. Im deutschen Schutzgebiet leben mittlerweile 3000 Europäer. Die Schutztruppe wurde auf 750 Mann aufgestockt.

1902
Eröffnung der Eisenbahnstrecke Swakopmund–Windhoek.

1904
12. Januar: Die Herero erheben sich gegen die Kolonialherren, Farmen werden niedergebrannt, 120 Deutsche getötet, Frauen und Kinder aber verschont.
Februar: Eine Anordnung aus Berlin unterbricht die Friedensverhandlungen von Gouverneur Leutwein mit den Herero.
11. Juni: Generalleutnant Lothar von Trotha, der »Held« des Boxeraufstands in China, wird zum Oberbefehlshaber der deutschen Schutztruppe ernannt und landet in Swakopmund. Leutwein wird zusehends entmachtet.
11. August: Beginn der Schlacht am Waterberg. Einem Großteil der eingeschlossenen Herero gelingt die Flucht in die wasserlose Kalahari, wo viele verdursten.
3. Oktober: Im Süden brechen Kämpfe zwischen Nama und Deutschen aus.

1905
Hendrik Witbooi fällt im Kampf.

1907
Der deutsche Kaiser erklärt am 31. März den Krieg für beendet. Nama und Herero werden durch ein Gesetz entmündigt und zu Hilfsarbeitern auf Farmen und im Bergbau degradiert. Ihnen wird alles Land genommen, sie dürfen kein Großvieh halten und sich nicht ohne Erlaubnis von ihrem Arbeitsplatz entfernen.
Etosha wird Naturschutzgebiet.

1908
Zacharias Lewala, ein einheimischer Gehilfe des Bahnmeisters August Straub, findet einen großen Diamanten in der Namib nahe Lüderitz. Beginn des Diamanten-Booms.

1914
Der Erste Weltkrieg beginnt. Südafrikanische Truppen unter General Louis Botha marschieren in Südwestafrika ein.

1915
Die Deutsche Schutztruppe kapituliert am 9. Juli.

1919
Vertrag von Versailles. Das Deutsche Reich verliert seine Kolonien. Der Völkerbund erteilt Südafrika das Verwaltungsmandat über »Südwest«.

1923
Samuel Mahareros Leichnam wird aus Botswana nach Namibia überführt. Bei seiner Beerdigung in Okahandja präsentieren sich

die Herero zum ersten Mal seit 1907 wieder als geeinte Gemeinschaft.

1939
Ausbruch des Zweiten Weltkriegs. Deutschstämmige Männer werden in Lagern interniert.

1958
Gründung der »Ovamboland People's Organization«, die sich später »Swapo« nennt. Politisches Ziel ist die Unabhängigkeit von Südafrika.

1964
Die Odendaal-Kommission richtet nach südafrikanischem Vorbild Homelands ein, Reservate, in denen die einzelnen ethnischen Gruppen voneinander und von den Weißen separiert werden.

1966
Erste Kämpfe zwischen Swapo-Anhängern und dem südafrikanischen Militär.

1971
Der Internationale Gerichtshof erklärt das südafrikanische Mandat für beendet. Trotzdem hält Südafrika an seiner Herrschaft über Namibia fest.

1978
Die UNO schlägt einen friedlichen Übergang zur Unabhängigkeit mit Wahlen unter internationaler Aufsicht vor. Das südafrikanische Apartheid-Regime geht nicht auf diesen Vermittlungsversuch ein.

Am 4. Mai greifen südafrikanische Truppen das Swapo-Camp in Angola an. Mehr als 800 Frauen und Kinder sterben im Bombenhagel. Heute ist der 4. Mai ein nationaler Feiertag in Namibia.

1989
Erste demokratische Wahlen. 97 % der Wahlberechtigten nehmen an den Wahlen teil. Die Swapo gewinnt mit deutlicher Mehrheit.

1990
Am 21. März erhält Namibia seine Unabhängigkeit. Der Swapo-Führer Sam Nujoma wird erster Präsident.

1993
Der Namibian-Dollar wird als eigenständige Währung eingeführt.

1994
Als letztes Relikt der Kolonialzeit übergibt Südafrika die Enklave Walvis Bay an Namibia.

2002
Eine Volkszählung ergibt, dass 1,82 Millionen Menschen in Namibia leben.

2004–2005
Die Bundesministerin für wirtschaftliche Zusammenarbeit und Entwicklung bittet 2004 im Namen Deutschlands um Vergebung für die an den Herero im Krieg von 1904–1907 begangenen Verbrechen, lehnte aber mögliche Entschädigungszahlungen ab.

Weiße Farmer geraten wegen Landreformen unter Druck. Die Regierung will das Land gerechter verteilen und landlose Schwarze ansiedeln. Wer sich der Anordnung widersetzt, dem Staat ein Verkaufsangebot seiner Ländereien zu machen, dem droht Enteignung.

Im September 2005 kommt es zur ersten von 18 geplanten Enteignungen.

Das Land
Seit dem 21. März 1990 ist Namibia ein unabhängiger Staat mit der Hauptstadt Windhoek. Namibia wird im Westen vom Atlantik, im Norden von Angola, im Süden von Südafrika und im Osten von Botswana begrenzt. Die Namibwüste im Westen reicht von der südafrikanischen bis zur angolanischen Grenze und macht 15 Prozent der gesamten Fläche Namibias aus. Jahrmillionen erdgeschichtlicher Entwicklung und klimatischer Einflüsse prägen das wasserarme und gebirgige Land.

Namibia ist reich an Bodenschätzen. Das Land ist fünftgrößter Uranproduzent. Die seit 1907 geförderten Diamanten werden in Sperrgebieten abgebaut, und das Vorkommen scheint zu den größten der Welt zu gehören. Außerdem werden Zink, Zinn, Silber und Wolfram gewonnen. Die Kupfer- und Guanovorkommen sind dagegen weitgehend ausgebeutet. Der wirtschaftliche Gewinn der Bodenschätze kommt nicht der Mehrheit der Bevölkerung zugute. Die meisten Menschen leben in Namibia von der Kleinwirtschaft und damit fast immer von der Hand in den Mund.

Bevölkerung
1,8 Millionen Menschen wohnen in einem Gebiet, das mehr als doppelt so groß ist wie Deutschland. Im Durchschnitt leben nur zwei Menschen auf einem Quadratkilometer, doch die Bevölkerung wächst schnell und hat sich in den letzten 30 Jahren nahezu verdoppelt.

Bedingt durch die Einwanderung unterschiedlichster Volksgruppen schöpft die namibische Gesellschaft heute aus der Vielfalt ihrer Kulturen und setzt sich im Wesentlichen wie folgt zusammen:

Ovambo
Diese zahlenmäßig größte Gruppe wanderte im 15. und 16. Jahrhundert aus der ostafrikanischen Seenregion ein und siedelte sich im Norden des heutigen Namibia an. Die Ovambo betreiben Ackerbau und Viehzucht und lebten traditionell polygam. Der Bruder der Mutter hatte mehr Einfluss auf die Erziehung der Kinder als der leibliche Vater. Zentrum des religiösen Lebens war der Ahnenkult. Das heilige Feuer durfte nicht ausgehen und wurde Tag und Nacht bewacht.

Als Ergebnis ihrer Führungsrolle im Befreiungskampf gegen die Südafrikanische Union besitzen sie heute die Regierungsmehrheit.

Nama
Von den Kolonialisten abfällig »Hottentotten« genannt, gehören sie zu den koisan sprechenden Völkern. Vor 2500 Jahren begannen sie, in das südliche Afrika einzuwandern. Je nach Klimabedingungen wechselten sie zwischen nomadischer und sesshafter Lebensweise. Sie waren Meister im Fährtenlesen, beim Anschleichen und Jagen von Wildtieren. Durch »Landkäufe« weißer Siedler büßten sie ihr Land ein und sind daher heute gezwungen, ihren Lebensunterhalt als besitzlose Landarbeiter zu verdienen.

San
Sie gehören zur ältesten Bevölkerungsgruppe in Namibia und wurden früher abwertend als »Buschmänner« bezeichnet. Durch die Zuwanderung der Nama, Damara, Herero und schließlich der Europäer wurden sie in die fast wasserlose Kalahari abgedrängt. Sie verstanden es jedoch, sich diesem extrem trockenen Lebensraum perfekt anzupassen. Heute führt nur noch ein kleiner Rest der San das

traditionelle Leben der Jäger und Sammler; die meisten von ihnen leben am Rande der Gesellschaft, sind arbeitslos und mit Alkoholproblemen belastet.

Damara
Über ihre Herkunft ist nur wenig bekannt, sie gehören aber neben den San zu den wohl ältesten Einwohnern. Sie sprechen die gleiche Sprache wie die Nama, von denen sie sich äußerlich aber stark unterscheiden. Ihr Körperbau ist größer und stärker, ihre Hautfarbe dunkler. Viele von ihnen arbeiten auf den Farmen der Weißen oder im Bergbau.

Herero
Das Volk der Herero lebte ursprünglich in Ostafrika. Sie wanderten im 16. Jahrhundert in das Kaokoveld im Nordwesten Namibias ein und zogen im 18. Jahrhundert weiter in die Gegend des Waterbergs. Sie waren die klassischen Viehzüchter, deren Leben sich stark am Wohl ihrer Herden orientierte. Das heilige Feuer symbolisierte für sie die Kontinuität zwischen den Lebenden und den Ahnen. Der soziale Zusammenhalt wird auch heute noch durch Großfamilien garantiert.

Himba
Die einzige Volksgruppe in Namibia, deren traditionelle Lebensweise noch weitgehend erhalten geblieben ist. Grund ist die Abgeschiedenheit ihres Lebensraums (Kaokoveld), der sie von äußeren Einflüssen ziemlich verschont hat. Mit den Herero haben sie gemeinsame Vorfahren, stammen wie diese aus Ostafrika und sprechen die gleiche Sprache. Ihr Lebensmittelpunkt sind die Rinderherden. Der soziale Status wird an der Anzahl der Rinder gemessen. Durch die wachsende Zahl der Touristen und die damit verbundenen Einflüsse verändert sich das traditionelle Leben rapide. Noch einschneidender ist der Bau des Epupa-Staudamms. Ist er einmal

fertiggestellt, werden für die Himba beträchtliche Weideflächen für immer verloren sein.

Europäer
1897 lebten ca. 3000 Europäer in Südwestafrika, dem heutigen Namibia. Ihr Anteil nahm bis zum Ersten Weltkrieg kontinuierlich zu. Neben Buren und Engländern waren es hauptsächlich Deutsche, die in die neu gegründete Kolonie strömten. Heute beträgt ihr Anteil an der Gesamtbevölkerung nur noch 5 Prozent mit abnehmender Tendenz.

Klima und Reisezeit
Das Klima ist subtropisch und überwiegend trocken. Namibia liegt auf der südlichen Erdhalbkugel, die Jahreszeiten sind unseren entgegengesetzt. Im Juli/August (Winter) ist es mit durchschnittlich 23 Grad Celsius relativ kühl und regenarm. Nachts wird es empfindlich kalt, vor allem in den Wüsten und Gebirgen. Der Winter ist die beste Zeit für Tierbeobachtungen, denn das Wild hält sich an den Wasserlöchern auf und ist in der dürren Vegetation gut zu beobachten. Von Dezember bis März (Sommer) fallen Niederschläge, die unterschiedlich stark sein können, manchmal aber auch ganz ausbleiben. Die Temperaturen liegen zwischen dann 26 bis 35 Grad Celsius.

Ohne *permit* kein Eintritt
In Namibia geht vieles nur mit Eintrittserlaubnis (*permit*), denn man hofft so, die Besucherströme in den Nationalparks besser lenken und begrenzen zu können. Ohne Reservierung wird der Eintritt bisweilen nicht gestattet. Besonders zur Hochsaison (Winter) ist es dringend zu empfehlen, die Buchungen vorab in Windhoek zu tätigen. In der Nebensaison kann man versuchen, den Eintritt in die

Nationalparks auch vor Ort zu regeln, aber ein Risikospiel bleibt es trotzdem. Die Reservierung bei staatlichen Stellen muss in Englisch erfolgen.

Übernachtung

Das Netz der Gästefarmen und Lodges ist ausreichend. Das Spektrum reicht von Campingplätzen oder einfachen Bungalows bis zu luxuriösen Unterkünften. Im Übernachtungspreis sind meist Abendbrot und Frühstück inbegriffen. Außerdem werden Fahrten zur Wildbeobachtung (*game drives*) und Farmrundfahrten angeboten. Traditionell essen die Gäste mit den Gastgebern an einem Tisch, nur in modernen Lodges wurde diese kommunikative Praxis aufgegeben. In den Nationalparks und Schutzgebieten stehen für die Besucher Campingplätze und Bungalows zur Verfügung. Die Übernachtung ist hier preiswert. Will man sich aber während der Hochsaison in den begehrten Camps einen Platz sichern, muss man bis zu sechs Monate vorher buchen. Von Deutschland aus am besten per Fax oder E-mail in Englisch.

Gesundheit

Malaria: Besonders hoch ist das Risiko im Norden (Kaokoveld und Caprivi-Zipfel) und während der Regenzeit (Dezember bis März) auch im Etosha-Park. Die Gefahrengrenze verschiebt sich je nach Jahreszeit und Regenmenge mehr oder weniger weit nach Süden und kann mitunter bis Windhoek reichen. Prophylaxe am besten mit einer Kombination verschiedener Mittel: Resochin und Paludrin oder Fansidar. Die Meinungen über Resistenz und Nebenwirkungen sind widersprüchlich. (Vor der Reise Auskunft vom Tropeninstitut einholen.)
Wer nicht in den gefährdeten Gebiete unterwegs ist, sollte trotzdem auf alle Fälle ein sofort anwendbares Mittel wie Malarone bei sich

haben. Alle Medikamente sind in Windhoeker und Swakopmunder Apotheken erhältlich, dort bekommt man auch die aktuellsten Infos und gute Tipps.
Mit Moskitonetz, entsprechender Bekleidung und Autan oder anderen Repellents kann man weitgehend vermeiden, überhaupt erst von Mücken gestochen zu werden.
Bilharziose: Kann in den Flüssen im Norden vorkommen.
Schlangenbisse und Skorpione: Die Gefahr ist ziemlich gering. Man kann Bisse vermeiden, indem man nicht gedankenlos durch die Gegend stiefelt, im Gelände geschlossene Schuhe trägt und fest auftritt. Skorpione halten sich tagsüber unter Steinen auf. Deshalb immer Vorsicht beim Umdrehen von Steinen. Kleidung und Schuhe vor dem Anziehen am Morgen sorgfältig ausschütteln.
Impfung: Ist nicht vorgeschrieben. Die bei Fernreisen üblichen prophylaktischen Impfungen sind allerdings empfehlenswert: Tetanus, Hepatitus A und Polio. Auffrischen, wenn die Impfung länger als zehn Jahre zurückliegt.

Fahrtipps auf Schotterstraßen (Pads)
Es staubt, das Auto rappelt über Wellblech oder versinkt manchmal im Sand, dennoch sind die Pads in erstaunlich gutem Zustand. Das darf aber nicht zu schnellem Fahren verleiten, auch wenn die Einheimischen oft mit Höchstgeschwindigkeiten durchbrettern. Schneller als 50 bis 70 Stundenkilometer sollte man nicht fahren. Mit dieser Geschwindigkeit und gelegentlichen Stopps kann man bei etwa fünf Stunden Fahrt Tagesetappen von 200 bis 300 Kilometer gut schaffen. Bei defensiver Fahrweise müssen unerwartete Hindernisse dann nicht das Aus bedeuten. Leider kommen trotz eindringlicher Instruktionen durch die Autoverleiher immer wieder Touristen ums Leben.
Was man beachten muss:

1. In Namibia fährt man links, ein Relikt aus britischer Zeit.
2. Auf Schotterstraßen sind scharfes Bremsen und abruptes Lenken äußerst riskant. Besonders tückisch, wenn nach Regen die Oberfläche trocken erscheint, der Untergrund aber durchnässt ist. Sollte man seitlich wegrutschen, auf keinen Fall bremsen! Versuchen Sie, mit kurzen Bremsstößen den Wagen wieder auf Kurs zu bringen. Unter Umständen lieber in die Büsche auf dem Randstreifen fahren, als hart gegenzulenken und einen Überschlag riskieren.
3. Geschwindigkeit freiwillig auf 50–70 km/h begrenzen, auch wenn 100 km/h erlaubt sind.
4. Nachtfahrten vermeiden! Kollisionsgefahr mit Tieren.
5. Tempo vor Kurven und Gefällen frühzeitig reduzieren (Schleudergefahr durch Rollsplitt).
6. Bei Gegenverkehr langsamer fahren und weit nach links ausweichen, evtl. anhalten: Steinschlaggefahr!
7. Namibias Pads sind einsam. Oft begegnet man stundenlang niemandem und wird sorglos. Deshalb immer wieder einmal in den Rückspiegel schauen, ob nicht doch ein anderes Fahrzeug folgt.
8. Überall mit Tieren rechnen, die trotz hoher Zäune plötzlich auf die Fahrbahn springen können.
9. Bei Staubstraßen immer Licht einschalten.
10. Konzentriert und vorausschauend fahren. Beide Hände immer fest am Steuer. Jederzeit auf Überraschungen gefasst sein.

Wichtige Adressen
Deutsche Botschaft in Namibia
Indepedence Avenue 154, Sanlam Center
P.O. Box 231
Windhoek
Tel. 00264-61-273 100
Fax 00264-61-273 222 981
germany@iway.na

Deutsch-Namibische Gesellschaft e.V.
Sudetenlandstr. 18
37085 Göttingen
Tel. 0551-7076781
Fax 0551-7076782
buero@dngev.de
www.dngev.de

Namibische Botschaft in Deutschland
Wichmannstraße 5
10787 Berlin
Tel. 030-2540950
Fax 030-25409555
namibiaberlin@aol.com
www.namibia-botschaft.de

Namibiana Buchdepot
Arno Ziegler
Postfach 127
26329 Zetel
Tel. + Fax 04453-1264
namibiana@t-online.de

Namibia Tourism
Schillerstraße 42–44
60313 Frankfurt
Tel. 069-1337360
Fax 069-133736-15
info@namibia-tourism.com
www.namibia-tourism.com

Namibia Wildlife Resorts in Windhoek
Reservierung nötig für alle staatlichen Camps und Nationalparks,
Eintritt und Übernachtungen
Tel. 00264-61-236975
Fax 00264-61-229400
reservations@mweb.com.na
www.namibiawildliferesorts.com

Literatur

Margarethe von Eckenbrecher: *Was Afrika mir gab und nahm.*
Peter's Antiques, Postfach 920, Swakopmund, 2000

Nicole Grünert: *Namibias faszinierende Geologie.*
Klaus Hess Verlag Windhoek, Göttingen 2000

Michael Iwanowski: *Namibia – Gästefarm- und Lodgeführer.*
Iwanowski's Reisebuchverlag, Dormagen 2001

Claire und Thomas Küpper: *Namibia – Naturschutzgebiete.*
Iwanowski's Reisebuchverlag, Dormagen 2000

Dieter Kreutzkamp: *Namibia – Straßen in die Einsamkeit.*
Verlag Frederking & Thaler, München 1994

Dieter Kreutzkamp: *Spurensuche in Namibia.*
Verlag Frederking & Thaler, München 2003

Henno Martin: *Wenn es Krieg gibt, gehen wir in die Wüste.*
Verlag der Namibia Wissenschaftlichen Gesellschaft,
Windhoek 2000

Christian Pehlemann: *Namibia.*
Touren-Manual Verlag, Koblenz 2000

Günther Reeh: *Hendrik Witbooi – Ein Leben für die Freiheit.*
Rüdiger Köppe Verlag, Köln 2000

Gerhard Seyfried: *Herero.*
Eichborn Verlag, Frankfurt 2003

Peter Scholl-Latour: *Afrikanische Totenklage.*
C. Bertelsmann Verlag, München 2001

Jürgen Zimmerer und Joachim Zeller (Hg.): *Völkermord in Deutsch-Südwest.* Ch. Links Verlag, Berlin 2003

Befunde und Berichte zur Deutschen Kolonialgeschichte.
Zwischen Waterberg und Sandfeld. 1. Jahrgang, Heft 1. Internationaler Arbeitskreis für Kolonialwissenschaftliche Forschung
Windhoek/Wuppertal 2001

»Die Geschichte einer willensstarken Frau.«

Süddeutsche Zeitung

Carmen Rohrbach

Solange ich atme

Meine dramatische Flucht aus der
DDR und wie sie mein Leben prägte

256 Seiten
€ 15,00 [D], € 15,50 [A]*
ISBN 978-3-492-40531-7

Angetrieben von dem Wunsch, die Welt zu bereisen, wagt Carmen Rohrbach mit 25 Jahren die Flucht aus der DDR, im Schutz der Dunkelheit über die Ostsee. Zwei Tage und Nächte verbringt sie auf dem Wasser, in ständiger Angst, zu ertrinken oder entdeckt und verhaftet zu werden ... In »Solange ich atme« erzählt Carmen Rohrbach ihre abenteuerliche und zutiefst inspirierende Lebensgeschichte und schildert, wie es ihr gelang, die ganze Welt zu ihrer Heimat zu machen.

Mit dem Fahrrad in ein unbekanntes Europa

Carmen Rohrbach
Am blauen Fluss
Entlang der Donau vom Schwarzwald bis zum Schwarzen Meer

304 Seiten
€ 16,00 [D], € 16,50 [A]*
ISBN 978-3-492-40439-6

Von der Quelle bis zur Mündung verbindet die Donau zehn Länder und legt 2888 Kilometer zurück. Mit der für sie typischen Neugier und feinen Beobachtungsgabe macht sich Carmen Rohrbach zu einer abenteuerlichen Fahrradtour auf, von Baden-Württemberg bis Rumänien. Dabei lernt sie unterschiedliche Kulturen kennen, sucht die Begegnung mit Einheimischen und erkundet die landschaftliche Vielfalt eines der wichtigsten Flüsse der Welt.

Warum es sich lohnt, seine Träume zu leben.

Kerstin Plehwe
Die Weisheit der Elefanten
Was ich als Rangerin im Krüger-Nationalpark fürs Leben lernte

240 Seiten
€ 15,00 [D], € 15,50 [A]*
ISBN 978-3-492-40580-5

Die erfolgreiche Unternehmerin Kerstin Plehwe lässt ihren hektischen Manageralltag hinter sich und macht in Südafrika den Traum ihres Lebens wahr: eine Ausbildung zur Rangerin im Krüger-Nationalpark. In der Wildnis Afrikas lernt sie, Leopardenfährten zu lesen, Elefantenherden zu verstehen und die eigenen Ängste zu besiegen.

Ein persönlicher, packender Erlebnisbericht voll Weisheit, Humor und Inspiration, der Mut macht, seine eigenen Träume in die Tat umzusetzen und sein Leben zu verändern.

Ein halbes Jahr dem Sommer hinterher

Hier reinlesen!

Torsten Weigel

Abenteuer Südhalbkugel

Sechs Monate, sechs Länder, drei Kontinente

272 Seiten
€ 15,00 [D], € 15,50 [A]*
ISBN 978-3-492-40409-9

Nach dem Studium und einer gescheiterten Beziehung lässt Torsten Weigel den Winter hinter sich und erfüllt sich seinen Wunschtraum: Frei wie ein Vogel und abseits ausgetretener Pfade umrundet er südlich des Äquators die Welt. Besteigt Berge in Namibia, erkundet mit dem Kajak Tasmaniens Wildnis und überquert auf dem Fahrrad die Anden. Ein packender Roadtrip, der den jungen Geografen in atemberaubende Naturlandschaften und fremde Kulturen vordringen lässt und sein Leben grundlegend verändert.